IBM

复杂环境下的CxO

全球顶尖企业领导人的商业智慧

IBM商业价值研究院 著

U0835957

复杂环境

東方出版社

图书在版编目（CIP）数据

复杂环境下的CXO：全球顶尖企业领导人的商业智慧/IBM商业价值研究院 著．—北京：东方出版社，2010

ISBN 978-7-5060-4085-3

Ⅰ．①复…　Ⅱ．①I…　Ⅲ．①企业管理　Ⅳ．①F270

中国版本图书馆CIP数据核字（2010）第247100号

复杂环境下的CXO：全球顶尖企业领导人的商业智慧

作　　者：IBM商业价值研究院
责任编辑：姬　利　张　伪
出　　版：东方出版社
发　　行：东方出版社　东方音像电子出版社
地　　址：北京市东城区朝阳门内大街166号
邮政编码：100706
印　　刷：北京智力达印刷有限公司
版　　次：2011年1月第1版
印　　次：2011年1月第1次印刷
开　　本：710毫米×1000毫米　1/16
印　　张：19.5
字　　数：270千字
书　　号：ISBN 978-7-5060-4085-3
定　　价：49.00元
发行电话：（010）65257256　65246660（南方）
（010）65136418　65243313（北方）
团购电话：（010）65245857　65230553　65276861

版权所有，违者必究　本书观点并不代表本社立场

如有印装质量问题，请拨打电话：（010）65266204

目录

第三部分 全新的价值整合者

IBM 全球 CFO 调研

第五部分　跨界限工作

IBM 全球首席人力资源官调研　大中华区洞察

序

分享顶尖企业领导人的智慧

过去 20 年来，全球整合和新技术从根本上改变了我们的经济环境。 变化速度不断加快，而且世界已经变得更小、更平。 那么，企业领导者如何保证企业能够发展壮大呢?

为了回答这个问题，IBM 在 2009 年中期到 2010 年中期对近 7 000 位高级管理人员进行了访谈。 我们讨论了他们面临的挑战、他们的期望和决心，以及他们对主要业务问题的看法。 我们为此进行的四项高管调研涉及 1 541 位首席执行官（CEO）、1 917 位首席财务官（CFO）、2 598 位首席信息官（CIO）和近 600 位高级全球人力资源主管（CHRO）。每项调研都是同类规模最大的面对面调研。 这四项调研涵盖 33 个行业和 81 个国家，对全球企业领导者的想法提供了空前的洞察力。

通过对上述四项高管调研成果进行综合对比研究，我们发现，尽管 CEO、CFO 和 CIO 都认识到，他们已经进入新的经济时代，重大变革迫在眉睫，但对于哪些外部因素具有最大的影响，他们的看法有很大的差异。 例如，CEO 比 CFO 和 CIO 更关注技术因素，并且更加确信他们需要实施变革；成功的企业与不太成功的企业相比，其业务领导者的态度和行动也有巨大的差异。 尽管我们的调研表明，CEO、CFO、CIO 和 CHRO 在很多方面采取协调行动，但是，为了帮助企业在瞬息万变且纷繁复杂的经济环境中可持续发展，他们必须更加紧密地团结协作，步调一致地行动——CEO 需要起领导作用，而 CFO、CIO 和 CHRO 则需要充分利用各自领域的专业知识提供支持。

本专辑中除了收录 IBM 最新的全球 CEO、CFO、CIO 和 CHRO 调研外，还收入了 2008 年全球 CEO 调研报告，以及近两年 IBM 针对首席供应链官（CSCO）和首席客户关系官的调研成果。需要特别说明的是，IBM 推出的每份专项报告并非相互独立存在的，而是相互依存、彼此呼应的。比如，在 CHRO 报告中，我们会引用 CEO 报告中的相关论据。对一个企业的 CSCO 而言，企业 CIO 的观点可能非常有参考价值。

从 2004 年起，IBM 针对全球企业的高级执行官群体持续进行多项"高级执行官"调研，然后由 IBM 商业价值研究院（IBV）分析总结调研成果并形成专项报告。本着从客户的业务视角出发，提供原创的、基于调研分析的行业见解这样的研究宗旨，这些报告通过与企业高级执行官（有时也包括政府官员）进行面对面访谈，甄别未来经济发展趋势和商业挑战，继而提出相应的战略性建议。这些调研报告一经面市，即受到众多中外企业界人士以及政府部门的高度重视，其中的独特视角和重要观点对业界形成了极大的建设性的影响。

为了确保把握最新的趋势，走在思想的前沿，IBM 每隔 2 ~ 3 年会针对各种类型的 CXO，就他们当前最关心的全球趋势进行新一轮的访谈和调研。我们会对比不同国家/地区 CXO 的回答，并对财务业绩优秀的企业和业绩欠佳的企业进行对比研究，从而帮助企业找到可资借鉴的经验或教训。IBM 与 CXO 的沟通是双向互动的过程，每次调研结束之后，我们都会与每一个接受访谈的 CXO 面对面分享对其所在行业的重要研究发现，并为该企业特别定制一份访谈反馈报告。

我们期望借着《复杂环境下的 CXO——全球顶尖企业领导人的商业智慧》这样的智慧盛宴，帮助您和您的企业更好地直面挑战、抓住机遇，实现长期可持续的发展。

IBM 仍在推出新的"高级执行官"调研报告，敬请读者持续关注。

甘绮翠

IBM 中国商业价值研究院院长

2010 年 12 月 1 日

第一部分
驾驭复杂环境
IBM 全球 CEO 调研　中国洞察

此调研报告基于对全球超过 1 500 名 CEO 以及公共机构领导人的访谈以及对其中 55 位中国大陆企业 CEO 观点的深入分析。

致尊敬的 CEO

每两年一次的 IBM 全球 CEO 调查，是 IBM 最受关注、最有影响力的市场研究项目之一。现在，2010 年度调查报告正式发布，我感到非常高兴，也相信这份调查报告能够获得中国商界领导者的重视，并引发讨论。

我的信心来自两个方面，第一是我对 IBM 全球 CEO 调查的方法和过程有着充分的信任，第二是我对于今年调查主题和结论的认同。

首先，IBM 全球 CEO 调查从方法和过程上看，可谓“厚积薄发”。

所谓“厚积”，就是规模大，覆盖广，研究深入。以 2010 年的 IBM 全球 CEO 调查为例，研究人员共面访 1 541 位企业 CEO，覆盖 60 个国家、33 个行业。最重要的是，在调查走访中，IBM 研究人员直接与企业 CEO 们一对一、面对面地进行沟通，确保从受访者那里得到真实的第一手信息。这样一个看似“古朴”的方法，反而确保了调研本身的真实可靠。“厚积”之后，更要“薄发”。IBM 的研究团队在掌握大量素材之后，也会进行专业、严谨的分析归纳，无论素材多么丰富庞杂，结论永远简洁透彻，具有启发性和指导性。

其次，2010 年度的 IBM 全球 CEO 调查，与以往相比，其主题更加重要。

本次调研，是在全球经济乍暖还寒、孕育重大变革的时刻进行的，温家宝总理说，今年是中国经济最复杂的一年。李克强副总理也指出，中国已经到了不转变经济结构就无法推动经济持续增长的阶段。从这份 CEO 调查报告中，我们可以清晰地感受到，复杂性、不确定、转型和变革正在成为新时代的特征和焦点。对于商业领袖来说，越是这样的时候，越是要把握趋势，做出正确的决断，赢得制胜关键。

正是在这样的认识下，2010 年的 IBM 全球 CEO 调查，自始至终都牢牢地把应对复杂多变的局面作为中心，具有很强的现实针对性。特别是就中国的情况，我们走访了来自 22 个行业的 55 位中国企业 CEO，并结合全球调研情况，得出了把握和应对复杂形势的三点建议：重塑客户关系、展现创新领导力、构建灵活运营。针对每一条建议，报告都进行了详尽的展开论述。现在，IBM 公司把这些来之不易的研究结果公之于众。一方面，IBM 会结合自身的实际情况，认真探讨这次调查的结论对于公司战略的影响。另一方面，我也希望有更多的中国企业能够从中获得参考甚至启发。只有大家一起努力，才能创造一个合作共赢的时代。

我想借此机会感谢参与这一宏大工程的 IBM 大中华区的有关研究团队，以及 IBM 商业价值研究院的研究人员，各位的专业精神和辛勤努力是这份报告的质量保证。

最后，我更要感谢的是参与到这个调查中的 CEO 们，感谢各位对于中国商业发展的责任感，感谢各位所贡献的真知灼见，也感谢各位对于 IBM 的信任。现在我们献上这份答卷，愿与各位共勉，为实现中国经济的成功转型而共同努力。

钱大群　IBM 大中华区董事长及首席执行总裁

导言

企业领导者如何应对前所未有的不确定的经济环境？ 为了找到答案，我们与全球1 541名企业CEO、总经理和公共机构的领导人进行了面对面的访谈。[1] 这些访谈结论，结合统计数据分析与企业财务分析，为我们展现了全球领导者的战略议程和行动计划。 在此全球调研的基础上，我们特别深入分析了参与调研的55位中国大陆CEO的观点并将之与全球CEO观点进行类比，继而推出这份2010中国CEO研究报告。[2]

当前经济发展环境极为复杂。无论是从深层次还是从长远看，经济形势的复杂性都不是短期现象，而呈现出常态化。[3]

——温家宝总理，国务院常务会议，2010年4月14日

本次全球CEO调研凸显出，企业未来面对的重要挑战是“复杂性”。 企业CEO一致认为，世界大环境是波动的、不确定的、日益复杂而且结构变动很大。 受访的中国CEO表示，中国环境复杂性高于全球水平，但未来环境波动性和不确定性却低于全球水平。 中国专项调研的结果显示，面临复杂环境可能带来的诸多挑战，中国企业家比全球

同仁更有信心，并积极为应对复杂性挑战做好准备。

既然 CEO 已经意识到当前经济环境的复杂性日益加剧，那么他们的目标与过去的期望值有何不同呢？ 从前，CEO 认为应当接近客户并了解客户需求，现在，他们认识到需要通过更进一步地重塑客户关系，才能更好地为客户提供他们真正需要的产品和服务；从前，CEO 意识到业务模式创新非常重要，现在，他们更注重展现创新的领导力，积极寻求创新变革方法，引领企业的全球化思维，并致力于构建可持续发展的组织；从前，企业开始关注决策和执行，现在，企业 CEO 认识到必须重新规划运营战略，着重从精简运营、快速正确决策、快速执行三个方面提升企业运营水平，构建灵活的运营。

简而言之，不断升级的复杂性要求 CEO 及其团队必须果敢、拥有创造力、使用新颖的方式与客户沟通、重新设计运营模式以提高科学决策和战略执行的速度及灵活性，从而最终在 21 世纪的竞争环境中胜出。

洞察和远见都与领导力直接相关。深入洞察可帮助更好地抓住机遇。[4]

——周铭，中国国际投资促进会常务副会长兼秘书长

针对中国环境和中国企业的特点，本研究报告指出，为成功驾驭复杂环境，中国 CEO 需要加强三大能力的建设：

重塑客户关系

关注客户高于一切；在产品/服务生命周期的各个阶段增加与客户的互动，应对快速变化的客户偏好；通过更加多样化的渠道战略为客户提供更加丰富并持久的客户体验；运用数据分析预测客户需求，模拟客户情境，更加智慧地理解、洞察客户需求并为其提供更好的产品或服务。

展现创新领导力

具备全球化视野和战略性思维以应对复杂性挑战；敢于打破传统业

务模式，通过差异化的价值定位，领导企业持续实现业务创新；致力于创建可持续发展的组织，以更灵活的运营模式满足客户日益提升的需求。

构建灵活的运营

尽可能优化企业的运营管理模式；运用数据分析工具和手段，提高科学决策的水平和速度；构建灵活的组织和流程，以提高战略执行速度。

第一章
中国面临日益复杂的环境

世界环境日益复杂是大势所趋。我们的调查显示，大部分国外的CEO怀疑自己是否能应对不断升级的复杂性，而中国的CEO对此显示出更强的信心。重要的是，企业如何才能消减复杂性带来的不良影响，并将其转化为发展机遇呢?

中国面临日益复杂的环境

温家宝总理今年4月在国务院常务会议上分析经济形势时说：“当前经济发展环境极为复杂。无论是从深层次还是从长远看，经济形势的复杂性都不是短期现象，而呈现出常态化。”

2010全球CEO调研为温总理讲话提供了重要的事实依据和数据支持。参加本次调研的中外企业CEO一致认为，新的经济环境将是波动的、不确定的、日益复杂的而且结构变动很大。中国的CEO表示，国内外多种变革力量的冲击、相互推动导致中国的经济环境日趋复杂、瞬息万变（见图1－1）。

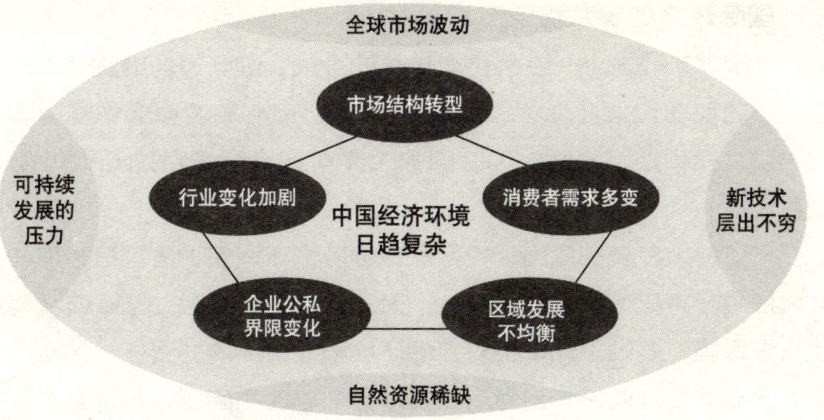

资料来源：IBM分析，2010年。

图1－1　影响中国经济环境复杂性的因素

国内市场的复杂性

• 市场结构转型：中国不再是一个大众化的市场，市场细分越来越多样，实体的和虚拟的市场混合并存，市场边界越来越模糊，市场日渐呈现多元化趋势，变化成为常态。

• 行业变化加剧：中国政府提出以“产业升级、结构调整”为主线的十大产业振兴规划促使一些传统的行业再现生机；许多新兴行业从无到有（如绿色能源、新型建筑材料、太阳能等）；许多国营企业进入非核心业务领域，从而改变了行业的竞争格局。

• 企业公私界限变化：“国退民进”的呼声日益强烈，政府有意退出某些市场竞争完全的行业，也出台了一系列新的投资政策，鼓励民营及其他资本投资原来国有垄断的行业，私营企业由此获得了巨大的发展空间。 但我们也看到，随着国营企业市场化经营意识的大幅提高，企业的发展扩张越来越积极。

• 区域发展不均衡：中国的区域发展极不平衡，城乡差距逐年增大，这使得广泛推行统一的政策监管和行业战略的难度加大。

• 消费者需求多变：城市化加剧、中产阶级消费者群体形成、消费者的主导权增强、人口的老龄化、80/90 后群体截然不同的消费特征等等，这些趋势协同作用，促使消费者需求发生巨大变化。

国际环境的复杂性

● 全球市场波动：在经济全球化的今天，国际市场的波动牵动着中国企业的现在和未来。例如出口需求变化和汇率波动会影响中国企业的出口规模和经济收益，国家保护主义可能会阻碍中国企业的全球化进程。

● 可持续发展的压力：在全球范围内，环境保护法规日趋严格，社会责任感呼声日渐增高。同在一个地球，中国企业的可持续发展意识也日渐增强，开始主动承担对自然环境和社会环境的责任。

● 自然资源匮乏：自然资源紧缺是全球性的问题，特别是在人口众多的中国，自然资源更加匮乏，反过来使全球性的资源压力加剧。中国的企业必须更加注重对自然资源的使用效率。

● 新技术层出不穷：技术的影响力是超国界的。越来越多的新技术及其应用的涌现速度不断加快（如3G），这不但改变了行业发展方向和企业的业务模式，甚至使行业和企业面临着生死考验。

目前世界各国政治、经济和文化密切交织，没有任何一个国家能独善其身。以前是两极社会，现在完全是单极世界，短期之内这种形势比较难以改变。新兴和传统力量的整合带来了机遇，尤其像中国、印度这样的国家，地位上升明显。

——中国某领先消费电子企业董事长

影响中国企业未来发展的三大要素

从2004年起，我们每两年进行一次CEO调研，请CEO指出影响企业发展的三大要素。本次中国CEO调研数据表明，人才稀缺、行业转型和可持续发展是影响中国企业未来五年成功发展的最关键要素，中国CEO对这三大要素的关注程度均高于全球CEO的平均水平（见图1－2）。

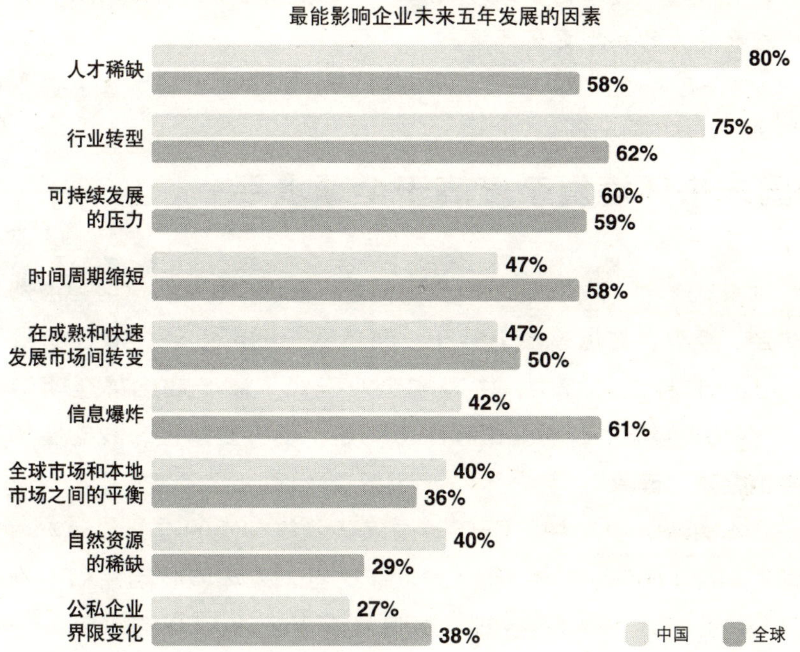

资料来源：IBM全球CEO调研，2010年。

图 1－2　人才稀缺、行业转型和可持续发展是影响中国企业未来五年成功发展的关键要素

● 人才稀缺：中国企业在发展过程中一直面临管理人才短缺的挑战。当前，中国的全球化进程日益加快，企业进入快速增长阶段，特别需要一批具备全球化思维的领导者来引领中国企业的增长战略，包括其海外扩张战略。

● 行业转型：新的行业模式和企业模式正在改变人们对客户、竞争、渠道伙伴、定价等方面的传统认知；行业监管和技术的影响力大大增强——如 IT 彻底改变传统服务业的运作、促进了现代服务业的急速发展，三网融合政策会促使企业重新定位等；许多行业间的界限日益模糊、行业间的整合时有发生，如电信行业与信息服务业之间的整合。

● 可持续发展：日趋严格的环境保护法规要求企业必须将污染水平降到最低；来自消费者的压力促使企业承担起应有的社会责任；除了被动应变，企业还应当考虑如何抓住机遇，通过新产品和新服务实现可持续发展。

公司所处的行业竞争极为激烈，市场因素是比较重要的因素，但人员技能和能力的缺乏更为严重。

——中国某零售企业 CEO

中国未来环境复杂度高于全球水平

过去三十年，改革开放带给中国翻天覆地的变化，这变化渗透到中国社会、经济、文化等各个层面，而且变化的深度和广度逐年持续增加。处于这样的环境中，中国的企业已经习惯于变化甚至期待着变化。变化是必然的，需要提醒注意的是，种种复杂性、波动性和不确定性也会随之而来。

在本次调研中，中国 CEO 对未来环境复杂性的打分（64%）略高于国外同行（60%），然而，中国 CEO 对未来环境波动性和不确定性的打分（分别为 50% 和 44%）都明显低于全球 CEO 的水平（分别为 69% 和 65%）（见图 1-3）。

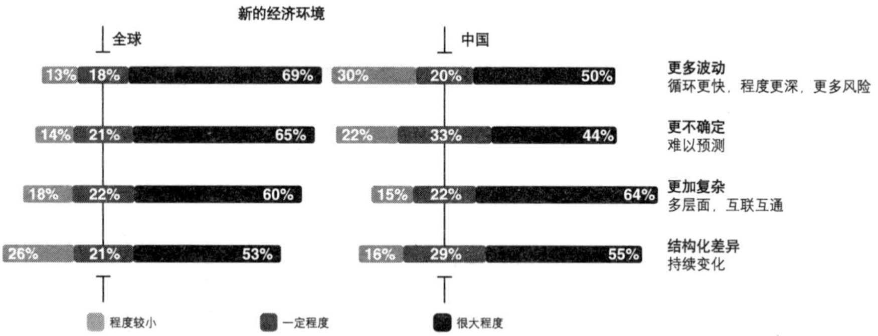

资料来源：IBM全球CEO调研，2010年。

图 1-3　与全球同仁相比，中国的 CEO 预见未来经济环境更为复杂，但其波动性和不确定性要低

复杂性是一个全球性现象。尽管国内外多重因素导致中国环境的复杂性高于市场发达的国家（如前文所述），但中国经济的波动性及不确定性要低一些，这主要得益于中国政府对中国有更明确的指导和更强的规划。虽然中国的CEO也认为未来环境将不断变化、日趋复杂，但在中国具有较强预见性并相对稳定的环境中，中国企业将更能实现持续的增长。

中国企业有信心跨越“复杂性鸿沟”

调研显示，全球的CEO面临非常大的“复杂性鸿沟”——我们将CEO预期的环境复杂性和其应对复杂性的准备之间的差异称作“复杂性鸿沟”。全球79%的CEO认为大环境将变得越来越复杂，而只有不到一半的CEO（49%）表示已经准备好迎接这一挑战。虽然80%的中国CEO也认为大环境将变得越来越复杂，但却有超过半数的人（55%）表示已经准备好迎接这一挑战（见图1-4）。

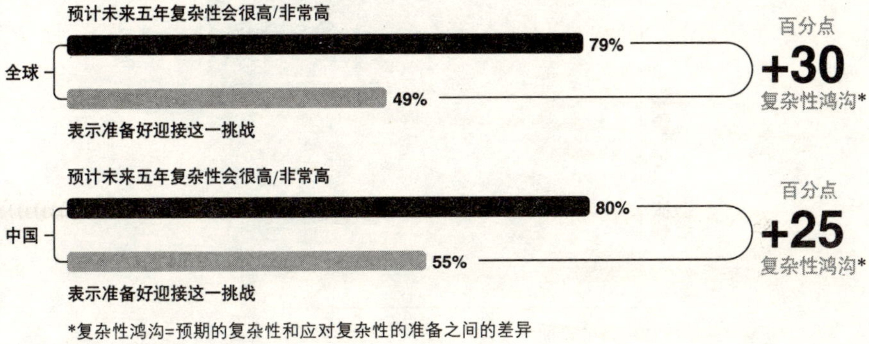

资料来源：IBM全球CEO调研，2010年。

图1-4　与全球同仁相比，中国的CEO在驾驭复杂性方面更有准备

80%的中国CEO表示复杂性会不断提升，但超过半数表示已经准备好迎接这项挑战。

换句话说，中国的CEO比国外同行更有准备、更有信心跨越环境的“复杂性鸿沟”。在过去三十年，中国经济快速增长、社会快速发展——例如，城市化进程不断加快，中小城市的重要性日益增强等——由于长期处于变化的环境当中，中国企业应对变革的经验相对丰富，能力也较强，因此他们对企业未来发展抱有乐观期望。

现在遇到以前没有遇到的问题，很复杂，但不是不可解决的。

——中国某领先的能源公司高级执行官

卓越企业：成功驾驭复杂性

不要说在经济振兴的盛世，许多卓越的企业能够获得短期和长期的收益及增长，即使在经济危机时期，世界各地、各行业仍不乏卓越的企业，它们能够在危机中发现机遇，迅速从低谷中提升自己。卓越企业的利润增长率是本次受访企业平均水平的六倍。不仅如此，这些卓越企业时刻准备应对“复杂性”的挑战（见图1－5）。

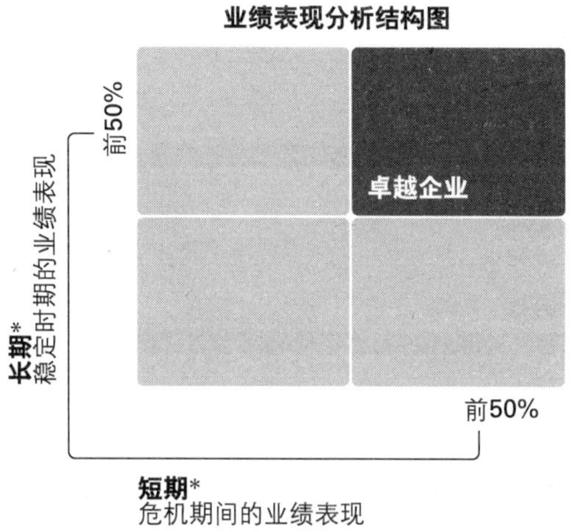

图1－5　卓越企业在任何环境和时期均能保持卓越运营

卓越企业虽然同样面临高“复杂性”，但是它们的“复杂性鸿沟”只有6%。这与其他企业的状况形成了鲜明对比。巨大的反差说明卓越的企业更有信心应对“复杂性”挑战，同时它们还能将挑战转化为机遇来推动业务的发展。这些企业会快速制定决策，在市场中进行检验，并依据结果进行相应的调整和完善。

说实话，我一点都不害怕什么复杂性。相反，我觉得这是机遇，令我非常兴奋。

——Jacques Pellas，达索航空公司秘书长

卓越企业到底有何过人之处？ 我们对此进行了广泛的研究，并结合中国企业的特殊性进行分析，结果发现，卓越企业善于在以下三个领域利用“复杂性”来推动企业发展（见图 1 - 6）。

图 1 - 6　卓越企业善于在三个领域利用“复杂性”来推动企业发展

- 重塑客户关系——卓越的企业在产品/服务生命周期的各个阶段增加客户互动，从而更加贴近客户；通过多样化的渠道战略为客户提供更加丰富并持久的客户体验；运用数据分析，更加智慧地理解、洞察客户需求，并为其提供更好的产品或服务。
- 展现创新领导力——有创造力的领导者往往会采用创新的方式推动企业发展，也会创造条件支持各种创新。 企业领导者不仅要以快速增长为企业目标，更要高瞻远瞩，方能安然应对复杂环境的挑战。 创新的 CEO 会带领企业通过差异化的价值定位持续实现业务创新，并创建可持续发展的组织，以更灵活的运营模式满足客户日益提升的需求。
- 构建灵活的运营——卓越的企业能够优化企业的运营管理模式，以便更好地处理复杂性；能够运用数据分析工具和手段，提高科学决策水平和速度；能够构建灵活的组织和运营模式（例如标准化并整合企业

流程和系统、转变组织结构、建立合作伙伴关系等），以提高战略执行速度。

我们要做的是以简单应对复杂环境，以不变应万变，意思是我们不要试图去抓住所有的机会，要将资源集中在建设我们核心优势的地方，通过专业能力的提升来应对环境的不确定性。

——中国某大型百货公司总经理

第二章

重塑客户关系

中外CEO普遍将“更加贴近客户”视作未来企业发展的首要任务。由于企业模式和行业模式的不断创新，中国企业越来越意识到“客户是上帝”的真正涵义，现在，他们亟待重塑客户关系，以便更好地为客户提供其真正需要的产品和服务。

首要任务：更加贴近客户

未来五年企业为实现战略目标将重点关注哪些领域？ 在我们的调研中，全球88%的CEO表示“更加贴近客户”是未来五年企业发展的首要任务，85%的中国CEO也将“更加贴近客户”视作首要任务，而在卓越企业中，有95%的CEO表达了类似的看法（见图1－7）。

关键的竞争优势应该建立在客户关系和客户覆盖面的基础上。

——中国某金融服务公司总经理

中国的CEO对行业模式变革和企业模式变革两大领域的关注程度大大高于国外同行。 这是在中国经济高速发展的大背景下，中国企业寻求快速增长的必然选择。 正在经历行业/企业模式转型与变革的中国企业更加需要重新思考和重建客户关系。

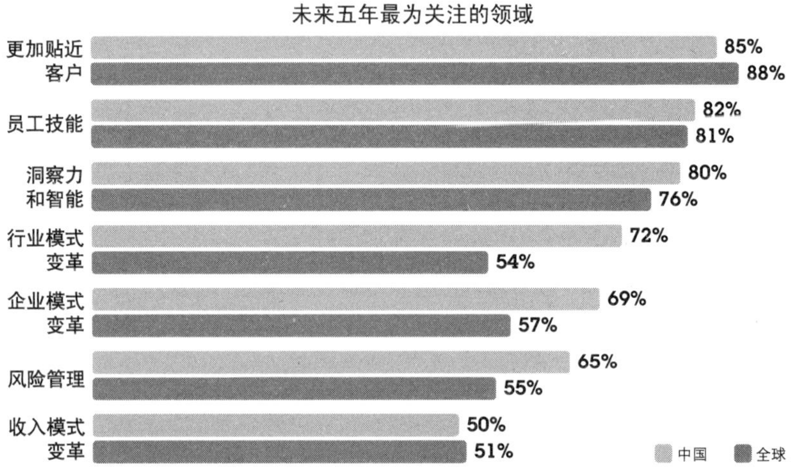

资料来源：IBM全球CEO调研，2010年。

图1－7　中国的CEO认识到更加贴近客户是最为优先的任务

“更加贴近客户”意味着，企业为直接零售和网络销售提供新的沟通和销售渠道；理解客户未被满足的、未及言表的需求；与客户共同创造差异化的商品及服务；在与客户交流和接触的各个层面提供更好的客户体验；加强客户关系，赢得客户忠诚度。

今天的客户需要的是解决方案，而不是简单的产品或服务。未来公司应当限制低附加值的生产活动。

——中国某发动机制造企业董事长

与客户建立更为紧密的关系

受访的企业CEO一致认为，企业不仅应与客户保持紧密联系，还应不断努力加强这种纽带关系，其关键在于如何更大程度地满足客户的期望。 本次调研中的CEO认为，客户期望企业在七个方面寻求改变（见图1－8）。

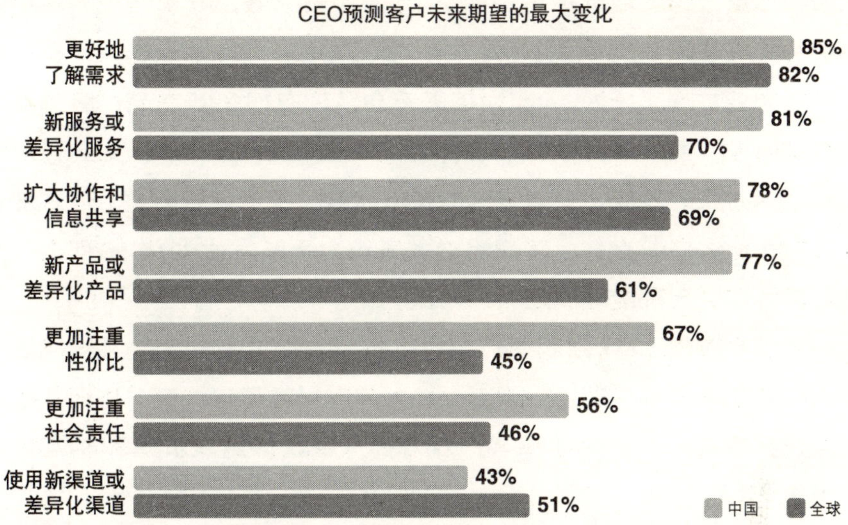

资料来源：IBM全球CEO调研，2010年。

图 1－8　中国 CEO 迫切寻求从七个关键领域着手重塑客户关系

我们发现，中国 CEO 在这七个方面寻求改变的愿望普遍强过全球 CEO。受到行业模式向服务转型这一变化趋势的影响，中国 CEO 对服务的重视程度超过对产品的重视，企业因此需要更深地了解客户的需求，而为了获取更多的客户信息，企业必须增加与客户的交互与协作，与客户建立更为紧密的关系。另外，中国具备强大的制造业基础，许多中国企业仍然坚持传统的观念，重视以更好的性价比来赢得客户青睐。

我们观念变化了，视野变化了，现在以客户为中心的观念开始全面深入到每一个员工。以客户为中心，我们搞客户满意度测评，一切行动围绕市场和客户转。

——中国某商业银行首席信息官

回到原点：重新思考客户关系

如前文所述，为了能够“更加贴近客户”，中国企业的 CEO 普遍表示愿意更大程度地满足客户期望。现实情况是，越来越多的客户受新的社交网络渠道的吸引，[5] 通过拍卖、网站、本地站点和其他多种新兴渠道完成其购买行为。因为每天都会发现有很多新产品、服务或体验推向市场，客户不再像以前那样对品牌恪守忠诚。不仅如此，由于现代生活方式的改变（针对个人消费者而言）或者自身的业务模式变化（针对企业客户而言），客户需求本身也会不断发生变化。那么，企业如何才能更大程度地满足客户期望呢？

建议中国的 CEO 回到原点，重新思考客户关系的四个关键问题，最大程度地满足客户期望，重新激发客户的兴趣和忠诚度，进而从根本上重建客户关系，使企业和客户双方都从中获得更大价值和相互信任（见表 1－1）。

表 1－1 为了重塑客户关系，中国企业需要对四个关键问题进行再思考

	关键考虑因素
企业的客户对象是谁？ • 新业务模型如何改变客户观念？ • 地域和业务扩大会怎样影响客户群？	• 当公司横跨中国和全球范围，客户群在地理上扩展； • 当公司从事不同的增值业务时，客户群在价值链上拓展； • 新的业务模型导致了非付费用户和关键影响者的产生； • 客户可以转变角色，成为供应商或者业务伙伴。
客户的需求是什么？ • 中国的人口特征和环境因素的变化如何改变客户需求？	• 现有的产品或服务很少有差异化； • 客户变得更加有知识并期望更多个性化的产品和服务； • 在不同的客户群中，客户的要求有很显著的区别。
如何满足客户需求？ • 我们怎样给客户提供增值的服务和产品？	• 中国消费者已经不再满足于仅仅购买产品，而是期望借助增值服务和解决方案来解决难题； • 消费者希望能更多地参与和介入产品生命周期的各个阶段，例如，新产品开发； • 精明的客户现在希望得到更多有关产品和服务的知识，和在客户体验全过程中有更好的经历。
• 如何加强与客户的关系？ • 我们如何改变了渠道战略与客户进行直接和有效的交互？ • 我们是否利用高科技来提高效率和改进与客户的交互方式？	• 客户正从愈加多元化的渠道实现购买行为； • 很多公司正消除中间商来赢得直接接触客户的机会； • 需要收集并利用从多种渠道而来的信息； • 多种技术，比如 SMS，社交在线小组等，可以用来推广品牌和发布信息等等。

资料来源：IBM 分析，2010 年。

在整个产品/服务生命周期加强与客户交互

重新梳理客户关系的四大关键问题有助于中国企业进一步探索在新经济环境下“更加贴近客户”的可行性方法。如图 1－9 所示，中国企业应在产品和服务的整个生命周期的各个阶段，充分利用各种传统和新兴的渠道，加强与客户的交互和协作，从而改进客户关系。例如，企业可以在产品设计阶段就融入客户的特殊需求；在客户选择商品时，企业为之提供实体或虚拟的体验中心以便客户做出恰当的购买决定；在销售阶段，企业可以为客户提供分期付款、额外担保等增值服务。

我们正在开设自营店面以加强对渠道的控制力度。更加贴近客户是我们工作的重中之重。

——中国某知名家具制造企业 CEO

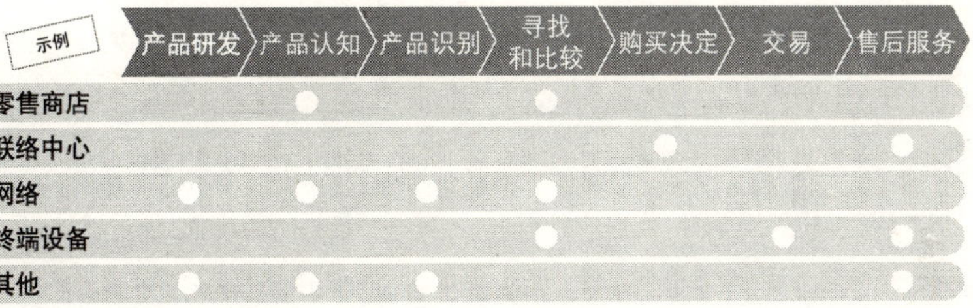

资料来源：IBM分析，2010年。

图 1－9　企业应当通过全周期、多渠道加强客户交互，改进客户关系

以上客户交互模式的益处主要体现在以下几个方面：

- 在产品和服务的整个生命周期的各个阶段增加客户参与度，有助于促进新的行业模式、企业模式和收入模式形成，帮助企业取得高速增长；
- 这种全周期、多渠道的客户交互有助于客户在产品、品牌、推广和服务多个层面获得一致的客户体验；
- 提高客户参与度，有助于加强客户忠诚度，增强客户关系；
- 各种传统和新兴的渠道使企业与客户交互更加通畅和完全，因此，企业可以加强信息收集和共享，构建客户信任并改善客户关系；

- 中国企业还有待充分发掘各种 e 渠道的潜力。有效利用 e 渠道可以在产品和服务的整个生命周期、各个阶段增进与客户交互协作，从而加深与客户的亲密关系。

> 我们在寻求各种机会与客户面对面或虚拟接触。在传统渠道之外，我们正努力尝试各种新兴渠道。虽然我们的销售模式仍然偏重于传统，但是通过虚拟方式向客户提供服务，加强与客户的密切关系也是我们的努力方向。
>
> ——中国某银行行长

运用更智慧的方式满足客户需求

与客户双向甚至多向的交互可以帮助企业获得更多的客户信息，同时，企业需要具备数据收集、整合和分析等系统化能力，方能从海量的客户信息中发掘出关键洞察，进而发展出紧密的客户关系，甚至创建新的合作关系。调查结果显示，中国的 CEO 非常注重以洞察和智能来实现企业战略目标（80%），其注重程度大大高于所有国外同行（49%），甚至高于重点关注客户的 CEO 小组的得分（78%）（见图 1－10）。

*更加关注客户需求的CEO=在“更加关注客户”中打分较高的CEO

资料来源：IBM全球CEO调研，2010年。

图 1－10　中国的 CEO 更注重利用洞察和智能的方式来实现企业战略目标

中国企业的 CEO 意识到，从非结构化、非数字化（常常是转瞬即逝）的数据中提取有用信息，并将这些数据转化为洞察和行动，方能为企业创造商业价值。例如，对客户购买行为的深入洞察可以帮助企业调整产品组合，修正销售和定价策略；发掘并利用客户信息还可以帮助企业为客户订制个性化产品，开发出新的产品或服务。

李宁公司：拓展多元化渠道，重塑客户关系，提高客户忠诚度[6]

李宁有限公司是中国体育用品行业的领军企业，创立于 1990 年。经过 15 年的探索，李宁产品已由单一的运动服装，发展为运动服装、运动鞋、运动配件等多系列。李宁品牌追求流行、时尚的元素，其目标消费群特征是以 14 ~ 28 岁的学生为主，聚集在大中城市，喜爱运动，崇尚新潮时尚和国际流行趋势。这个群体消费观念超前，在购买选择中体现出非常强的自主性，对互联网“虚拟世界”的依附程度很高。

李宁拥有中国最大的体育用品分销网络。2007 年，随着网络购物的快速发展，公司一度出现网上渠道与传统渠道的严重冲突——仅淘宝网就有超过 1 000 家网店出售李宁产品，其中鱼龙混杂、真假难辨，不仅影响了李宁产品在网络上的口碑，也冲击了实体渠道的价格体系。由于网上购物群体与李宁产品的消费群体有极强的吻合度，李宁公司确定了网络市场的发展方向，因此如何拓展并管理网络渠道成为李宁公司必须解决的问题。

2008 年，李宁公司启动了自己的网上购物渠道，对于早期自发存在的较大的 C2C 渠道，李宁没有强行清理，而是授权其销售李宁的产品并将其收归麾下，从而快速完成渠道规模化。收编网店的同时，李宁建设了官方直营店和官方商城，形成了官方网站—淘宝直营店—网上加盟店的多层次 B2C 架构，与传统的 7 000 家实体店一起服务客户。

为避免渠道冲突，李宁公司对 e 渠道和传统渠道所销售的产品种类进行区分，建立了一套线上线下可衔接的价格体制。同时，李宁公司建立了网上互动社区 SNS，旨在聚集李宁品牌爱好者和活跃的体育活动者，社区一方面进行产品的推广和营销植入，另一方面将会员对品牌、产品、销售和服务的意见反馈到社区营销和产品的设计开发上。

通过多元化渠道的拓展，李宁公司建立了强大的销售网络，加强与客户的互动，深入了解客户需求，并结合客户需求进行产品设计开发和社区营销，从而形成良性循环，提高了客户的忠诚度。

第三章
展现创新领导力

“创造力”是很重要的一项能力，有创造力的领导者勇于尝试和创新。在纷繁复杂的环境中，中国企业需要有创造力的领导，用全球化的智慧和愿景，推动组织创新变革并建立可持续的竞争优势。

创新领导力的特质

复杂性不断升级，企业运营也将面临更大的挑战，这将企业带到一个转折路口。 CEO 必须调整和改变一些长期持有的观念。 他们不再满足于对现有模式和方法的局部小幅度提升，而要采用全新的、非传统的方法进行全方位的、系统的变革，在观念上富有见地，在执行方面大刀阔斧（见表 1 – 2）。

领导一个组织建设性地变化需要设立方向，让员工协调一致，激发并鼓舞他们朝着正确的方向前进。[7]

——《领导者应该做什么》，John Kotter

表 1－2　领导者在极其复杂的环境下为企业导航所需具备的特性和能力

	在复杂环境中领导企业	… 相反，在稳定的市场中管理
1	创新	管理
2	聚焦于员工和客户	聚焦在系统和结构
3	目光长远	紧盯成本控制
4	持守长期愿景，管理短期变化	关注短期目标
5	做正确的事	把事情做对

资料来源：IBM分析，2010年。

以“创造力”应对“复杂性”的挑战

参加本次调研的中外 CEO 一致认为，“创造力”是新经济环境下领导者应当具备的最重要的特质。面对复杂环境，企业领导者要勇于改变现状，随时准备尝试创新（见图 1－11）。

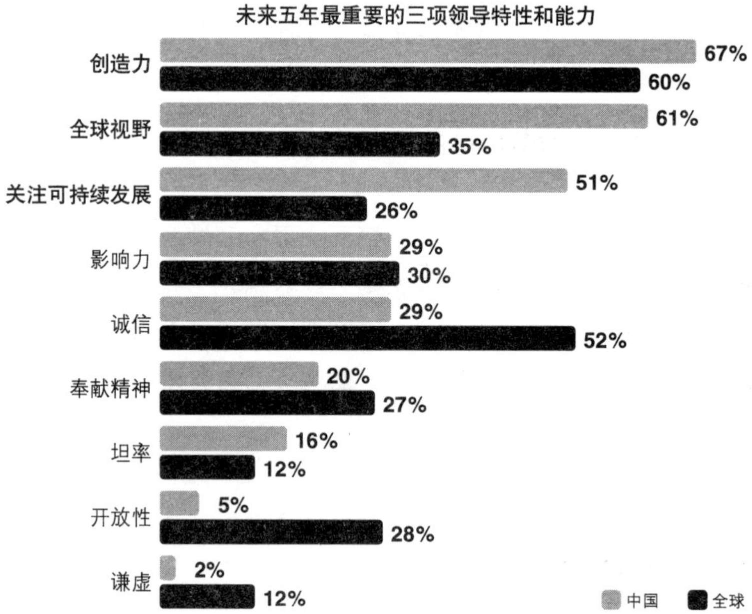

资料来源：IBM全球CEO调研，2010年。

图 1－11　中国企业需要有创造力的领导以应对复杂性挑战

简单说来，创造力是指使用新的、完全不同的方法的能力，创造力推动创新。创新不仅限于新产品/服务，更为重要的是，创新关乎一种新的思维，一种为客户带来价值的新途径，它是推动业务模式创新的关键动力。中国的 CEO 强调，想在中国赢得竞争，企业需要有创造力的领导，用全球化的智慧和愿景推动组织创新变革，并建立可持续的竞争优势。

我们是国企，不能只追求短期利益，要注重长期发展。

——中国某领先的航运公司首席信息官

中国企业积极寻求业务模式创新

我们将重视创新的全球 CEO 编成一组做进一步的调查，发现这些 CEO 对企业模式创新（60%）、行业模式创新（57%）、收入模式创新（54%）三条创新途径都非常推崇。相比而言，中国 CEO 格外关注企业模式创新和行业模式创新，其重视程度甚至比重视创新的 CEO 小组分别高出 9 个百分点和 15 个百分点（如图 1－12 所示）。

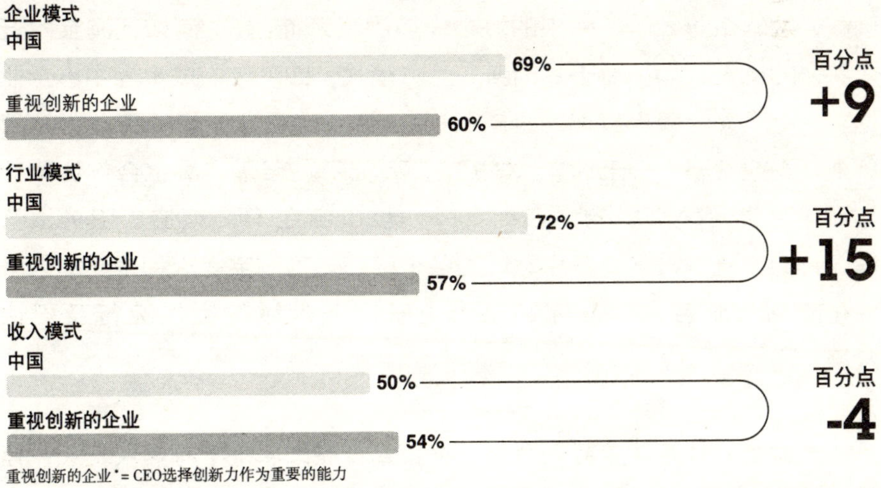

资料来源：IBM全球CEO调研，2010年。

图 1－12　中国 CEO 更注重通过业务模式创新打破现有的行业和企业格局

▶ 业务模式创新类型：[8]

企业模式

判断哪些业务由企业独立完成，哪些业务通过合作完成，使得企业更加专业化、创造更大价值。

行业模式

重新界定现有行业，是否进入新行业发展，或是创造一个全新的行业模式。

收入模式

采用新的价值定位或定价模式，改变收入方式。

这一调查结果并不意外。从国家层面来看，中国政府对创新的重视程度可谓史无前例，创新甚至被作为关键战略写进了国家的十一五规划，各级政府更是从行业和企业等各个层面积极鼓励创新。从企业层面来看，中国 CEO 格外重视创新思维和创新举措，他们深知，唯有通过创新才能赢得激烈的竞争，唯有通过创新才能重塑客户关系。

由于中国经济发展阶段不同、行业基础不同以及公司文化的差异，简单照搬其他国家或地区成功企业的做法可能会帮助中国企业成为优秀的跟随者，却无法使之成为行业翘楚。唯有通过持续不断的业务模式创新，中国企业方能在未来的复杂环境中脱颖而出。例如，淘宝网近年获得的巨大成功得益于其创新的业务模式，即以较低成本为中小企业建立一个与最终用户直通的全新渠道。淘宝网在这一新的行业中持续创新，企业发展十分迅速。2009 年，淘宝网发布了“淘宝合作伙伴计划”，召集为数众多的电子商务外包供应商在 IT、渠道、服务、营销、仓储物流等电子商务生态链的各个环节，为淘宝卖家和企业提供个性化产品及服务，从而保证整个电子商务领域的良性运行及更快发展。[9]

产品创新只是其中的一部分。中国在经济上取得了跨越式发展，你必须改变企业模式以适应快速发展的环境。

——周少明，福建七匹狼实业股份有限公司总经理

中国企业迫切需要全球化思维

在领导者特质这一单项调查中，中国的 CEO 最看重的第二条特质是“全球化思维”。我们发现，中国的 CEO 选择“全球化思维”这一选项的比例（61%）远高于其他国家和地区的 CEO（见图 1－13）。

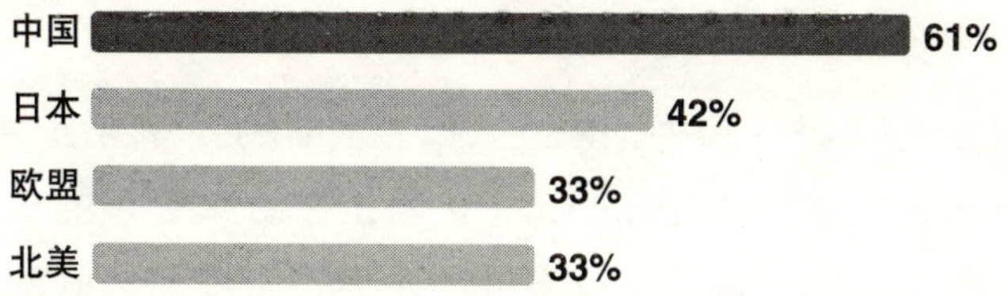

资料来源：IBM全球CEO调研，2010年。

图 1－13 中国的 CEO 对“全球化思维”这一领导特质的重视程度远高于其他国家的 CEO

中国尚处于全球化早期阶段，越来越多的中国企业正在走出国门。特别在 2008 年全球金融危机之后，世界各经济体力量对比的变化为中国企业带来了更多走向全球的机遇。因此，中国 CEO 格外重视“全球化思维”这一领导者特质。另外，中国的公司在国内市场中也面临着来自国际跨国公司的激烈竞争。知己知彼，百战不殆。若想赢得这场家门口的全球化竞争，企业必须拥有具备全球化思维的领导人。

中国企业的 CEO 对“全球化思维”的理解是广义的，它代表着战略性的思考，定睛于企业长期目标的能力，从全球化视角判断和把握企业高速增长的机会，比如面向新兴市场拓展价值链、优化企业全球性的运营活动、利用全球业务伙伴关系等。由于缺乏具备全球化思维的中高层管理人才，中国企业不得不花高价聘请有此经验的经营管理者。同样，由于缺少此类人才与全球客户、供应商和合作伙伴有效沟通，许多企业延迟执行全球化战略和/或进入国际市场。例如，自有人才短缺的中国企业不得不放弃企业有机增长模式而采用并购的手段寻求发展。越来越多的中国企业开始重视人才问题，有的通过并购来发展企业人才库，有的企业加大对员工培训的投资，从语言、文化差异、领导能力等方面帮助员工提升应对全球化的能力。

我们处在竞争激烈的国内市场中，我们需要积极开拓海外市场。面对复杂和不确定的环境，政策制定者需要对全球市场有宏观的视角。

——栾建胜总裁，中国工商银行信用卡中心

中国企业 CEO 关注可持续发展

在中国企业的 CEO 眼中，未来五年最重要的领导特质中的第三条是：关注可持续发展。中国的 CEO 认为，在纷繁复杂的市场中，一个努力向前的企业领导者，不仅要推动企业创新变革，同时要致力于构建可持续发展的组织，与客户保持亲密关系，打造企业长久的竞争优势。

这里所指的可持续发展，不单停留在企业与环保的关系上，也不局限于企业的社会责任感，它更代表了优秀的中国企业的基业长青的梦想。许多中国企业（特别是私营企业）的运营时间还很短，如何才能在百年长河中跑赢其他竞争对手？这需要企业领导者拥有长期可持续发展的愿景和勇气。

对所有的企业而言，为客户创造价值是企业发展的根本。企业领导要有能力带动全体员工共同为实现这一企业战略而努力。

——中国某大型连锁超市总经理

一个可持续发展的企业，必定具备独特、不易被替代的核心竞争优势，从而赢取市场份额和客户忠诚，即使环境改变也不停止发展。与此同时，这个企业还需要构建一套强大而灵活的运营体系，唯有如此，它才能在未来极端复杂多变的环境中继续保持增长和市场领导地位（见图 1－14）。

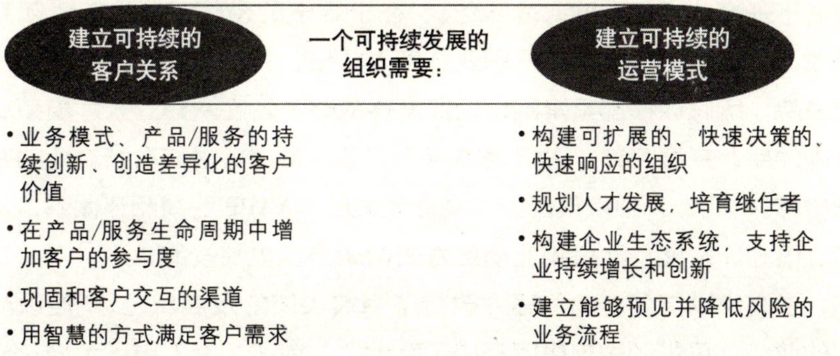

资料来源：IBM分析，2010年。

图1－14　中国的CEO非常重视构建可持续发展的组织能力

中粮集团：发挥创新领导力，建造可持续发展的组织[10]

宁高宁于2004年担任中粮集团有限公司（COFCO）的CEO，在他的领导下，中粮从一个粮食贸易公司演变成中国最大的、全种类的、粮食业务和食物产品的服务提供者。

在上任中粮CEO之初，宁高宁就提出了新的公司愿景，即以“从田间到餐桌”的观念建立全产业链的公司。此后，中粮集团将业务横向和纵向延伸至9个领域。为了避免过度多样化，中粮集团创建了战略业务单元以确保在每个领域内的专业化和领先地位。目前，中粮旗下拥有许多著名品牌，如蒙牛奶制品、金帝巧克力、长城葡萄酒等。

宁高宁现阶段的工作重心开始向以客户为中心的创新转移，专注为客户提供长期价值。宁高宁坚信，以市场/客户为驱动的创新企业文化是一个组织持续发展的关键因素，他的目标是在公司里营造这种创新文化，使公司所有的活动都围绕着客户需求展开，并在企业的全过程管理中融入创新因子——从研发和创新、投入产出、成本效益、人才组织、内部协同、评价方式到新产品推广和企业文化——由此，企业竞争力不断增强，企业发展会更持久，企业的价值也越高。

着眼未来，宁高宁意识到，中粮集团若想成为基业长青的企业，必然离不开高效、稳定的人才队伍。在宁高宁的带领下，中粮集团开始关注、培养具有国际视野的职业经理人队伍，并组建了企业大学——忠良书院，所有课程都紧紧围绕企业发展战略，旨在从建立人才模型、建立人才库、开展测评、进行培养四个环节对管理层进行有针对性的开发和培养。此外，中粮集团引入全球领先的 KAAPP 业绩测评体系，从知识、能力、态度、性格和业绩各方面帮助员工提高技能。

宁高宁以其创新的领导力改变了中粮集团的发展轨迹。他以前瞻性的业务远见带领中粮集团开拓了巨大的、前所未有的市场领域；他倡导的以客户为重心的业务模式和企业文化使企业焕发了勃勃生机；他全球化的人才观则为中粮未来的可持续发展储备了人才力量。

第四章
构建灵活的运营

CEO 通过不计其数的方式来驾驭“复杂性”。中国的 CEO 需要重新规划运营战略，着重从精简运营、快速正确决策、快速执行三个方面提升企业运营水平，构建灵活的运营，创建真正可持续发展的组织。

知难而进，驾驭复杂环境

复杂的环境中蕴藏着巨大的机遇。如果企业尚未准备成熟，无法立即行动，就只能目睹机遇转瞬即逝。受访的中国 CEO 表示，他们迫切需要提高处理和解决各种运营和管理难题的能力。

要重视标准化和程序化，不是创新而是加强规范的执行。

——中国某大型医院院长

复杂环境致使企业的运营管理更加复杂

- 在新的地区拓展业务或者进入新的价值链领域，意味着企业要适应不同的地方法规及商业规则；
- 客户群体不断细分，致使产品/服务的组合越来越复杂多样；

• 产品/服务的个性化程度越来越高，企业的流程也需要做相应的改变，才能满足有效的客户互动；

• 处于日益复杂的商业生态环境中，为了从各个利益相关者那里获取深入洞察，企业必须具备收集并分析各种客户信息的智能和流程。

复杂环境加大了解决运营管理难题的压力

• 企业内部各种流程和系统相对分散、缺乏整合和统一标准、升级困难：中国企业当前的各种流程和系统多是在企业快速增长的阶段设计并建立的，这意味着现有的流程和系统只能在各自的功能范围内解决暂时性的问题，缺乏企业一盘棋的思想和前瞻性的眼光；

• 不同系统提供给客户的信息和服务水平不一致甚至相互矛盾，而分散的流程/系统和多层级的组织结构会导致决策过程较长、对客户反应速度减慢；

• 流程过于关注企业内部，客户对企业流程的体会往往冗长且繁琐；

• 业绩衡量更多采用职能化的指标，而不是出于客户的满意度；

• 缺乏智能分析工具，难以产生客户洞察。

在本次调研中，我们针对运营话题与中国的 CEO 展开了深入的讨论，并得出结论：面临复杂局势，中国企业需要重新规划运营战略，特别要集中精力从以下三个方面改进企业运营和管理，从而提高对客户和市场变化的响应能力（见图 1－15）。

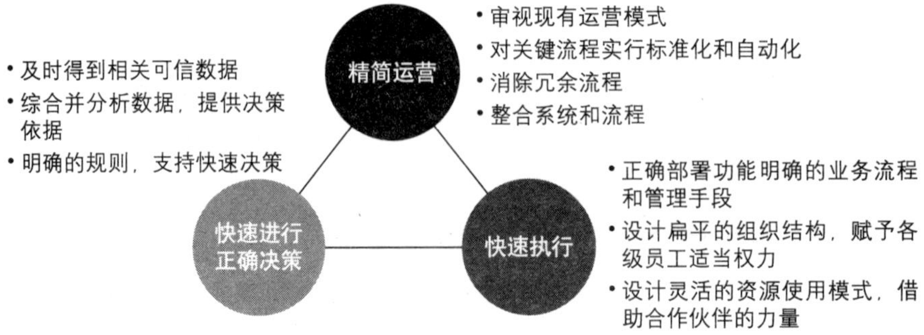

资料来源：IBM分析，2010年。

图 1－15　为了更快更好地响应客户和市场变化，中国企业应关注三方面的运营创新

中国企业更加注重精简流程

为了更好地驾驭复杂性，中国的 CEO 特别注重精简和优化企业的运营模式，以提高速度和灵活性，从而追求新的收入机会。 本次调研数据显示，在运营战略变革方面，中国企业对精简运营的迫切需求（64%）甚至要高于卓越企业的平均水平（61%）（见图 1－16）。

优化运营是我们公司未来几年在中国本地市场的工作重心。

——中国某知名电子制造企业 CEO

资料来源：IBM全球CEO调研，2010年。

图 1－16　与卓越企业相比，中国的 CEO 更加注重通过精简流程和运营来驾驭复杂性

由于建立时间短却又成长快速，许多中国企业尚未形成完善的流程和运营体系。 面对不断变化的复杂环境，中国的 CEO 意识到，为了提升企业运营的效率，迫切需要建立一套简洁而优化的流程和系统，并竭力推进流程标准化和自动化。

实际上，很多中国企业已经开始检视自身现有的运营模式，寻求优化流程和系统的可能机会。 例如，有的企业采用模块化方法，在产品开发和制造等领域使用标准化组件，在提高全球效率的同时切合当地市场需要；在人力资源和财务运营等关键职能中采用标准化流程，引入共享服务模式和面向服务的企业架构（SOA），不仅提高了运营效率，还能降低成本。

中国企业需要快速而科学的决策

长期以来，中国的 CEO 常常凭着“直觉”做决策。 在特定的经济形势下，这种大胆的“拍脑袋”决策确实帮助企业抓住了许多发展机遇。不过，要想在极为复杂的环境中生存和发展，企业必须依赖对客户需求的准确把握，做出快速而科学的决策。

我们致力于简化复杂流程以提高决策效率。

——中国某能源公司研究总监

在卓越企业所做的决策中，43%是快速决策，只有15%的决策需要较长时间的深思熟虑。中国企业快速决策的比例仅为33%，还有很大的提升空间（见图1－17）。

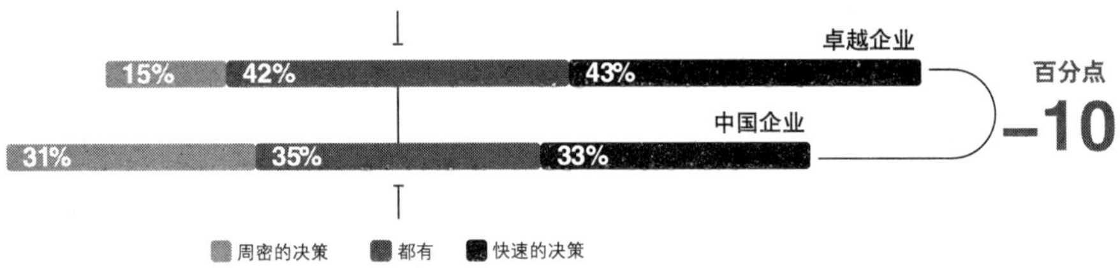

资料来源：IBM全球CEO调研，2010年。

图1－17　中国企业需要加强在复杂难辨的环境中做出快速而科学的决策的能力

与卓越企业相比，中国企业较少采用“快速决策”来实现快速变革。

乍看之下，快速决策和科学决策是一对矛盾体，实则不然。卓越的企业会在“足够了解”情况时做出抉择，避免拖延到“完全了解”的时候，它们在复杂难辨的环境中，也能依赖战略眼光，做出明确判断。那么，这种“足够了解”和战略眼光，又是从哪里得来的呢？

我们认为，企业快速、科学、正确决策的秘诀是：首先，努力获取所有能够反映企业及其环境真实状况的及时信息，对这些信息进行科学的分析和挖掘，得到更深入的洞察，为快速决策提供科学依据；其次，中国企业需要尽力消除决策流程或政策上的障碍，建立一套明确有效的规则和责任机制来支持快速决策。

我们需要在质量和速度间平衡。但是在现今情况下，速度很重要。

如果反应慢了，我们会被淘汰。

——中国某电信企业总经理

中国企业的执行速度有待提高

市场在变化、产品生命周期在缩短，客户需求亦在不断变化——快速变化的复杂环境要求企业以最快的速度来回应。在本次调研中我们发现，45%的卓越企业认为，未来五年当中企业在执行层面最需要关注的是快速执行能力。然而，只有26%的中国CEO认同这一观点（见图1－18）。

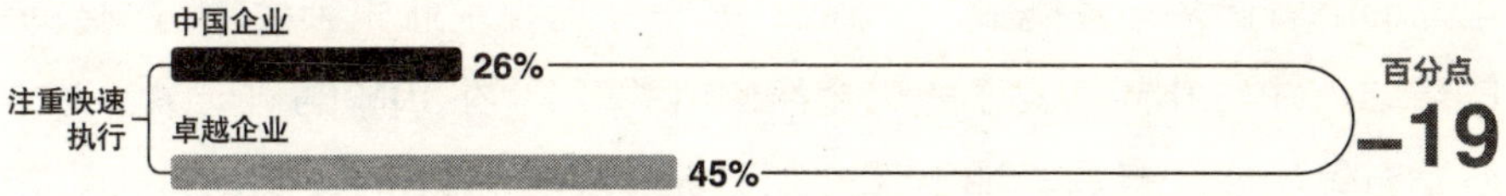

资料来源：IBM全球CEO调研，2010年。

图1－18　驾驭复杂的环境要求中国企业拥有快速执行的能力

快速变化的复杂环境不允许企业迟疑不决。中国企业应当向卓越企业看齐，重视并有意识地提高快速执行能力。为此，我们建议中国企业从以下几方面建立相关能力：

- 精心设计业务流程，确保决策通畅下达
- 自动决策的技术
- 扁平化的组织架构
- 拥有相应技能的被授权员工
- 适当的奖惩机制
- 灵活的资源模式
- 借助战略伙伴，扩展企业能力和资源

企业需要设立评估标准。标准是行动的指南，是建立评估体系的基础。在这一基础之上，一个组织才有持续改进的可能。

——中国某设备制造企业高级经理

苏宁电器：精简并优化业务流程，构建灵活、高效、稳健的运营体系[11]

苏宁电器是中国3C（消费电子、计算机、通信）连锁零售行业的领军企业，过去10年中，苏宁经历了罕见的高速成长。截至2009年末，苏宁已在全国200个地级以上城市拥有连锁店941家，并计划到2010年，连锁网络覆盖全国30个一级城市、200个地级城市和300个县级城市。

如何选择恰当的店址、如何有效控制数百家门店、如何控制经营风险、如何整合高度分散的上下游资源？由于连锁规模不断扩大，苏宁电器面临着诸多运营挑战。为此，苏宁主动寻求业界领先的咨询公司的帮助，并与IBM建立了战略合作伙伴关系。在IBM的帮助下，苏宁开始有计划地、有系统地设计一整套基于信息技术的，涵盖人力、流程、组织和绩效管理的整体变革转型方案，以求解决各种运营管理难题，打造难以被复制或超越的差异化竞争优势。

2006年，苏宁电器上线SAP/ERP系统。从2007年开始，苏宁电器继续从ERP系统优化、数据挖掘分析、企业SOA平台建设、财务组织优化、人力资源培训、仓储配送等方面整合企业的管理体系和信息化系统。2008年，苏宁电器B2B系统投入使用。

经过系统的流程优化和变革转型，苏宁电器选址和开店速度明显加快，企业决策水平和执行效率大大提高。目前，苏宁实现了全会员制销售和跨地区、跨平台的信息管理，其客户终端、物流、售后、客服系统同步操作，每秒钟可处理100多次交易请求，运营效率大大提高。苏宁在全国100多个城市设立客户服务中心，建立了5 000万个顾客消费数据库，这些消费者信息有助于企业做出精准和快速的决策，更好地为不同地域的不同客户提供定制化的服务。苏宁通过区域公司仓库共享，使公司仓储面积减少50%以上，库存量降低了20%～50%，存货周转率提高了20%～60%，企业反应速度提高，商品交易时间缩短，节约了上下游交易成本。此外，苏宁与供应商合作共建了多种创新的供应链模式，实现信息共享，降低了业务沟通成本和劳动强度，提高了服务响应速度。 同时，利用苏宁与消费者直接接触得来的市场信息，供应商可以更快地清除库存，生产适销对路的产品，提高顾客满意水平。

眼下，苏宁电器正在继续对人事、财务、IT 等领域相同、相似的流程进行整合，以共享服务的方式提供给各个业务单元。 苏宁电器期望，通过建设共享服务，真正实现灵活、高效、稳健的运营体系。

第五章
中国企业如何驾驭复杂环境

放眼未来，企业驾驭复杂环境的胜算将不断变大。基于对全球超过 1 500 名 CEO 进行的调研，和针对中国 CEO 访谈的深入分析，我们发现，中国企业有信心也有准备驾驭复杂环境。

尽管复杂性一直处于较高水平，但它仍然在不断膨胀。业务流程正变得日益国际化、互联互通以及相互协作。参与人员、组织和信息的增多同样也带来了新的视角、更深刻的洞察以及更多创新。对于 CEO 及其企业而言，对待复杂性的态度和反应决定了他们未来的发展。复杂性可能成为绊脚石，它会减缓企业响应速度、困扰员工和顾客、危及企业利润；但是，复杂性也可以转化为企业的竞争优势，促使企业更加贴近客户，展现出创新领导力并构建灵活的运营。

基于与 1 541 名受访者的访谈，特别是对 55 位中国大陆 CEO 观点的深入分析，我们建议，中国的 CEO 及其团队应该致力于以下三个方面的能力建设，以期加强企业驾驭复杂环境的能力，最终赢得客户、赢得市场、赢得竞争（见图 1－19）。

重塑客户关系	展现创新领导力	构建灵活的运营
• 关注客户高于一切 • 在产品/服务生命周期的各个阶段加强与客户的密切交流以应对快速变化的客户偏好 • 通过更加多样化的渠道战略为客户提供更加丰富并持久的客户体验 • 运用数据分析预测客户需求，模拟客户情境	• 具备全球化视野，提出战略规划，同时保持紧迫感 • 打破传统业务模式，领导企业持续实现业务创新，敢于承担风险 • 推行聚焦客户的企业运营管理模式 • 招聘、培养有执行力和技能熟练的员工	• 尽可能优化企业的运营管理模式 • 运用数据分析工具和手段，提高科学决策水平和速度 • 构建灵活的组织和流程，以提高战略执行速度

图1－19 抓住复杂性带来的机会

要想驾驭复杂环境，成为卓越企业，您准备好了吗？ 请思考以下问题：

重塑客户关系

1. 真正以客户为中心？

2. 设计与客户进行智能对话、合作创新？

3. 与客户通过多渠道互动？

4. 将数据转换成洞察力来照亮机会之路？

展现创新领导力

1. 为长期发展提出愿景，同时在短期内推动企业快速发展？

2. 尽管有不确定性却依然授权员工，并利用数据分析做更好的决策？

3. 重新思考商业模式且不断创新？

4. 为构建可持续发展的组织建立必要的模块？

构建灵活的运营

1. 优化一切——与客户互动、供应链、产品和服务、组织和技术？

2. 运用数据分析加速决策制定，加快执行速度？

3. 科学快速地执行，并在执行过程中做必要修正？

4. 业务流程、组织结构、资源模型落实到位以支持快速决策？

我们诚挚地邀请中国的企业高层管理人员阅读此次最新发布的《IBM 全球 CEO 调研　中国洞察》，并与我们一道深入探讨如何消除复杂性带来的障碍以及如何由此驾驭复杂环境的问题。 我们热切期盼与您合作，共同开发利用复杂性的成功之道。

关于作者

丘琪铮，IBM 商业价值研究院咨询经理。 她的邮件地址是：cheehew@ cn. ibm. com

徐永华，IBM 全球企业咨询服务部战略与转型咨询合伙人。他的邮件地址是：yonghua. xu@ cn. ibm. com

甘绮翠，IBM 商业价值研究院院长。 她的邮件地址是：michelle. yt. kam@ hk1. ibm. com

孙爱军，IBM 商业价值研究院高级顾问。 她的邮件地址是：sunaj@ cn. ibm. com

附录：调研方法

IBM 全球 CEO 调查研究每两年进行一次，这是该系列的第四次调研。 为了更好地了解全球 CEO 面临的挑战和目标，我们与诸多高级主管们进行了面对面的访谈。 2009 年 9 月至 2010 年 1 月，我们共采访了来自 60 多个国家和地区、33 个行业、不同规模企业的 1 541 名 CEO、总经理以及公共机构的领导人，其中包括 22 个行业的 55 位中国大陆企业的 CEO。

本次调研的结构性问卷设计包括 23 个问题和 66 个相关发散问题。我们根据 2008 年国际货币基金组织公布的地区实际 GDP 对 CEO 回馈样本进行了加权分析，[12]对全球 CEO 的 10 000 个访谈言论进行了全面研究和分析，并对企业可获得的短期和长期收入以及企业利润增长进行了深度财务分析。 为撰写此份中国专项调研报告，我们特别对参与访谈的中国 CEO 的调查问卷和访谈记录进行整理分析，并与全球 CEO 调研结果进行了比较。

我们将本次调查的结果与财务表现优异的企业进行了类比。在进行业绩分析时，我们综合考虑了企业的长期表现（4 年）和短期表现（1 年）。长期业绩数据包括 2003 年至 2008 年营业利润率的年复合增长率。[13]短期业绩数据包括 2008 年至 2009 年营业利润率的增长率。[14]这样我们就能更好地了解哪些企业在长期和短期内都能提高营业利润，从而发掘它们的优势所在。

致谢

我们衷心感谢来自世界各地的 1 541 名 CEO，特别是参与本次调研的 55 位中国 CEO，感谢他们抽出时间与我们分享真知灼见。我们尤其感谢那些允许我们援引他们在访谈中所述内容，从而帮助我们突出报告主题的 CEO。

我们还要感谢为此项全球 CEO 调研做出贡献的 IBM 团队以及分布在世界各地（包括中国在内）的 IBM 负责人，感谢他们对 CEO 所进行的面对面的访谈。感谢 IBM 商业价值研究院的 CEO 调研团队所做的深入分析和研究工作。

参考文献和注释

1 《科学研判经济形势的复杂性》，瞭望新闻周刊，2010 年 04 月 20 日。

2 本文所提及的中国大陆企业及中国大陆 CEO，泛指在中国大陆经营的企业及其 CEO，包括本土公司和跨国/港台公司在中国运营的组织。

3 为便于读者阅读，在本报告中我们将这一受访群体统称为 CEO。

4 本报告中引用的企业言论均出自本次 CEO 调研的受访对象。

5 Gonzalez-Wertz，Cristene. “*The path forward：New models for customerfocused leadership.*” IBM 商业价值研究院，2009 年 10 月。

http://www-935. ibm. com/ services/us/gbs/bus/html/crm-path-forward-whitepaper. html?cntxt = a1005261

6　李宁官方网站；IBM 文章：《中国企业渠道转型之“道”》；《李宁试水电子商务先过“三重门”》。 http://www. enicn. com/article/2009-12-22/12225c442009_2. shtml

7　Kotter, John, “*What leaders really do*”, HBS（Harvard Business School Press），1999 年 5 月出版。

8　Giesen, Edward, Eric Riddleberger, Richard Christner and Ragna Bell. “*Seizing the advantage: When and how to innovate your business model.*” IBM 商业价值研究院，2009 年 11 月。 http://www. ibm. com/services/gbs/businessmodelinnovation

9　http://www. chinatechnews. com/2009/12/03/11142-taobao-com-launches-taobao-partner-plan-in-china

‘10　《推动集团和员工共同发展——中粮集团人力资源部总监迟京涛谈学习型组织建设》；宁董，《做行业专家》。 www. p5w. net/stock/hkstock/gsxx/200707/t1118120. htm， http://content. chinahr. com/Article（50393）ArticleInfo. view；《从田间到餐桌：中粮集团转型探索“全产业链”》，《经济日报》，2009 年 11 月 25 日，亢舒 COFCO website, IBV analysis 2010；系统性，宁高宁 . Cofco website

11　《创新不止，苏宁引领零售业转型》，IBM 案例研究

12　IMF 世界经济展望数据库，2008 年地区实际 GDP，2009 年 10 月。 http://www. imf. org/external/pubs/ft/weo/2009/02/weodata/index. aspx

13　四年运营复合年增长率的长期业绩分析时间段是从 2003 年下半年/2004 年上半年至 2007 年下半年/2008 年上半年。

14　一年运营毛利增长率的短期业绩分析时间段是从 2007 年下半年/2008 年上半年至 2008 年下半年/2009 年上半年。

第二部分

未来的企业

IBM 全球 CEO 调研　放眼中国

致尊敬的 CEO

今年，我们迎来了第三次两年一度的“IBM 全球 CEO 调查”。超过 1 000 位公共和私营机构的 CEO 和高级主管参与了这次调查，再次与我们分享了各自的经验和计划，并对未来作了进一步的展望，为我们描绘出一幅相当详细的企业未来远景规划图。

CEO 都认为未来会有更多变革。即使很多人敏锐地意识到要跟上变革的步伐困难重重，但从总体上讲，大多数人仍然对变革保持非常乐观的态度，并跃跃欲试。这种态度可以从大家所计划的种种大规模的变革中清晰地表现出来。以当前的客户为例，大家肯定发觉他们的见识愈发广博，并且要求也越来越高。但这在大家看来并不是一个问题，而是一个绝好的商机——借助客户的力量和全新创意，让企业提高协作能力并脱颖而出。

这些看法令我深受鼓舞，也极大地充实了 IBM 自身的经验。几年来，我们看到同样的变革在业务和技术领域层出不穷，在全球市场不断涌现。这些变革促使我们重新设计产品和服务组合，对企业实施全球整合，并改变了我们与客户合作的方式、开展研发活动的方法、员工的管理实践以及企业的经营之道。

沧海横流方显英雄本色，出色的业绩是企业领导人英明决策的最好证明。今年的调查结果表明：创新为要。那些在最为全面、协作和彻底的业务模式创新方面进行了最大胆的尝试的企业家，也是受访者中的佼佼者。

我希望这份“全球 CEO 调查”能对您有所帮助，我也感谢每一位参与调查的 CEO 让我们有机会重启对话，并期待着将它长久地延续下去。

彭明盛（Samuel J. Palmisano） IBM 公司董事长、总裁兼首席执行官

致尊敬的各位中国地区 CEO 同仁

感谢参与 2008 年“全球 CEO 调查”的 58 位中国地区 CEO。在全球范围内，此次调查总共有 1 000 多位 CEO 参与。我们见证了中国的众多企业已不再只是从全球竞争对手中汲取经验，而是积极主动地构建“未来的企业”模式，这实在令人深受鼓舞。

在众多方面，中国地区 CEO 的见解与全球 CEO 同仁不谋而合。更重要的是，“中国地区调查”凸显了一幅令人激动的画面——中国地区 CEO 与全球同仁相比，为变革所做的准备更加充分，并且更迫切地渴望变革。虽然“飞速变革”是其主要关注的问题，但是他们心中洞若观火，只有为“未来的企业”构建适当的模式和能力，才能真正拥有未来。

对于主要的全球趋势，例如全球整合、消费品市场的日趋繁荣、见多识广而又相互协作的客户以及企业社会责任，中国地区的企业持有非常乐观的态度，并且主动采取措施以及逐步增加投资。他们在众多方面的响应甚至超越了其全球竞争对手。我们非常高兴地看到，中国地区的许多企业选择了我们所历经过的成长道路，转型为面向全球的业务设计，步入并开拓全新的行业，同时与其客户和业务合作伙伴开展了广泛的合作。

在过去 20 年的经济发展历程中，中国已经形成了一套全新的思想体系，即“中央计划，市场导向”的方法。这在促进经济繁荣和社会稳定两方面已被证实十分有效，中国也由此成为众多发展中国家的楷模。同样，中国地区的企业也开创了独一无二的业务模式，并且正在将已经实践检验的模式推广到其他国家或地区。我在中国生活已超过 13 年，亲眼见证并亲身参与了这一发展历程。我坚信，中国以及中国地区的企业将会为建立新的全球商业秩序做出应有的贡献。

最后，我想借用《孙子兵法》中的一句至理名言："故用兵之法，无恃其不来，恃吾有以待之；无恃其不攻，恃吾有所不可攻也。"这同样也适用于商界，尤其是瞬息万变的中国市场。

周伟焜（Henry Chow） IBM 大中华区董事长

导言

我们对来自世界各地的 CEO 进行了访谈，探讨了如何重新定位其业务以抓住新的发展商机。与 CEO 进行的对话针对 CEO 最为关注的一些问题，以及他们在持续的竞争优势和出众的投资回报相关研究中设法解决的一些问题。

CEO 表示未来将发生空前的变革——更快、更广、更不确定的变革。与全球竞争对手相比，中国地区 CEO 认为未来将发生更为显著的变革，但是和全球 CEO 一样，他们也看到期望的变革规模与企业掌控变革的能力之间存在的鸿沟越来越宽。

不过，他们仍表示对此持乐观态度，认为客户和市场的变革对于企业而言也是巨大的商机，可以借此实现跨越式发展。他们正在大胆采取行动，力求抓住这些商机。这些 CEO 与我们分享了利用这些商机的一些方略。

通过谈话以及对相对财务业绩的分析，我们相信我们能够破解促使“未来的企业”在中国以及全球获得成功的“密码”。“未来的企业”将具有以下特征：

渴求变革

更快、更广、更不确定的变革。 “未来的企业”将需要缩小“变革鸿沟”，能够预见变革，并使用变革作为其竞争策略。

全球整合

对于正在实现全球化的中国企业（包括 SOE 和 POE），我们的对话确定了采用与先前的途径截然不同的全球化方法这样一种商机，企业可以从采用全球整合模式开始着手。 对于在中国运营的外资企业，这表示它们可以重新部署全球战略以及在中国实现全球获胜这一背景下所扮演的角色。

让创新超出客户的想象

最近几年，成熟市场中的客户已经更为见多识广且相互协作，但显而易见，随着经济的日益繁荣，中国地区客户的需求同样也在飞速增长。 企业如果希望成功，就必须能够使用新方法有效地吸引客户。

真诚，而不仅仅是慷慨

CEO 开始认识到“为善者诸事顺”。 他们不仅仅是慷慨，而是正在将“企业社会责任”（Corporate Social Responsibility，CSR）整合到他们的价值和业务战略中。 与其全球同仁一样，中国地区 CEO 对于针对其企业越来越高的 CSR 期望所造成的影响持有乐观的态度，并且正在迅速增加投资。

颠覆性的业务创新

几乎全球以及中国地区的所有 CEO 都在进行业务模式创新，以便赢取未来；企业将不仅对其自身的企业模式进行创新（例如，企业内部进行的活动以及通过合作伙伴提供的活动），还要对其整个行业进行创新，而对于后者，中国地区的 CEO 信心百倍。

1 渴求变革

2 全球整合

3 让创新超出客户的想象

4 真诚，而不仅仅是慷慨

5 颠覆性的业务创新

未来的企业是……

第一章
渴求变革

在全球范围内，CEO 表示他们预期会发生前所未有的变革。而在中国，这一趋势更加明显：与其位于成熟市场环境的同仁相比，这些 CEO 所面临的变革更快、更广、更具有颠覆性且更加难以预测。因此，对于全球和中国地区，我们不禁要问：难道变革本身才是永恒不变的吗？

在 2006 年，全球 60% 的 CEO 表示，他们未来会面临重大变革，而到 2008 年，这一比例已增至 80%。中国地区 CEO 的观点几乎如出一辙：将近 90%（89%）的 CEO 指出，他们未来会面临重大变革。引人注意的是，这较之以前的数字增加了 23 个百分点。全球 CEO 都认为自身企业掌控变革的能力处于相对较低的水平——变革鸿沟达 22%（预期的变革级别与掌控变革的能力之间存在的差距），就全球而言，这几乎是 2006 年的 2 倍。在中国，2008 年的“变革鸿沟”是 17%——略微低于全球水平。有趣的是，在中国，指出其企业成功掌控变革的 CEO 所占比例增加了 14 个百分点——尽管如此，中国地区的变革鸿沟在两年内也已翻倍增宽。

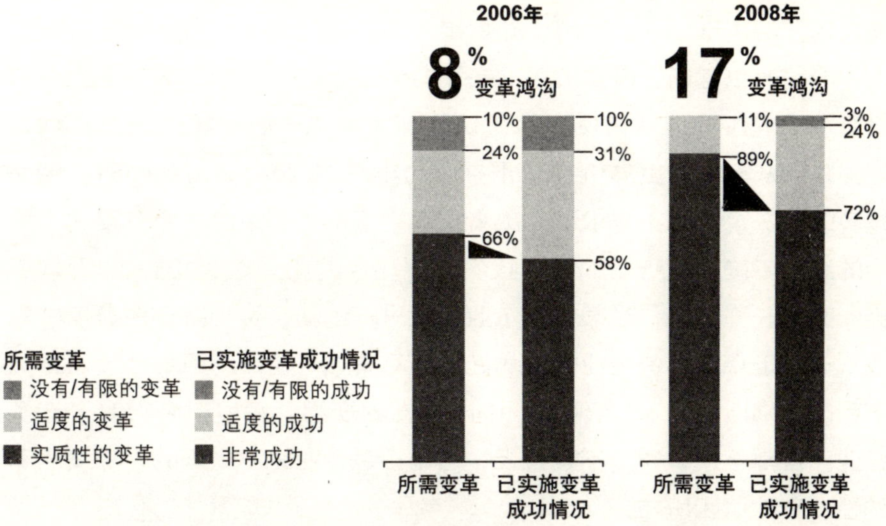

资料来源：2006年和2008年"IBM全球CEO调查"。

n（2006）=60；n（2008）=58

图2-1　2006年与2008年中国企业应对变革状况

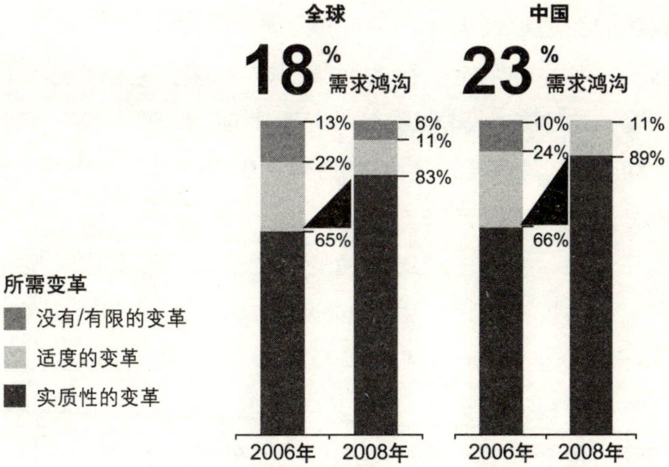

资料来源：2006年和2008年"IBM全球CEO调查"。

n（2006）=60；n（2008）=58

图2-2　2006年和2008年全球及中国的变革需求鸿沟

中国地区对于变革怀有较高的期望并不令人惊奇。已在中国市场展开运营的CEO（包括中国企业和外资企业）看到了巨大的发展商机，但同时也意识到极为沉重的市场竞争压力——这使许多中国企业的CEO将目光投向全球市场，他们认为那里并不十分严峻的市场环境、差异化以及潜在的更高价格能带来更为丰厚的利润。与此同时，越来越多的外资企业则正寻求进入或者扩展中国市场，来应对原有发达市场中的经济不确定性所增加的寻找新发展途径的压力。中国，作为规模庞大的成长型市场，必须促使企业持续进行创新，否则就会在竞争中失败，这对于众多外资企业的成功而言，具有无与伦比的重要性（请参阅下面的丹佛斯案例）。现在，中国市场的规模、发展和潜力对于许多企业而言都至关重要、不容忽视，这也正是企业进军中国的方法发生结构性转变的原因所在。

为何会产生“变革鸿沟”？

中国地区的变革已不是一件新鲜事，没有哪一个发展中市场能够像中国一样成功地在短短几十年内就完成了原本数百年才能实现的发展。或许，中国地区发生的坚定不移的变革已在某种程度上促使企业适应不断变革的环境，这也是中国地区的“变革鸿沟”低于全球平均水平的一个原因。然而，中国地区的“变革鸿沟”仍非常大，企业仍需竭尽全力以适应瞬息万变的市场环境。

在最近几年里，中国已经历迅速的社会变革（都市化以及随后中产阶级的扩大）、法规变革、不稳定的股票市场、人民币的迅速升值、不同行业的广泛整合、工资上涨，以及整个国家一如既往地对外“开放”，这使市场更易于受到外部全球自由市场体系压力的影响。CEO表示，他们同时也面临着一系列更加广泛的外部挑战。

卡特彼勒（Caterpillar Inc.）集团总裁 Richard Lavin 所言即总结了人们关于变革的感受：“中国市场的变革速度如此之快。你必须做好准备，否则就只能屈居人后。”

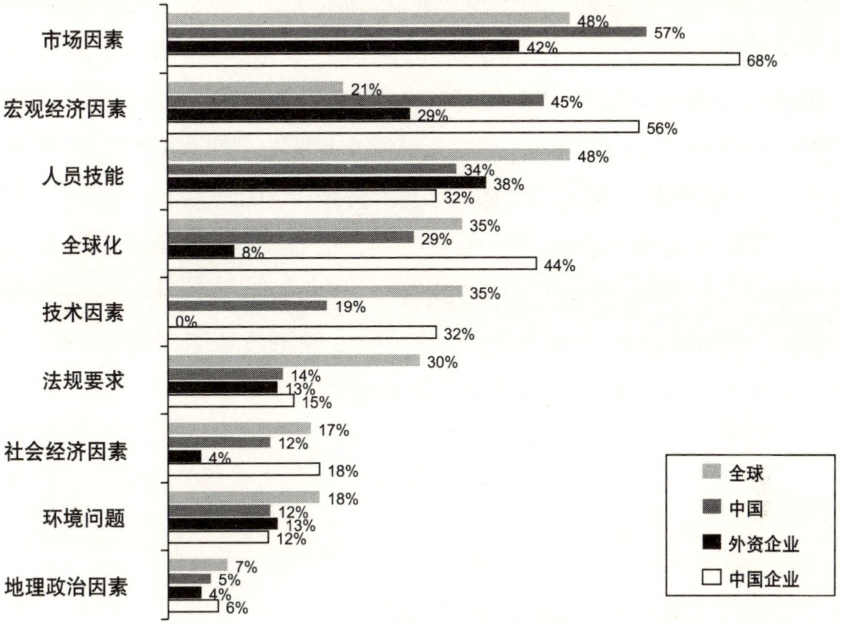

图 2－3　影响组织的外部因素

丹佛斯改变了对中国市场的策略，使中国成为“第二个本土市场”

丹佛斯(Danfoss)总部位于丹麦，是一家领先的供热、通风和空气调节设备的阀门和液体处理元件制造商，于 1994 年进入中国市场。到 2001 年，丹佛斯年同比增长了 35%，但尚未开始盈利。由于本地供应商无法满足丹佛斯的标准，公司必须从欧洲采购昂贵的原料。进一步分析之后，发现问题症结在于公司策略——其仅面向高端市场。丹佛斯对层次较低的城市缺乏影响力，并且也未能进入庞大的低端产品市场，这导致其不断丢失所在行业的市场份额。

2003 年，丹佛斯重新评估了其对中国市场的策略，以期获得长期的成功。将中国视为“第二个本土市场”的全新策略，使丹佛斯重新调整了高端和低端产品线的收入增长以及市场份额增加的衡量标准。作为此过程的一部分，丹佛斯将其销售网络从大城市扩展到全国近 40

个城市，增加了中国员工的数量，并在中国成立了研发中心，由此转移了欧洲地区为中国市场开发新产品的职责。另一个战略性的决策就是在2005年收购了浙江海利普电子科技有限公司（Holip），该公司在低端变频器市场中占有30%的份额，这一市场每年正以25%的速度增长。这一举措使丹佛斯首次在庞大的低端市场中一展身手。

中国现在成为丹佛斯的第四大市场，而在2006年还仅位列第八。在2006年，丹佛斯获得了35%的增长，开始盈利，并且在高端和低端产品线中占据稳固的市场地位。随着发达经济体增长减缓，中国市场预计将成为丹佛斯未来几年主要的增长区域。[1]

结论

作为对“IBM全球CEO调查”的响应，全球财务分析显示了更出色的财务业绩、更成功地掌控变革之间存在的关系。在全球范围内，业绩出众者的“变革鸿沟”为19%，而业绩欠佳者则为29%。很显然，快速成功地实现变革的能力比以往任何时候都更为重要。以下是一些关于“未来的企业”如何实现变革的想法。

把变革视为中国市场的常态

“未来的企业”将组织内部的变革视为一种“永恒不变的常态”，因此，需要将变革管理作为核心职能。在中国地区所面临的挑战就是要比全球和本地竞争对手更快更成功地掌控变革。只有彻底变革管理模式，中国地区的企业才能把握商机。传统的变革管理方法需要大量重复（很多情况下颇为痛苦）的工作来唤起员工，帮助他们应对变革所带来的新的业务/运营需求。为成为“未来的企业”，中国地区的企业应该致力于形成真正具有很强适应能力的员工群体，不仅是在其组织内部，还要扩展至整个生态系统，这样员工及组织才能真正适应变革。与灵活的业务流程和管理系统相结合，将使“未来的企业”能够采用变革作为其战略核心。

聘用、培养和奖励创新者及变革领导者

"未来的企业"是逐梦人的天堂——他们直言不讳并出人意料，他们提出的方案往往非常激进，最初可能被一些人认为不切实际。中国地区的企业必须培养能够在成长型市场中发起并管理变革的领导阶层。他们还应该确立有效的渠道，以便征求来自企业内外（员工、客户、业务合作伙伴和意见领袖）的变革创意，并充分利用各种方法来聘用这些创新者和变革领导者。

像风险投资家那样经营

"未来的企业"建立流程和体系来激发创新和改革。它积极地管理投资组合，保护并支持不成熟但有潜力的创意，同时系统地清除对企业没有帮助的想法。正如我们稍后将看到的，与全球同仁相比，中国地区 CEO 更有可能支持改变整个行业的业务模式创新。这些激进型创新的企业呈现出"风险资本家"所具有的一些特征。

第二章 全球整合

如果变革是新的、永恒不变的常态，那么企业将面临一系列有关如何成功的新问题和挑战。我们的调查探讨了众多企业为调整其全球业务战略以赢得全球发展商机所采取的一种策略。这种策略就是全球整合。这一新的业务设计有助于在全球范围内更快、更广泛的合作，并能在新商机出现时快速进行重新配置。

随着世界各地的联系越来越紧密和越来越方便，全球的 CEO 看到了扩展全球市场范围的巨大商机——利用新的专业技术来源（供应方活动）和打入新市场（需求方活动）。 通过对 1 130 位 CEO 进行访谈，我们避开了有关全球化的一些陈词滥调，而去了解 CEO 及其公司真正在做什么。 传统的全球化观点——利用廉价劳动力获利以及借助中国和印度经济增长的大潮——正被新的焦点所取代——全球整合。 随着这一趋势的继续发展，中国将进一步成为创新的“沃土”。

在访谈中，我们探讨了 CEO 如何重新“校准”他们的业务设计，以便能利用日益深化的全球整合。

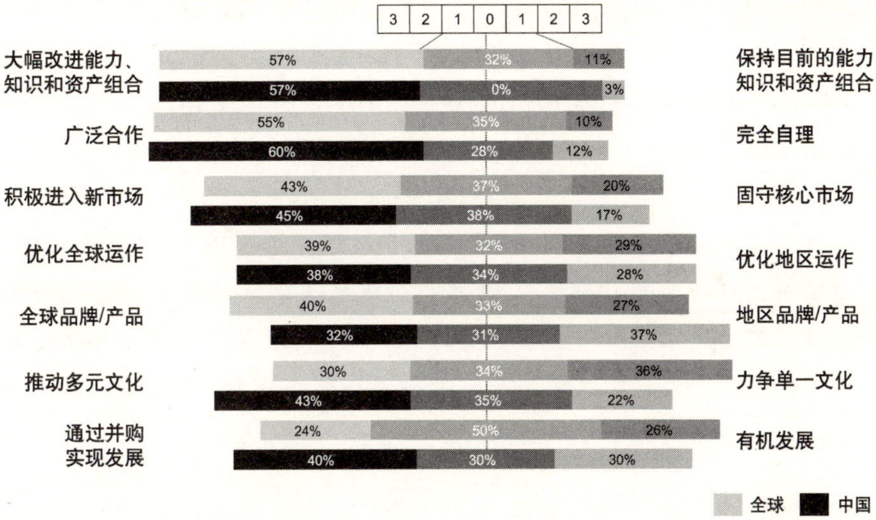

*0 = 两方面均重要；对于每个条状图，左边代表倾向左侧且重要程度为 2 和 3；中间代表重要程度为左侧 1、0 和右侧 1；右边代表倾向右侧且重要程度为 2 和 3

图 2 – 4　CEO 正致力于对业务设计进行重大变革

能力、知识和资产组合的深刻变革

57% 的中国地区的 CEO 打算对其组织的能力、知识和资产进行深刻变革。全球整合要求企业不断进行调整。正如一位 CEO 所说：“企业必须考虑到所有方面并且做好多方面的准备，才能从全球整合中获益。企业的注意力不应局限于自身，而应获取更多的外部和全球资源。对于我们而言，多年的技术引进、领悟、吸收和创新已帮助我们储备了足够的资本、人才和技术。”

虽然 CEO 对这一组合进行变革的原因各异，但是他们都认为在需要时准确寻找和获取所需的资源存在巨大的困难。

吸引并留住人才仍是 CEO 所面临的最大障碍。正如康明斯（中国）（Cummins China）的 CEO John Watkins 所说：“当前商业环境中的商机位于新兴市场，所缺乏的不是资本，而是人力资源。”

在中国市场环境中，对于人才方面似乎存在三大障碍。首先，大多数公司都是从市场上招募人才，而不是构建自己的人才库，这导致成本上升以及人才库资源枯竭。其次，缺乏中高级管理人才。“文革”所造成的人才断档显而易见，在影响因素排名中，经理/主管人才缺乏的影响因素在全球排名第 10，而在中国则排名第 4。再次，中国企业和外资企业对同等稀缺人才的争夺之战愈演愈烈。[2]

联想（Lenovo）在 2004 年对 IBM 个人计算机（PC）业务的收购，是中国企业成功变革“组合”以进行全球整合的绝佳范例。通过将中国最受认可的技术品牌与全球卓越的 PC 品牌相结合，联想成为在全球享有盛誉并具有稳定客户群和产品服务组合的全球 PC 领先者。最重要的是，这一举措填补了技术鸿沟。[3]

合作日益重要

中国地区 60% 的 CEO 表示，他们期望通过广泛合作来利用全球整合商机。我们所做的全球财务分析也表明，在广泛合作方面，业绩出众者的意愿比业绩欠佳者要高出 20%。[4]这进一步印证了我们 2006 年 CEO 调查得出的结论：寻求广泛合作的公司在市场上的表现要优于他们的竞争对手。[5]

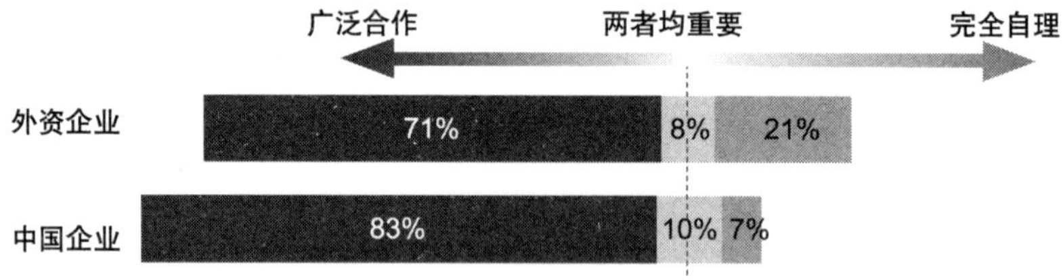

* 对于每个条状图，左边的部分代表 CEO 倾向于左侧并且选择重要程度是 3 到 1 的百分比；0 = 两方面均重要

样本量：外资企业（n） =24，中国企业（n） =29

图 2 – 5　外资企业和中国企业之间对于合作策略选择的差异

外资企业在合作方面所做的努力要少于他们的中国企业竞争对手。原因何在？外资企业 CEO 可能仍将在中国地区建立合作关系与高风险

联系起来。 失败的并购体验，以及合资企业的文化冲突也仍然记忆犹新。 文化（不论是公司、企业价值还是职业道德）对于在中国地区建立合作关系成功与否具有举足轻重的作用。 另外，合理地评估公司的兼容性和潜在合作目标的适合程度也有助于成功。 然而，与中国企业相比，跨国合作关系之间的信息访问通常会受到更多的制约。 因此，中国企业仍觉得与本土企业进行合作要比与其他地区的企业合作简单得多。

合作对于资源有限的企业而言至关重要，正如一位 CEO 所说："如果企业内部资源有限，而您想要获得进一步的发展，那么就必须建立广泛的合作关系，并整合这些资源。"

战略合作促进康明斯发展

康明斯在全球范围内设计、制造、分销和维护柴油机和天然气发动机、发电系统和电气相关产品。康明斯为在中国市场获胜而开展的一项重要战略活动就是拓展与本地设备和车辆制造商的合作关系。康明斯以市场份额领先者为目标合作伙伴，这使康明斯能够开发各种产品服务组合，最重要的是随时可以采购最终产品。

康明斯还为内资合作伙伴提供了质量标准，从而在市场上独具特色并获得成功。例如，康明斯在中国市场上引入 Euro III 和 Euro IV 引擎标准，这最终促使北京交通系统中有一半以上的公共汽车都采用该标准。

战略合作是康明斯连续四年（2004 年 ~2007 年）在中国销售额超过 10 亿美元的重要原因。[6]

双重发展策略——并购和有机发展

在中国，CEO 认为发展可以通过多种形式来实现。 我们发现越来越多的中国企业打算通过并购来实现发展，而外资企业则青睐于有机发展。

令人惊讶的是，78% 的中国企业 CEO 表示，他们将着重通过并购来促进企业发展和利用全球整合，而只有 24% 的全球 CEO 持有相同观点。

2006 年，中国市场上 60% 的并购交易都是由中国企业实施的，政府也大力支持采用此种方法来扩大企业规模。随着越来越多的中国企业立志成为全球竞争者，中国企业的跨国交易数量也在不断增加。在这些交易中，少数控股权制和间接持股是最常见的进军全球市场以及在全球范围内获得技能、自然资源和技术的方式。[7]正如一家能源企业的CEO所说："能源企业为了未来的发展必须厚积薄发。由此，我们打算通过并购来获取重要的后备资源。"

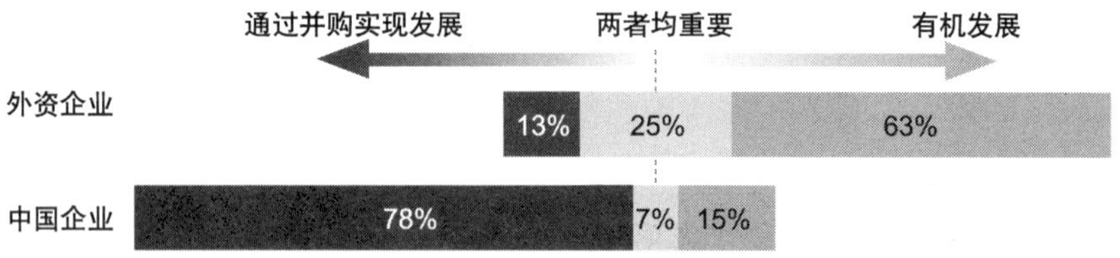

＊对于每个条状图，左边的部分代表CEO倾向于左侧并且选择重要程度是3到1的百分比；0＝两方面均重要

样本量：外资企业（n）＝16，中国企业（n）＝27

图2－6 兼并收购与有机发展

外资企业的CEO则将目光投向发展的另一方面，即更青睐于有机发展。由于中国政府对于外资收购出台了一些补充规定和限制政策，加之股市波动所引起的物价上涨，由外资企业实施的并购行为越来越少。[8]如果外资企业不打算着力依赖于合作或并购，那么发展的动力来自何方？外资企业相信通过对中国市场的不断了解、自身规模以及有限的采购目标，他们有能力实现有机发展。当并购环境发生变化时，外资企业的CEO将会重新考虑自己的发展抉择，可能会重新将并购作为其核心的发展策略。

大多数企业都在积极进入新市场

45%的中国CEO表示，着力进入新市场是其战略的一部分，这与全球的调查结果一致。与中国企业相比，外资企业在中国这一顶级市场中所面临的竞争压力日益增加，因此，更多的外资企业会着重关注这一领域。与此同时，他们的总部期望他们能够加快在新市场中的发展，从而减少发达经济体中经济增长减缓造成的影响。将活动范围扩展至大众市场和二三线的城市将成为他们的应对之举。

引人瞩目的是，诸如中国此类市场能够以令人意想不到的方式为全球经济增长做出贡献。罗克韦尔自动化（中国）（Rockwell Automation China）的 CEO 孔如山（Bruce Quinn）感叹道："正如我们的全球母公司通过中国分公司实现了增长那样，现在我们正在向外拓宽自己的市场。"随着在中国采购罗克韦尔产品，然后在国外市场进行使用，罗克韦尔（中国）正在进入新的市场（即非洲）。

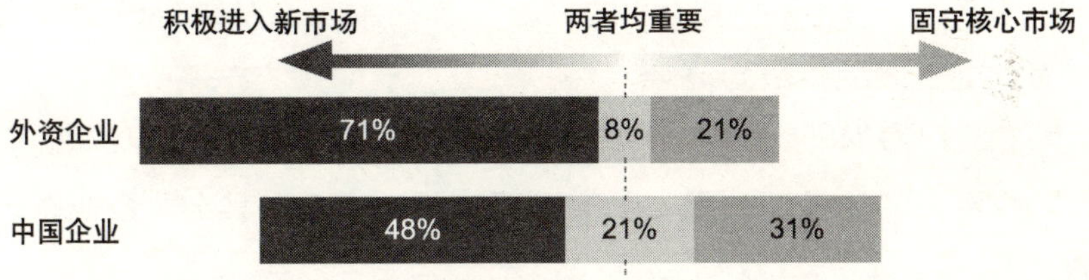

* 对于每个条状图，左边的部分代表 CEO 倾向于左侧并且选择重要程度是 3 到 1 的百分比；0 = 两方面均重要

样本量：外资企业（n） = 24，中国企业（n） = 29

图 2-7　谁正在积极进入新市场？

转移重心：中国在外资企业全球业务设计中扮演的新角色

随着全球企业意识到成长型市场的发展能量和商机，重心也在发生转移。中国作为全球最大以及最令人兴奋的成长型市场，是最显著的发展动力。中国的角色正在发生变化。虽然中国长期保持稳健发展的态势，但是现在已到达一个至关重要的转折点。全球的企业越来越依赖于中国，这并不是单纯地开发国内市场廉价的生产基地，而是日益将中国视为全球创新中心。我们所采访的 24 位在中国展开运营的外资企业 CEO 都表达了这样一种观点。

对于许多外资企业而言，中国已成为增长的源泉。而且，随着发达经济体增长减缓，这种趋势愈演愈烈。2006 年，ABB 在中国地区实现了 28 亿美元的销售收入，这使中国成为其最大的市场。[9] 2007 年，中国成为夏普（Sharp）的第三大销售市场，2008 年预计将超过美国市场。[10]中国现在是宝洁（P&G）的第二大市场。[11]另外，令人有些惊讶的是，70% 以上在中国运营的美国公司均表示 2006 年实现了赢利。而且在过去的几年里，这个数字一直在稳步上升。[12]

虽然如上所述，利用中国所提供的发展商机对于全球外资企业的未来而言至关重要，但中国地区 CEO 仍继续面临实现其总部提出的越来越高的期望这一挑战。随着发达市场中的发展速度放慢，这些期望仍在不断提高。而随着中国企业的兴起，其在本土以及国外的竞争力日益增强，这一情况将更为复杂。

因此，CEO 如何才能更好地支持全球目标和实现期望呢？他们通过比以往更多的途径，利用中国的可用资源，不断为其全球企业做出更多的贡献。

例如，有远见的外资企业意识到中国地区的创新机遇不必局限于传统的研发。外资企业活跃于中国的研发市场只有约 12 年的时间，但在此期间，开支的复合增长率为 17%。[13]一般而言，这些企业先前主要致力于产品的开发和本地化。但是客户群体的扩大及其多变的需求却促使研发的目标开始转向开发原产品，这些产品通常会销售给中国境外的消费者。由外资企业在中国成立的研发中心已达 1 100 多个，很明显，这里将逐渐成为未来的全球创新中心。[14]

外资企业也将中国作为全球人才的源泉，中国 IT 外包市场的迅猛发展即是最好的见证。中国的 IT 外包市场虽然规模不及印度，但是其形成速度却非常快。在 2002 年到 2007 年之间，IT 外包和 IT 密集型业务流程外包市场的复合增长率分别为 29% 和 17%。[15]摩托罗拉（Motorola）、IBM、SAP、NEC、微软（Microsoft）等企业都已相继在中国设立了海外研发/服务中心。

这些研发最终导致外资企业正在围绕着新的全球秩序迅速进行创新。他们在制定可以抵制新兴市场竞争的全球战略，同时也在赢取新的全球发展商机。

更关注于全球视野的业务设计

在和 CEO 探讨个别优化选项时，我们发现一个领域的决策和规划常常与其他领域相关，他们的回答形成了一种相互联系的模式或设计，而不是一系列独立的判断。

为了更便于理解，我们使用了数据集群技术来分析全球样本。我们发现了四种常见的业务设计方法，如图 2－8 所示。其中有两种方式或模式更具有全球化的特点，而另外两种则更具有本地化的特点或居于两者之间。全球分析显示，64% 的 CEO 正在实施其中一种关注全球视野的业务设计。

四种全球整合的方式中的两种是面向全球化的，另外一种则聚焦本地化，而最后一种居于这两者之间。

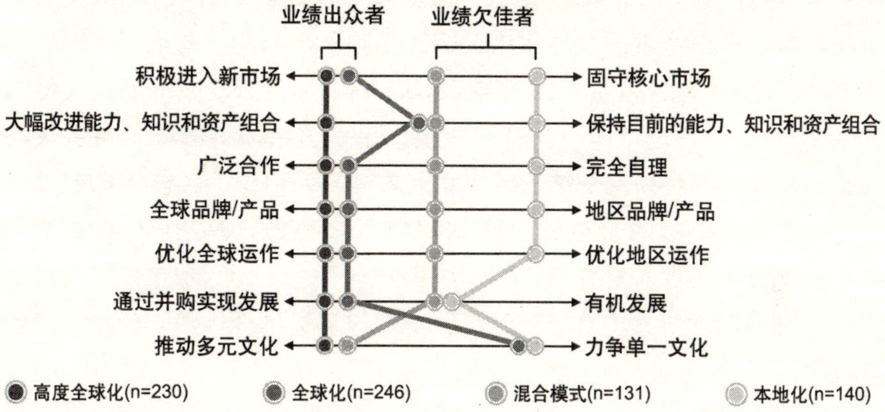

资料来源：2008 年“IBM 全球 CEO 调查”。

图 2－8　CEO 对全球整合的回答可以归纳为四个截然不同的组

在更仔细地研究过这些集群之后，我们发现业绩出众者较集中于两种面向全球化的类别中，即 71% 的业绩出众者选择了其中一种全球化方法。[16]这两种业绩出众者集群的相似性表明，财务业绩较为成功的企业 CEO 具有特定的业务设计目标。他们通过广泛的合作来利用全球范围的专业技能、积极进入新市场、在全球范围内优化其品牌、产品和运营，并使用并购来促进业务增长以及在全球扩展其能力。

利丰有限公司（Li & Fung Limited）：通过全球整合实现增长

总部设在香港的利丰有限公司在 40 多个国家或地区拥有 10 000 名供应商和员工，凭借这个巨大的网络，利丰几乎可以在世界上任何地方进行采购，并为其零售商客户提供定制的解决方案。[17]它可以从美洲采购棉花、在巴基斯坦进行纺织和印染、在柬埔寨制成衣服——任何配置都能够实现最佳的结果。有趣的是，该公司免费为每位客户精心策划供应链。

利丰已在价值链中稳步上升，通过改变其能力和资产组合来提供更为复杂、利润更高的服务。为了在其最大的市场（美国）提供产品设计和品牌开发服务，公司建立了意义重大的本地机构。这一举措仅仅是利丰对自身能力进行本地化和全球优化的一个示例。

在不到 10 年时间内的 20 多次收购是利丰在目标地域市场扩大份额的主要方式。[18]它通常保留前端客户接口——这在很多情况下也是收购的原因，而后端会在交易结束的 100 天内合并到自身的运营体系中。[19]

利丰有限公司的全球整合模式显然行之有效：从 1992 年至 2006 年，利丰每年的收入复合增长率超过 22%。[20]

结论

对于在中国运营供应链或占有市场的外资企业以及那些已在国外开始运营的中国企业而言，上述面向全球的业务设计将有助于进一步打造成功的全球整合企业。对于关注国内市场的中国企业来说，也可以在国内应用这种面向全球的设计。与此同时，为了了解增长的潜力和潜在的竞争者，全球视野是成功的必备要素。以下是“未来的企业”将利用全球整合或国内整合商机的一些方法。

整合全球能力以使企业独具特色

“未来的企业”应该在全球范围寻找能使自身独具特色的专业技

能、资源和资产的来源。 找到适当的能力远比找到最便宜的资产更重要。 这些核心要素进行整合后，就能够随时随地为企业提供所需的最佳能力、知识和资产。 中国正在迅速成为这类全球技能、资源和资产的源头。 外资企业和本地公司必须考虑在中国何处设立这些资源中心，从而支持内部运营或为全球客户提供服务。 此外，随着中国企业进行更大规模的全球性扩张，以及中国成本优势逐渐衰减，中国“未来的企业”将日益需要采用那些被众多石化和能源企业证明为行之有效的方法，来了解本土之外的能力、资源和资产。

发现和消除整合障碍

灵活的能力和资产使“未来的企业”在市场上更为敏捷。 基于市场和运营需求来进行当地决策，而不是基于地产契约或限制性的租赁安排。 模块化的信息技术（如面向服务的体系结构）使企业能够快速响应新的产品和服务商机，并能够更快地与新的合作伙伴实现整合。 对中国企业而言，在全国和全球范围内使其业务流程实现标准化，是促使其资产和支持技术基础架构具有灵活性的第一步。 对于正在全球展开运营的中国企业以及在中国运营的外资企业而言，通过增强公司的核心价值并实施稳健的多样性计划来填补文化鸿沟，是通往成功之路至关重要的一环。

选拔全球领导者

在“未来的企业”中，全球领袖发展计划从整个公司范围而不仅仅是总部挑选极富潜力的候选人。 这些计划使未来的领导者经历多种全球体验，并在多种文化和市场中接受锻炼。 这对于以下外资企业尤为重要：它们在中国运营大量业务乃至某些业务/支持部门的总部设在中国，并且正在逐步加强管理团队的本地化程度。 与此同时，这对于全球化进程中的中国企业也相当重要，它们急需具有国际眼光的领导者。特别是在中国，“未来的企业”会在吸引、开发和留住具有国际眼光的领导者上进行大量投入，以力求实现企业的远大目标。

第三章
让创新超出客户的想象

全球整合是CEO面对日益频繁的变革采取的应答。随着企业进一步进行全球整合，他们能够深入位于不同地理位置的更广泛的客户群。CEO正在这类不断变化的新客户 进行大量投入，以期抓住数百万正在进入市场、日益富裕的新消费者。为了从日益成熟、要求越来越高的客户中获得收益，他们也增加了这方面的投资。中国地区的CEO正在将其企业定位于赢得不断变化的客户群，但是他们是否适应从新客户的喜好中获得收益？

日益富裕的消费人群将继续促进增长

在接下来的十年内，中国中产阶级人数预计增加超过一倍，甚至可高达5亿。[21]正因如此，中国地区CEO甚至比全球同仁更看好这个由客户购买力增长带来的商机（图2－9）。 随着客户具有更多的税后收入，对更成熟、高价值产品和服务的新需求将应运而生。

由于购买力不断增长，中国的奢侈品市场可以说是“万事俱备，只待发展”。中国现在是世界第三大奢侈品市场，预计到2015年还将攀升一位。中国目前的奢侈品销售占世界总额的比例从加入世贸组织之前的1%，上升至12%，预计2015年将达到29%。[22]

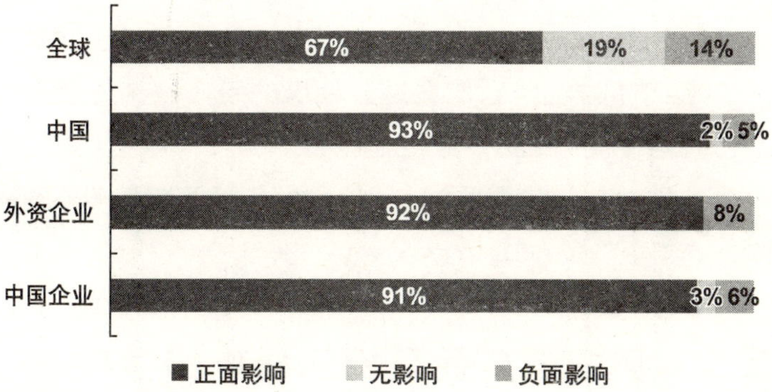

资料来源：2008年“IBM全球CEO调查”。

全球（n）=609；中国（n）=43

图2－9 购买力增长造成的影响

在未来三年内，与全球同仁相比，中国地区CEO将持续增加投资比重，以抓住客户购买力增长带来的商机。值得注意的是，外资企业在日益富裕的客户上投入的份额已经很高，所以有所回落也不足为奇（从占总投资的49%下滑至46%）。尽管如此，在未来三年内，它们的投资份额仍将远远高于其国内竞争者。

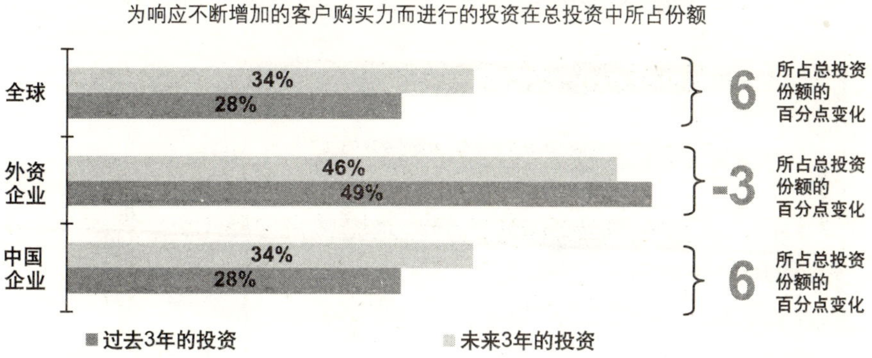

资料来源：2008年“IBM全球CEO调查”。

全球（n）=1130；中国（n）=43

图2－10 针对客户增加购买力方面的投资

现在，外资企业的 CEO 所面临的问题是：如何在来自本土企业以及其他外资企业日益激烈的竞争压力中仍处于不败之地，以及如何寻找有利于未来发展的下一个客户群并为其提供服务。

中国的众多企业已通过最初为本土市场开发的产品，在其他新兴市场中获得了巨大的成功。它们在这一领域的投资份额将会大幅提高，这反映了它们需要对产品/服务进行升级，以参与中国或全球市场竞争，同时随着企业进一步实现全球化，它们还需要增强国外的销售和分发网络。

今非昔比：见多识广而又相互协作的客户

除了响应富裕起来的客户的各种需求，CEO 还要面对日益增加的见多识广且相互协作的客户所提出的更高期望。这类客户已今非昔比：他们具有更为广泛的信息来源，通过不断增加的渠道购买和消费各种产品，并具有足够的实力和能力有效地改变其他客户的购买决定。企业已不再是相关信息的绝对权威发布者。但令人惊奇的是，世界各地的 CEO 并没有将其视为威胁，而是看作能够使企业独具特色的契机。

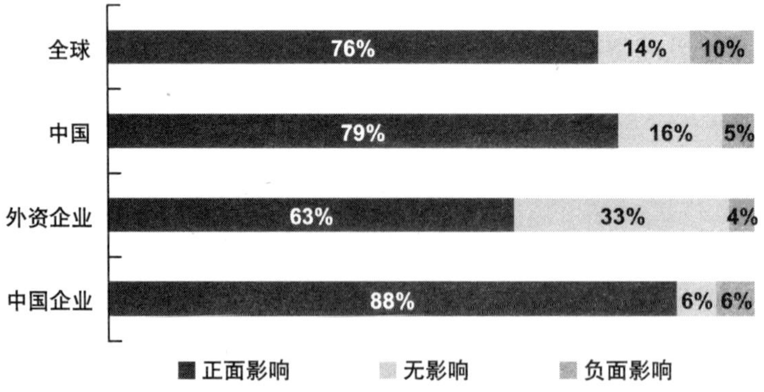

资料来源：2008 年“IBM 全球 CEO 调查”。

全球（n）=609；中国（n）=43

图 2－11　日益增加的见多识广且相互协作的客户所造成的影响

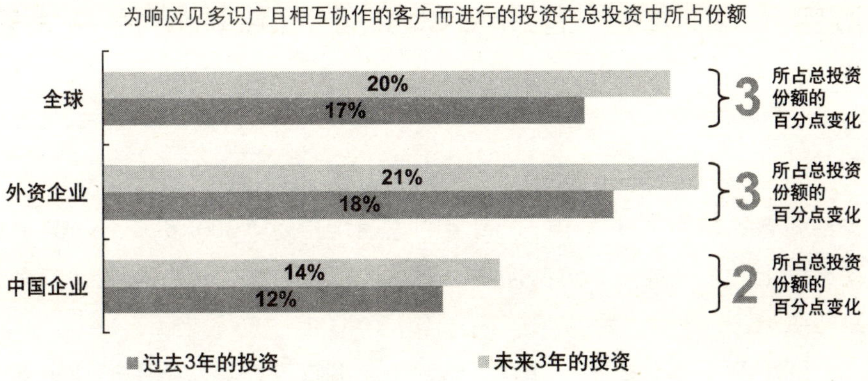

资料来源：2008 年“IBM 全球 CEO 调查”。

全球（n）=1130；中国（n）=43

图2－12　针对见多识广且相互协作的客户方面的投资

当外资企业 CEO 的全球及本地同仁认为见多识广且相互协作的客户将会带来正面影响时，他们却对这种趋势带来的影响持有相对中立的态度。不过，外资企业 CEO 一直在进行大量投入以利用中国客户现已掌握的信息，并且计划小幅增加其投资。中国企业的 CEO 更贴近本国消费者，并且更相信这一趋势带来的影响，同时也将分配更多投资以赢取这一新生的消费者商机。

通过 Web 2.0 与新客户互动

中国消费者越来越处于“网络化”状态，目前因特网用户已超过 1.3 亿。预计到 2010 年末将达到 2 亿人。[23] 中国客户将逐渐在世界范围内发布期望和交流观点，并且公开评价公司的业绩。志同道合的客户可以形成社交网络，共同发挥他们的影响力。在越来越多的行业中，客户的角色正从被动接受变为深入参与。“消费者”正转变为“生产者”，他们为同伴创造娱乐和广告内容，甚至建立了独创的热点。

Web 2.0 技术正在开启创建、共享和使用所有形式数字内容的新方法。企业可以借机更加贴近自己的客户，并从社交网络中汲取富有价值的深刻见解。

淘宝（Taobao）借助 Web 2.0 而独具特色并大获全胜

阿里巴巴（Alibaba）于 2003 年创建的淘宝是中国最大的专为个人交易服务的在线 Web 站点。淘宝的注册用户达 5 300 多万，确保了其在市场上的领先地位，这些用户通过在线平台进行交流并与买家和卖家进行接洽。

利用 Web 2.0 技术（如聊天软件），淘宝已在其网络中形成了支持互动的交易文化。该平台降低了交易风险、建立了透明的定价系统、促进了买家之间的交流，并提供了可以满足多种客户需求的灵活的支付系统。促使开放式社区形成的另一个因素是买家可以奖励每个卖家信用积分。这一简单的方法在人们之间建立了信任纽带，超越了网络的局限，将素未谋面的人紧密地联系在一起。

淘宝以客户为中心的创新策略——允许用户相互进行交流，已经证实获得了巨大的成功。2004 年到 2007 年之间，淘宝的收入从 400 万元人民币上升至 4 300 多万元人民币，增幅超过 950%。[24]

结论

“未来的企业”目标不仅是明确阐述的客户需求和期望以及首创产品、服务和体验，还是客户确切需要的东西。以下是关于如何实现这一目标的一些思考。“未来的企业”实施以下几种方法。

采取有效方法向新市场和日益富裕的消费者提供产品或服务

全球的品牌、产品和服务产生规模经济，然而每个市场都有其自身的文化、需求和期望。“未来的企业”会不断尝试和了解如何优化规模经济与地域特色之间的平衡。它通过对潜在市场的独特性、市场空白以及固步自封的竞争对手进行分析来找出机会，以便充分发挥其核心优势。这尤其适用于中国市场，因为其文化、生活方式和经济发展水平参差不齐。公司不仅要专为中国市场开发产品，还要为不同的市场层次定制产品。“未来的企业”将擅长把在中国开发的产品出口到其他新兴市场，这类市场中消费者的成熟度以及对价格方面的要求与中国市场类似。

将每一个人与客户联系起来

所有级别的雇员（从设计师到仓库保管员）都通过实时信息、在线互动或面对面的接触（如果可能的话）与客户联系。“未来的企业”还会鼓励其雇员与领先的客户发展深层关系，这些客户是决定市场成败的早期尝试者。企业在这些社区中对市场进行测试，并与他们就开发产品进行合作。在企业对企业的领域，“未来的企业”会投资于其系统与关键客户整合这一方面。这样，企业就会成为更具前瞻性的合作伙伴，并成为客户企业不可或缺的一部分。对于正在实现全球化的中国企业以及中国地区的外资企业，在初期即与远离总部的客户进行接洽并由此贯穿整个产品开发和销售周期，有助于避免因采用错误的产品或市场策略而导致的风险和潜在损失。中国刚实现富裕的客户与发达市场中的长期客户一样，他们的要求都是越来越高，“未来的企业”将寻找创新的方法与其接洽并使其感到满意。

通过技术，比竞争对手更早地预见转变

市场洞察力对于“未来的企业”至关重要。这种企业能够认识到通过各种渠道所收集的信息的内在价值，并通过积极地挖掘以获得深层次信息。它使用新兴的技术（如虚拟世界），以多种新的方式获得深层次信息。它还对可以缩短反馈周期的系统进行部署。当客户个人喜好和需求开始变化时，这样的企业可以先于竞争对手了解到这种趋势。对于“未来的企业”，技术可以切实深入透析 13 亿快速增长的客户的需求和个人喜好，这些深层次信息有助于打造震撼世界的产品和服务。

第四章
真诚，而不仅仅是慷慨

随着经济的繁荣发展，具有社会意识的客户、员工、合作伙伴和投资者也在不断增加。他们都在逐渐使用企业社会责任（CSR）作为评估企业的尺度。

凡是认为 CSR 在迅速发展的市场中（如中国）尚未成为问题的人都会因此大吃一惊。 中国地区 84% 的 CEO 认为客户对于 CSR 不断提升的期望会产生正面影响，这比全球同仁中仅有 69% 持有相同观点要高出一截。 在中国，CSR 对“未来的企业”而言蕴含巨大的商机，但

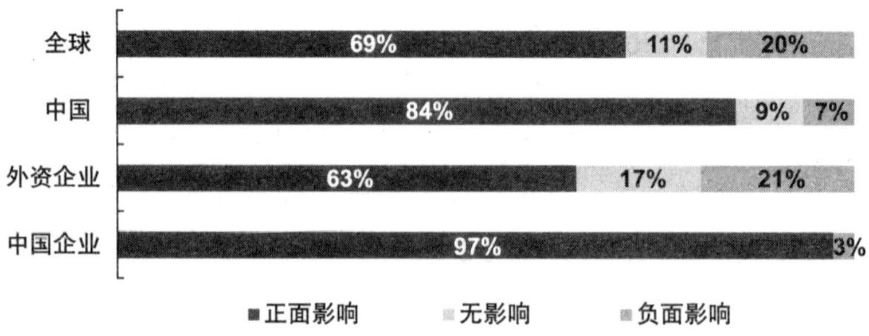

资料来源：2008 年“IBM 全球 CEO 调查”。

全球（n）=1130；中国（n）=43

图 2－13　企业的社会责任（CSR）增加造成的影响

是企业是否对此做好了充分的准备？

使 CSR 成为战略业务需要

CEO 逐渐认识到 CSR 是一个发展商机。正如一家电子公司的 CEO 所说，要想在未来获得成功，“公司需要将 CSR 视为战略规划的一部分”。将 CSR 融合到企业价值和业务战略中，可以确保对更广泛的相关社会经济问题和业务结果产生更大的影响。

尽管对环境的日益关注是当前迫使 CEO 开始考虑 CSR 的一个关键问题，但关注环保并不能完全满足客户对 CSR 的期望。真正的 CSR 需要彻底的业务变革——赋予企业社会角色以全新的定位，以保持可持续性发展为起点。

“未来的企业”必须认识到 CSR 是来自众多他们无法控制的社会领域的需求——政府、消费者和合作伙伴——这些压力在未来可能会持续甚至增加。

CSR 成为中国企业的要务之一

中国的企业开始认识到与 CSR 关联的价值和业务商机。事实上，97% 的中国企业 CEO 相信客户对 CSR 的期望将对企业的未来产生正面影响。然而，就对 CSR 的投资在总投资中所占份额来看，这些 CEO 的表现不如其外资企业竞争对手更为积极。在未来 3 年内，CSR 投资在中国企业总投资中所占份额仍将继续比外资企业低 8 个百分点。

2006 年，上海浦东发展银行（Shanghai Pudong Development Bank，SPDB）成为首家发布 CSR 报告的中国银行。在该报告中，SPDB 通过图片展示了它的 CSR 活动，例如：支持和赞助 100 多项社会福利事业；雇主参与公共福利慈善事业；建立中国首个网上银行捐助系统；实施无纸化办公以节约自然资源。SPDB 在 2006 年和 2007 年赢得了由上海美国商会（Shanghai American Chamber of Commerce）授予的“CSR 最佳实践奖”。[25]

2007 年，中国建设银行（China Construction Bank，CCB）成为首家发布 CSR 报告的国有银行。该报告重点介绍了 CCB 的“绿色信贷”方案，这是中国五大银行之间的一份协议，倡导提供贷款以支持企业的环境规划，并将良好的环境业绩和信贷权联系起来（在发放贷款之后，CCB 会跟踪贷方的环境合规性），同时也涉及对可再生能源项目的经济支持。该政策要求银行限制向能源密集型、污染严重型行业提供贷款。[26]

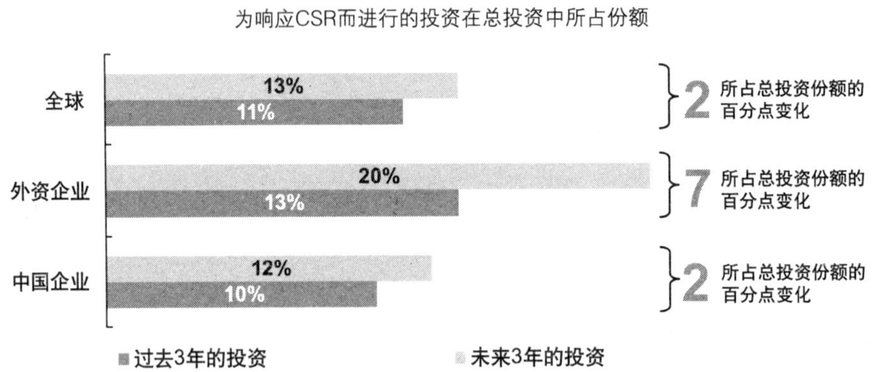

资料来源：2008 年“IBM 全球 CEO 调查”。

全球（n）=1130；中国（n）=43

图 2－14　外资企业将继续针对 CSR 进行投资

CSR 使外资企业独具特色并提升品牌价值

希望在中国市场获得成功的外资企业必须向政府和消费者表明它们致力于中国的长期发展。 正因如此，外资企业了解 CSR 与公司长期策略相结合的价值。 利用本地战略业务合作伙伴关系或社区发展计划是推进 CSR 议程的一种方法。

外资企业正在利用 CSR 相关投资以便使产品和品牌价值与众不同，提高雇员/利益相关方满意度，并与消费者建立稳固的信任关系。

我们相信 CSR 为外资企业带来了长期的优势，这是因为他们在中国的最佳 CSR 实践以全球专业知识为基础，正如一家制造公司的 CEO 所说："中国的 CSR 只会使在该市场中运营的外资企业获益，市场会逐步顺应我们，而不是外资企业必须'入乡随俗'。"

宝洁开始改善中国教育

宝洁与中国教育发展基金会（China Education Development Foundation）合作开展了中国最大的健康教育计划，将全国学校健康教育计划推向新的发展阶段。从今年开始，宝洁将在中国学校开展口腔、个人卫生以及青春期健康教育，并推进该计划更深更广地发展。宝洁计划在未来五年内投资约 2 亿元人民币，以向学校免费提供必要物资，帮助它们改善其卫生设施和条件，以及培训健康教育人才。据估计，最多有 1 亿人将会从中获益。[27]

结论

"未来的企业"使用 CSR 作为发展平台，以进入新的市场、开展新的合作关系或进行产品/服务创新，从而实现创收，并将其作为维护和构建强有力的内部员工基础以及吸引利益相关方的一种途径。许多 CEO 已超越了做好本职工作的境界，他们通过增强社会责任感使企业得到发展。以下是"未来的企业"更为全面地履行 CSR 的一些方法。

了解客户和利益相关方的 CSR 期望

太多的企业靠自身的假想来臆断 CSR 对客户的意义。在最近的一次 CSR 调查中，只有 1/4 的受访企业说他们非常清楚客户关心什么。[28] 但是"未来的企业"了解客户的期望。它使用事实和直接由客户提供的资料作为决策的基础。CSR 是全球消费者的期望，但是其在不同的国家或地区所体现的范围和侧重点又有所不同。这就意味着在中国运营以及使中国企业实现全球化的外资企业需要主动遵循每个市场中的CSR趋势，这样不仅可以降低风险，还促使这些企业可以寻找新的业务商机。

公开但不泛滥

“未来的企业”是透明的，但并不张扬。它通过创新的方式提供相关信息——例如通过包装上的代码使感兴趣的用户能在商店或家中查阅细节——采购信息、潜在的环境影响和回收指示信息等。中国地区的企业应该探索不同的渠道以提供特定的CSR信息。这些渠道可以包括针对政府或客户的合规性报告、针对投资者/公众的CSR报告、企业Web站点、媒体以及作为“大使”的员工。而且，员工的培训/认同也将成为重中之重。

从环保开始

由于油价不断上升以及温室气体排放问题不断受到关注，能效对于企业以及整个地球就变得非常重要。“未来的企业”通常从环保规划开始其CSR转变。通过这些努力，它学会如何在影响整个人类的问题上进行有效协作。在中国，随着政府加紧出台了一系列环境法规，环保规划也刻不容缓。同时，海外采购商也要求中国供应商符合环境法规，公众也在日益关注污染所造成的影响。成为环保倡导者将会提高“未来的企业”在中国市场以及全球的声誉，并增强竞争优势。

使工作成为人类福祉的一部分

潜在和现有的员工希望在有道德、对社会负责的组织工作。而“未来的企业”了解员工也希望积极参与解决CSR问题。它的规划能够将员工团结起来，为人类造福。“未来的企业”了解中国潜在和现有的员工将处于“网络化”状态，他们见多识广，对雇主的CSR要求也越来越高。

第五章

颠覆性的业务创新

随着企业进一步进行全球整合，它们将要面对越来越广泛的客户群。为了促使企业成功转变公司策略以利用新的客户动力和全球商机，它们必须对自身业务模式进行创新。

在 2006 年，我们就已发现业务模式创新至关重要。竞争压力开始将业务模式创新推向 CEO 日程中的显著位置。在全球范围内，我们发现业绩出众者关注业务模式创新的频率要高于业绩欠佳者，并且业务模式创新可以帮助企业在营业毛利增长上每年超过竞争对手达 5%。[29]

在 2008 年，我们发现业务模式创新正在爆炸式地增长。全球 69% 的 CEO 表示他们极为关注业务模式创新，并且几乎其他所有的 CEO 都在不同程度上实施业务模式创新。而业绩出众者往往比业绩欠佳者实施更为彻底的创新。

实施业务模式创新

许多 CEO 表示，由于仅仅凭产品和服务很难使企业独具特色，因此他们正在改变业务模式。但他们同时也强调另一个原因：现在有了更多的选择。 CEO 还着力提到，对于加快利用全球整合所带来的新商机——进入新市场和新领域，业务模式创新具有不可替代的重要性。正如国内一家工业企业的 CEO 所说："业务模式创新在中国地区尤为重要，如果没有创新，企业就会面临发展瓶颈。"

中国地区的 CEO 同样关注业务模式创新，但是，令我们感到惊奇的是，重点关注业务模式创新的 CEO 所占比例竟低于全球这一比例——69%，只为 62%。 中国的这一数字实际上比亚太地区其他任何主要市场的调查结果还要低。

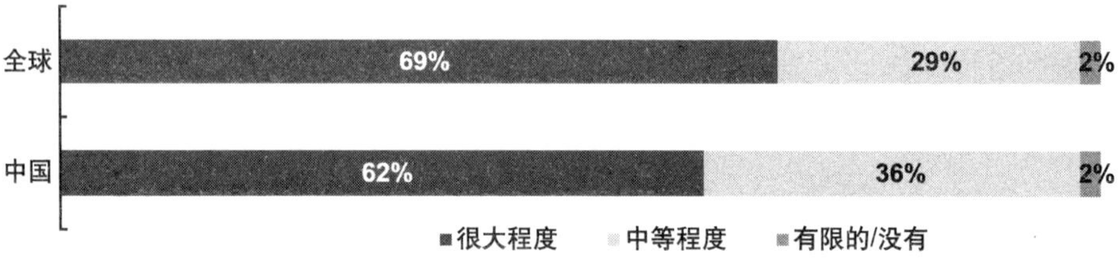

资料来源：2008 年"IBM 全球 CEO 调查"。

中国（n）=58

图 2－15　大多数 CEO 将从事于业务模式创新（选择其一）

当中国企业在世界经济市场中初露头角时，它们以往的低成本以及更多协作的业务模式就显得力不从心。 中国经济的日益繁荣导致成本优势逐渐衰减，以及企业设法转向高价值领域，我们相信业务模式创新将变得越来越重要。 因此，对目前关注相对不足的这一领域要密切留意，否则中国地区 CEO 可能会导致他们的企业错失继续发展并获取成功的重要良机。

我们探讨了 CEO 正在执行的各种业务模式创新的类型。 我们特别询问了有关企业模式、收入模式和行业创新模式的信息。

已考虑的业务模式创新的类型

企业模式（Enterprise Model Innovation，EMI）——重新思考自身内部应具有哪些能力及通过协作获得哪些能力，对企业进行重新配置以实现专业化，从而能够实现更高的价值（如 Cisco 公司通过关注品牌和设计，同时依靠合作伙伴进行生产、分销等，实现了这一点）。

收入模式（Revenue Model Innovation，RMI）——通过新的价值主张和计价模式改变创造收入的方式（如 Gillette 公司将主要收入来源从剃刀架改为剃须刀片，实现了这一点）。

行业模式（Industry Model Innovation，IMI）——重新定义现有行业，转入一个新的行业或创造一个全新的行业（请想想音乐行业以及 Apple 的 iPod 和 iTunes）。[30]

中国地区的 CEO 更有可能对行业模式进行创新

中国地区的调查结果引人注目：与其他市场相比，近 2 倍的中国地区 CEO 都正在寻求通过行业模式创新来对整个行业实施变革。与全球以及亚太地区的各位同仁一样，中国地区 CEO 最有可能进行企业模式创新，但是，其中 33% 的人表示，他们正在进行行业模式创新。

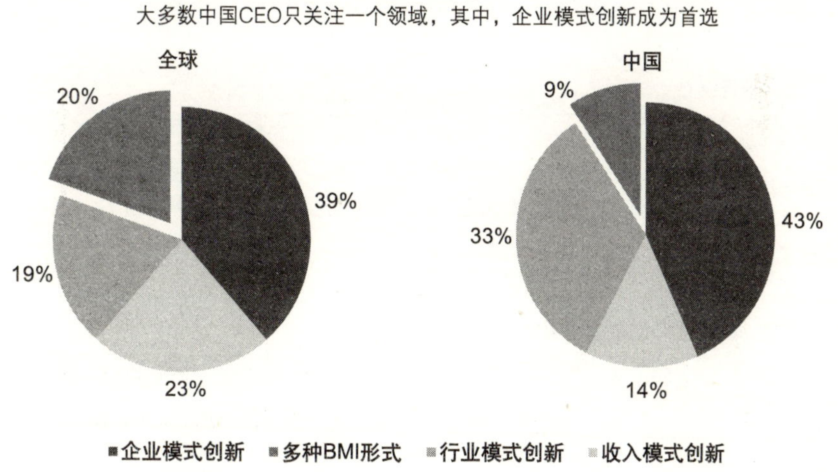

资料来源：2008 年“IBM 全球 CEO 调查”。

中国（n）=58；重点关注的 BMI 类型包括那些在 1—7 的评分中挑选 6 和 7 的

图 2－16　CEO 正在关注哪种业务模式创新（BMI）？

在那些针对业务模式的广泛变革中，企业模式创新（EMI）一般是首选。我们认为促使CEO倾向于通过合作来实现EMI的原因在于这是最为确定的业务模式创新形式，其加快了推向市场的速度并提高了效率，规避了竞争威胁，同时有助于避免失去特色。

全球CEO表示因行业模式创新难以实现而导致他们较少关注该领域，因此，中国地区CEO对行业模式创新（IMI）的关注就具有更为重要的意义。对行业进行彻底改造、变革或创建新行业任重而道远。成功的IMI要求创新者具有丰富的行业知识和经验，并且需要能够高瞻远瞩且具有创造性的领导阶层。既然如此，为何中国地区CEO更加勇于大胆尝试呢？这可能是因为以下几种原因：中国经济的发展开辟了更多的领域；逐渐涉足原先未曾开拓的市场；客户忠诚度和消费行为仍处于发展初期；随着中国基础结构的发展，企业能够自主进行尝试，进行行业模式创新的机会也日益增多。中国作为一个独特的市场，实施IMI的CEO无需重新定义现有行业，而只要打造焕然一新的行业。

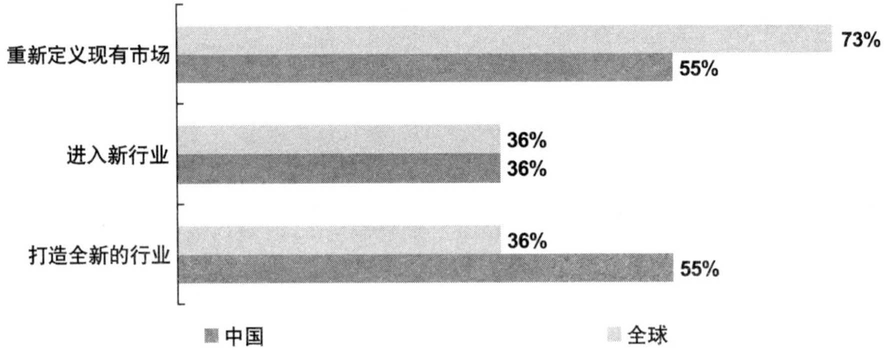

资料来源：2008年“IBM全球CEO调查”。

中国（n）=58；重点关注的BMI类型包括那些在1—7的评分中挑选6和7的

图2－17　实施“行业模式创新”的中国CEO将打造焕然一新的行业

业绩出众的企业接受行业模式创新的挑战

与总体样本一致，业绩出众者对企业模式创新很感兴趣。与此同时，参与行业模式创新的业绩出众者所占的比例也远高于业绩欠佳者。[31]问题是：这些业绩出众者更为致力于行业模式创新是否因为他们有能力这样做？或者之所以他们是业绩出众者，是因为自身的洞察力以及倾向于不断质疑行业惯例？通过与CEO的对话，我们相信这两者兼而有之，这是一种互动的良性循环。成功的创新可以增强经济实力，并实现行业的领导地位，这些优势使他们能够进行大胆尝试，而这反过来又可以提高业绩。

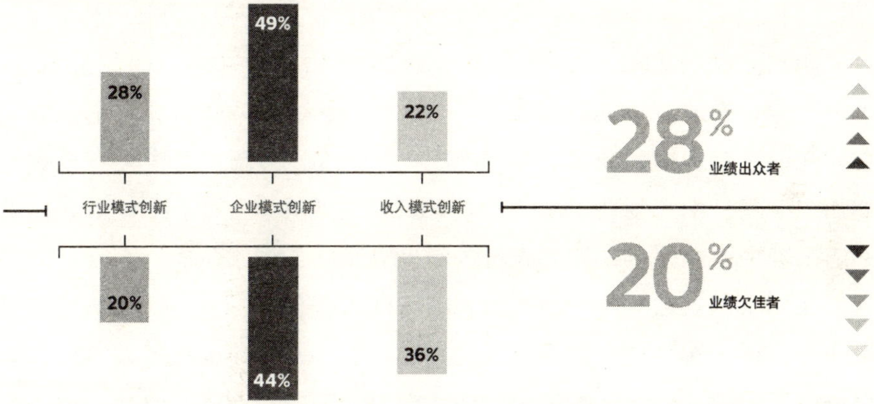

资料来源：2008年“IBM全球CEO调查”。

* 业绩基于绝对边际利润（2003年和2006年的平均值）调查样本中的行业比较

业绩欠佳者（n）=120，业绩出众者（n）=109

图2-18　业绩出众者更有可能实施行业模式创新

分众传媒（Focus Media）：将数字化广告引入中国

分众传媒成立于2003年，它面向中国主流消费群体搭建了一个无所不在的数字化媒体平台。通过打造商务楼宇和公共区域的媒体空间，分众传媒在中国开创了通过数字化方式进行广告的新方法。

起初，分众传媒的策略着力于在中高收入商业人士密集区域安装平板液晶电视。接下来，分众传媒创造性地对媒体类型进行组合，力求吸引更多场所中客户的注意。现在，他们利用了商务区网络、卖场网络、框架网络、手机广告网络（通过分众无线传媒，Focus Media Wireless）和户外LED网络。其中每个媒体平台都通过不同的户外媒体互动终端锁定都市特定中高收入消费人群——从办公室电梯间一直到娱乐社交场所、购物区域、手机和住宅区。

分众传媒的先发优势获得了丰厚的回报，企业当前市值超过 70 亿美元，所占行业市场份额也高达 98% 。[32]

如家（Home Inns）：为宾客营造温馨的家

如家创立于 2002 年，现已在全国 29 个省和直辖市、覆盖近 90 座城市，拥有连锁酒店 400 多家，形成中国最大的连锁酒店网络体系。它如何能够发展得如此成功？ 如家致力于通过超低的价格来营造宾至如归的氛围，由此创造了市场价值和品牌知名度。 为了在竞争激烈的酒店市场中得以生存，如家通过创新确立了新价值主张。

在如家创立之前，中国的酒店市场两极分化严重，一端是低价低品质住宿，另一端则是高价高品质住宿。 为了赢得低端和高端客户，如家进行了重组，以满足客户在价格、安全、卫生、时尚、食物、设施和住宿等方面的需求，同时勾画了新的价值图。 如家降低了价格、淘汰了私有的迷你小酒吧，着力营造简单、安全、卫生而又舒适的环境。

2004 年到 2006 年之间，如家的骄人业绩促使收入增长超过 500%；2006 年，它成为中国第一家在美国纳斯达克（Nasdaq）上市的酒店。[33]

结论

“未来的企业”会不断寻找新的竞争方式。 以下是一些如何培养彻底变革思维的想法。

利用新的业务模式来扩大和抓住商机

尤其是在中国，商机无限，但只有抓住它们才能获得丰厚的回报。在中国和全球，仅通过构建传统的纵向整合组织并不能迅速地实现扩展。 “未来的企业”打造全新的业务模式，以便加快速度将其利用这些商机的能力发挥到极致。

像局外人一样思考

“未来的企业”应该以不拘一格的方式，脱离条条框框进行思维。它的目标是通过“从白纸开始”式的思维来激发创新。它能够像局外人一样质疑其业务模式的每一个假设。一旦中国 CEO 作为新来者登上世界舞台，他们就成为全球经济网络中非常重要的一部分。然而，“未来的企业”必须继续从“局外人”的角度进行思考，对现状提出质疑。

寻找他山之石

“未来的企业”甘当其他行业的学生，因为它意识到游戏规则的变化会像野火一样燎原。它寻找正在转换其他市场领域的客户和技术趋势，并考虑如何将它们应用到自己的行业和业务模式中。“未来的企业”并不害怕创建焕然一新的行业——在这方面，中国的 CEO 表现得更加积极。

在市场中进行创造性的试验，而不仅仅是在实验室

“未来的企业”常常在市场中试验产品和服务，以便获取实时反馈并反复进行调整。它甚至使用虚拟世界（如“第二人生—Second Life”）来“测试”模式，并将汲取的经验教训应用到“现实”的业务中。“未来的企业”不仅仅在中国开发新产品以延伸至其他新兴市场，而且还在中国测试全新的业务模式以便将来在其他市场上采用。

管理今天的业务，试验明天的模式

新的业务模式通常与现有的模式不一致，这造成了组织内部的利益冲突。即使这些模式面对不同的客户，它们仍然会争夺资源和关注。“未来的企业”能够积极掌控这些潜在冲突，从而能在确保业务正常运作的情况下大胆试验业务模式创新。在中国，“未来的企业”将尤为着力于此，从而孕育和测试引人注目的行业模式创新。

打造“未来的企业”

有关企业未来（即“未来的企业”）的想法和观点正在快速发展，尤其是在中国，变革和商机随处可见。能把全球和中国地区如此之多的CEO的思想汇集到一起是我们特殊的荣幸。关于“未来的企业”的共同智慧结晶包括：渴求变革、全球整合、让创新超出客户的想象、真诚而不仅仅是慷慨，以及颠覆性的业务创新。在中国，CEO对于“未来的企业”更为关注全球整合和真诚而不仅仅是慷慨这两方面。

但CEO的回答还有一个明显的特点，尤其是在中国：尽管“未来的企业”面临许多挑战和问题，但从根本上讲还是持有乐观的态度。与我们交谈的CEO都很乐观，不仅对企业的机遇（因为这很重要），而且对企业和社会的美好未来也充满信心。

我们认为这次最新的CEO调查并不是终点，而是对业务和企业发展方向的后续讨论的催化剂。 我们真诚的希望与您一道在打造“未来的企业”时进行合作。

要继续深入探讨，请访问：ibm. com/enterpriseofthefuture

附录：我们如何进行调查

本报告所展现的内容是“未来的企业”相关调查的中国地区结果，此次调查是两年一度的 IBM “全球 CEO 调查”系列中的第三次。“IBM 全球 CEO 调查”对来自世界各地的 1 130 位 CEO 进行了访谈，其中 390 人位于亚太地区和日本。 在中国大陆，我们对 58 位 CEO、总经理以及公共部门和企业的高级主管进行了访谈。[34]样本包括 9 家国有企业（SOE）、25 家私有企业（POE）和 24 家外资企业（FOE）。[35]这些 CEO 代表了 15 个不同的行业，为我们呈现了一幅能够代表中国经济发展状况的画面。

我们衷心感谢所有参与此次调查的中国地区 CEO，正因为他们花费了宝贵的时间与我们分享自己的观点，才促使此篇报告得以完成。我们视此为中国地区“未来的企业”对话的发轫之作，并期待着将来与您继续交流。

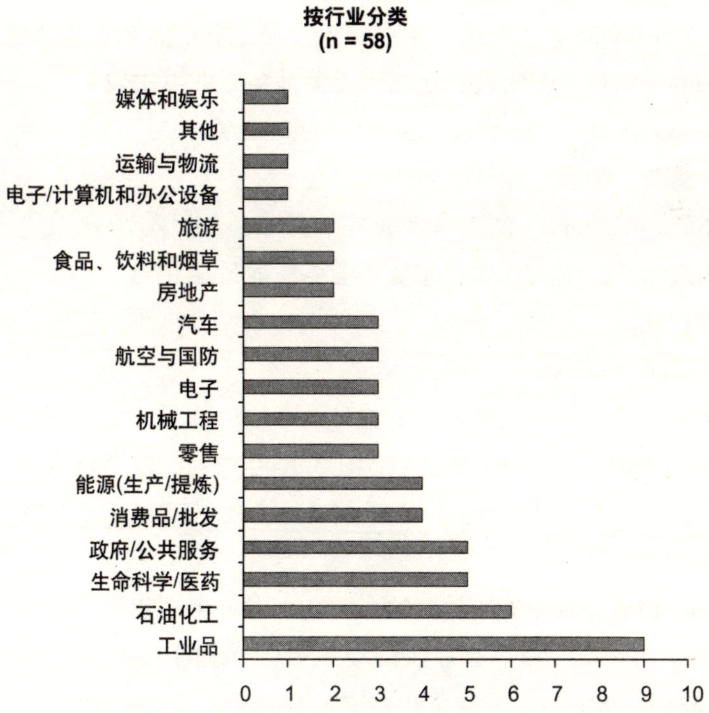

图 2－19　中国接受调查者所属行业分类

致谢

我们衷心感谢中国地区 58 位以及全球 1 130 位 CEO、总经理、公共部门和企业高级主管，感谢他们慷慨地花几个小时的时间与我们分享各自多年的经验。他们关于“未来的企业”令人信服的洞察力和热情弥足珍贵而且令人振奋。我们要特别感谢那些允许我们援引他们在访谈中所述内容的 CEO，这使我们能够在本报告中强调重要的思想和信息。

我们还要感谢 IBM 参与此次“全球 CEO 调研”和“中国 CEO 调研”的团队：

领导团队

Peter Korsten（合伙人、商业价值研究院全球主管兼调查执行主管）

Saul Berman（合伙人、战略和变革业务全球能力主管）

Marc Chapman（合伙人、战略和变革业务全球和美国地区主管）

Steven Davidson（合伙人、战略和变革业务亚太和大中华区主管）

Rainer Mehl（合伙人、战略和变革业务东北欧主管）

George Pohle（合伙人、全球业务战略主管）

甘绮翠（中国商业价值研究院总监）

Simon Benjamin（跨国公司业务中国地区合伙人）

徐永华（合伙人、战略和变革业务中国地区主管）

项目团队

Phaedra Kortekaas（调查组组长）

Denise Arnette（战略和变革业务全球战略与业务发展主管）

Steve Ballou（商业价值研究院研究中心总监、副合伙人）

Ragna Bell（全球企业咨询服务部全球战略和变革业务解决方案经理）

Amy Blitz（商业价值研究院战略和变革业务主管）

Sally Drayton（全球企业咨询服务部高级顾问）

Christine Kinser（全球企业咨询服务部通信全球主管）

Keith Landis（战略和变革业务全球市场营销经理）

Kathleen Martin（美国 CEO 调查项目经理）

Magesh Vaidheeswaran

（战略和变革业务全球交付管理顾问、2008 年 CEO 调查亚太地区项目经理）

J. Chris Harreld

（中国商业价值研究院顾问、2008 年 CEO 调查中国地区项目经理）

王宏（全球企业咨询服务部中国地区咨询经理）

参考文献和注释

1 Danfoss Annual Reports, McKinsey Quarterly, IBV Analysis.

2 Manpower's January 2006 Talent Shortage Survey.

3 Lenovo Annual reports.

4 Based on net profit margin CAGR 2003 to 2006.

5 "*Expanding the Innovation Horizon: The Global CEO Study 2006.*" IBM Institute for Business Value, March 2006. http://www.ibm.com/services/ceo2006

6 Cummins Annual reports, NEMA, "*Cummins Secures Large Engine Order From Beijing Public Transport*".

7 World Investment report, "*Local M&A heats up as stock gains beget deal making*", Wall Street Journal Asia, Oct 1, 2007; James Areddy.

8 Ibid.

9 ABB Annual report.

10 Sharp Annual report.

11 ABB Annual report.

12 2007 AmCham China Business Report.

13 China Business Review "*Bringing R&D to China*".

14 Ibid.

15 Gartner and Mckinsey.

16 Based on absolute profit margin average for 2003 and 2006.

17 Li & Fung Group Web site. http://www. lifunggroup. com/front. html; "*Global Reach, Local Presence.*"

Li & Fung Limited. http://www. lifung. com/eng/network/ map. php

18 Li & Fung Press Releases, 1999 ~ 2007.

19 Voxant FD Wire. "*Li & Fung Limited—Acquisition of KarstadtQuelle Sourcing Arm—Conference Call—Final.*" October 2, 2006; IBM interview with Victor Fung, March 2008.

20 Li & Fung Limited 2006 Annual Report.

21 China Statistical Abstract, World Bank.

22 The American Chamber of Commerce, "*Money Talks*".

23 China Internet Network Information Centre (CNNIC).

24 Taobao Annual reports.

25 2006 Shanghai Pudong Development Bank CSR report. Community Times.

26 Asia Times, "*Green whirlwind sweeps China,*" March 5, 2008.

27 "*P&G Pushes China's School Health Education To New Level*", April 24, 2008, ChinaCSR. com.

28 Pohle, George and Jeff Hittner. "*Attaining sustainable growth through corporate social responsibility.*" IBM Institute for Business Value, February 2008.

29 The IBM Global CEO Study 2006, "*Expanding the Innovation Horizon*".

30 For more information about business model innovation, see: Giesen, Edward, Saul J. Berman, Ragna Bell and Amy Blitz. "*Paths to success: Three ways to innovate your business model.*" IBM Institute for Business Value. June 2007.

31 Based on absolute profit margin average for 2003 and 2006.

32 Focus Media annual reports and IT Time magazine.

33 Home Inns Annual reports.

34 For readability, we refer to this collective group as "CEO" throughout this report.

35 For readability, we refer to State Owned Enterprises as "SOE" and Private Owned Enterprises as "POE" as "domestic enterprises" and Foreign Owned Enterprises as "FOE" throughout this report.

第三部分
全新的价值整合者
IBM 全球 CFO 调研

本项调研基于与全球 1 900 余名首席财务官的对话内容。

致首席财务官同事们的一封信

在我们开展最新全球首席财务官（CFO）调研以来的两年中，一个全新的经济环境已崛起，且正以我们既熟悉又崭新的方式向各个企业发起挑战。首席财务官肩负的压力越来越重，但是全新的机遇同时也应运而生——尤其是在重组财务组织使命方面。

在 IBM 看来，动荡的时代总能为积极的转型变革带来机遇。而这就是我乐于发现许多领军企业正积极制定新的行动方针的原因。这些企业的财务组织能够以高超的效率提供更多有意义的业务见解，来应对整个企业所面临的新挑战和新机遇。

我们将这些财务组织称为价值整合者。

价值整合者善于驾驭不确定因素。而且，从我们所检测的各项指标（收入增长率、EBITDA 和资本投资收益率）来看，其所属企业的绩效均已超越其同类企业。这在很大程度上都是因为其擅长在整个公司范围内整合信息并加以分析，进而将其转化为“新锐洞察”这一极具竞争力的资源。价值整合者更具前瞻性的见解被应用于企业中从战略规划到运营优化的方方面面，也被用于管理风险、降低成本和探索新机遇。

简而言之，价值整合者已承担起全新的角色，即帮助企业更快更好地制定各种企业级决策并使预期结果更具确定性。这是由智慧的地球所激发出来的潜力，它能从复杂多变的环境中获取信息，并能提供可使企业占据竞争优势的预测性见解。然而，我们的研究显示，仍有大量财务组织未能抓住这一机遇或实现自己的期望。

近十年以来，CFO 宣称要将其组织花在交易处理上的时间转移至更具影响力的领域（涉及分析和决策支持）。然而，自 2003 年以来，时间分配比例基本上保持不变，财务组织平均仍会将其一半的时间用于交易处理。

我们的研究结果显示，各个财务组织之间的差距正日趋明显：部分财务组织效率超群、见解卓越，并因此取得了可喜的绩效；然而，对于更多的财务组织而言，其基本目标与实现能力之间的差距却在日益扩大。

我深信，在今后几年，所有的财务组织，包括对那些率先承担起“价值整合者”这一全新角色的财务组织而言，都将从参与本项调研的1 900 余名 CFO 和高级财务领导人所提供的经验与见解中受益匪浅。

我希望借此机会向所有参与本项调研的人员表示谢意，感谢他们所给予的慷慨支持。

Mark Loughridge　IBM 公司高级副总裁兼首席财务官

导言

对于首席财务官而言，近期的全球经济衰退影响极为重大——然而其施加影响的方式却似乎有些出人意料。备受瞩目的 CFO 及其财务组织不仅要应对各种紧急的资本筹措、现金流和收入的挑战，鉴于市场的多变性和不确定性，他们还需要进行更为频繁的董事会讨论，参与探讨关乎供应链、定价和生产方面的预测、盈利能力、风险管理和战略决策事宜。因此，CFO 的企业级影响力正日益显现。

以全球 1 900 余名 CFO 及高级财务领导人的参与为基础的 2010 年全球 CFO 调研也证实了这一转变。[1] 在维持核心财务职责重要性不减的同时，CFO 对于企业级问题的关注度也有了大幅攀升。简而言之，CEO 和董事会需要他们的 CFO 以事实为依据来阐明原因并发表见解。

不幸的是，我们的研究结果显示，财务组织的成效提升速度缓慢——尤其是在具有较大职责和影响力的领域中，而企业能否在这些领域取得成功往往又取决于 CFO 的建议。超过 45% 的 CFO 表示，他们的财务组织在战略、信息整合以及风险和机遇管理领域所取得的成效不佳（所有这些出自于我们 2005 年和 2008 年调研的主题再次被关注）。由于期望值远比执行效果提高得快，因此财务组织在执行层面面临着日益扩大的差距。

价值整合者正在缩小差距

即便如此，我们的研究还是指明了希望所在——一组具有能使其从同族中脱颖而出的、具备特定能力组合的财务组织。这些被我们称为价值整合者的组织在被评估的各个领域中均取得了较高的成效，尤其在对企业风险管理、衡量和监控企业绩效以及从整个公司或政府中整合的信息中得出见解方面具有明显优势。

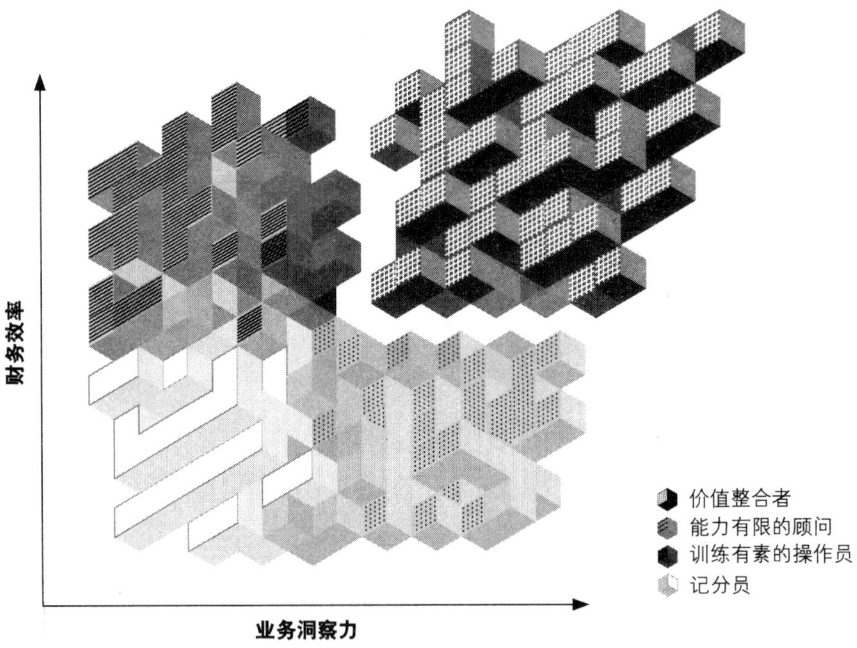

然而更令人印象深刻的是，即使是在市场不稳定时期，价值整合者也能找到实现稳定的业务结果的方法。从我们所检测的各项财务指标（收入和利润、资产负债表、现金流和运营效率指标）来看，其所属企业取得的绩效均高人一等（请参见图 3－1）。

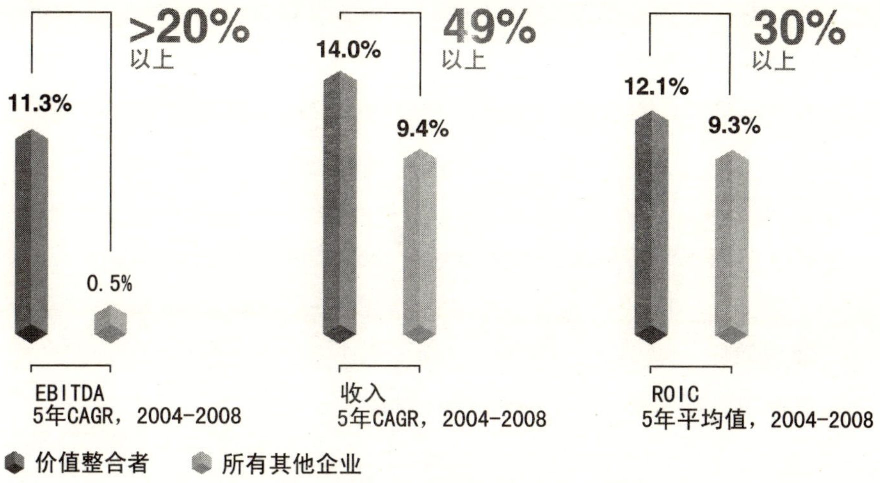

图 3－1　价值整合者始终能保持卓越的绩效

其所在企业已在扣除利息、税收、折旧和摊销前的盈利（EBITDA）和收入方面取得了较高的复合年均增长率（CAGR），并取得了较高的平均投资资本收益率（ROIC）。

那么，此类卓越的财务组织有什么不同之处？

能力组合，而非单项能力

价值整合者精通两个关键领域：财务效率和业务洞察。为了降低财务运营的复杂性，其在整个财务组织内实施了各种通用流程（如，从数据源到报告流程）以及标准化数据和指标定义（如，毛利的组成部分）。提高财务效率使价值整合者具有可扩展性且能灵活快速地进行运作。

价值整合者还拥有出色的业务洞察力。这种洞察力能帮助其提高运营效率、发现市场机遇、进行快速反应并最终预测商业环境的变化。为了具备这些能力，他们提高了企业信息整合的级别、聘用了能与企业进行有效合作的分析人才并采用了更为成熟的分析能力，如整合的计划与预算、基于场景的计划和预测模型。

单独而言，其中的每一种能力都能带来绩效优势，但组合后的优势更为明显。通过高效地执行核心财务活动并提供企业急需的关键洞察力，价值整合者正在帮助其公司制定更为明智的决策。 其所取得的绩效就是最好的证明。

为了阐释我们是如何得出这些结论的，后续章节将就此进行探讨：

期望与执行

财务组织已整装待发，准备好承担迅速扩展的职责

乘数效应

效率与洞察力组合，带来绩效的提升

洞察力提升价值

努力培养业务洞察力并加强组织的分析能力

效率是基础

为何财务效率具有前所未有的重要性，以及如何快速地提高效率

成为价值整合者

财务组织如何提高企业制定更智慧商业决策的能力

第一章

期望与执行：日益扩大的差距

"全球经济大衰退"已提升了 CFO 在企业中的作用。然而，CFO 及其财务组织是否已准备好抓住此次机遇呢？

全球经济危机给世界各地的企业和政府留下了不可磨灭的印记。CFO 预计，市场的多变性和不稳定性仍将持续。 正如某位美国 CFO 所说："对于目前的经济环境，我最大的担忧就是不知道它还将持续多久。"

CFO 现处的世界已截然不同——技术性的会计技能已不再如此重要。财务部门必须向企业和合作伙伴靠近，以共同达成目标。财务部门还必须具备足够的信心来挑战决策制定过程。

——Paul Whelan，Telefonica O2 爱尔兰公司 CFO

事实上，在我们的受访者中，有超过 2/3 的人认为，在降低企业成本、加快决策制定速度以及提高对外部利益相关者的信息透明度方面，现有的沉重压力将在未来三年内继续增加。

无论 CFO 领导的财务组织是否已经准备就绪，这场经济动荡以及持续的不稳定性已让 CFO 成为瞩目的焦点。 他们是企业的关键领导人物，CEO 和董事会都在向其寻求答案。 一位加拿大 CFO 精辟地概括道：“现在正是 CFO 在公司中处于最重要地位的时候。”

我们的研究结果清楚地显示了这一转变所带来的影响。 在规避企业风险、创新业务模式以及选择联系绩效与战略执行的关键指标等领域中，超过 70% 的 CFO 正在提供各种建议或扮演着关键的决策制定角色（请参见图 3 –2）。

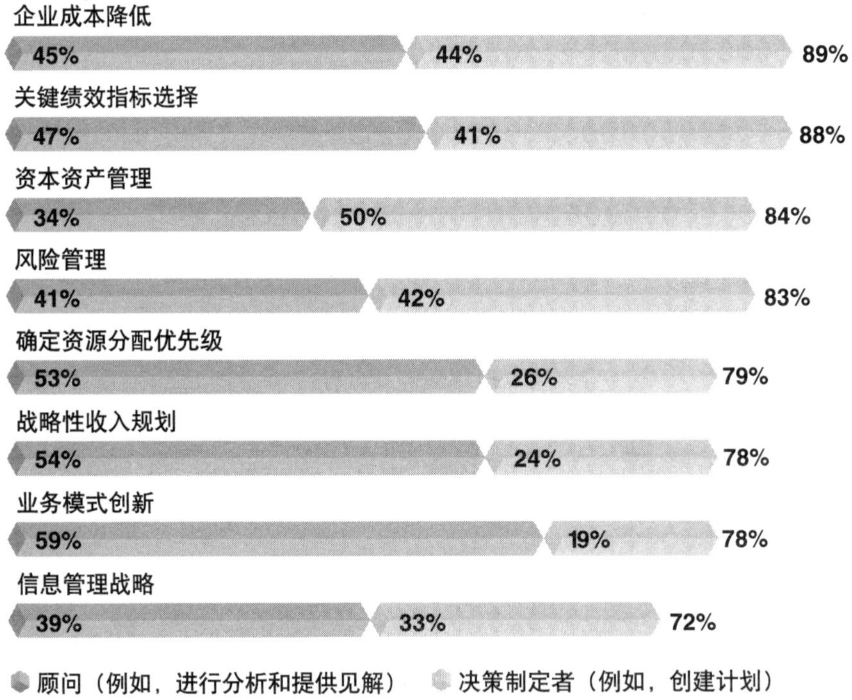

图 3 –2　CFO 正在积极参与企业级决策的制定

他们的影响力早已超越了传统的财务控制与监管范围。

CFO 的优先级也反映了财务组织影响力的拓展。 在被要求确定各种活动的重要性等级时，CFO 已被视为提供制定企业战略所需信息的第一人。 在过去的五年中，每项以企业为中心的活动的重要性都有所提升，有些活动的重要性更是出现了戏剧性的提高（请参见图 3 –3）。 正如某位印度领导人所言：“经济大衰退真的凸显出了以下需求——财务组织应对业务有广泛的了解。”

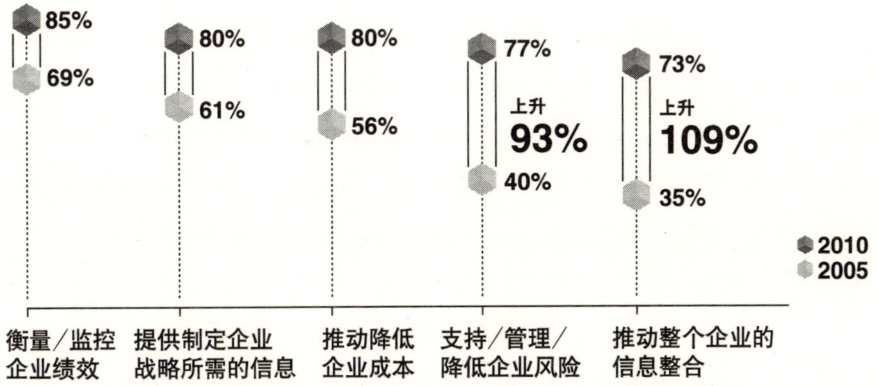

图3-3 在最近的五年间，CFO对于企业的关注度有了大幅提高

超过70%的CFO报告说，这些企业级的活动非常或极为重要。

在财务组织的工作日程上，信息整合与风险管理这两项活动已占据了更为重要的地位。2005年以来，信息整合的重要性提高了一倍多，这表明当今企业所面临的信息数量及速度正呈指数级增长。正如某位中国CFO所言：“如果我拥有100%的自由，那么信息整合将成为我的首要处理事项。可惜目前存在太多的IT和业务单元壁垒。”

由于更为深远的业务洞察力来自于整合式信息，因此整合式信息至关重要。为了对不断扩展的管辖范围所涉及的业务进行更为深入和广泛的了解，财务组织必须掌握财务和运营方面的整合式信息。根据自己的优先级，CFO不仅意识到信息管理方面所存在的巨大挑战及其不断加大的难度，同时也认识到帮助应对这一挑战是他们的职责所在。

只有当财务部门了解组织的实际情况、能针对其见解进行有效的沟通，并能在需要的领域内发挥其影响力时，才算取得了最大程度上的成功。

——Giulio Terzariol，安联人寿北美区CFO

CFO不仅应关注信息的整合问题，更应了解各个指标所意味的结果。更进一步说，还应了解每周、每日、每小时和实时应提供的信息。从本质而言，这事关积极的数据治理——正式地管理重要数据并建立数据准确性的可信度。

关注企业风险管理的CFO人数几乎是2005年时的两倍。这并非是最近才表现出来的现象。早在我们2008年的调研中，CFO就已认识到风险管理存在严重缺陷。[2] 在收入超过50亿美元的企业中，2/3以上的企业在前三年都经历了重大风险事件。其中有42%的企业承认，它们并未做好准备。

我们认为，风险管理重要性的跃升进一步证明了CFO的权限正在扩大。财务领导人已不再仅关注财务风险，而是已逐步参与到降低各种形式的企业风险（战略、运营、地缘政治、法律或环境风险）的活动中。无论何种形式的风险，最终都会对财务造成影响，这也正是CFO要参与风险管理的必要性所在。

显然，对于财务组织的要求正在快速攀升之中。然而，根据CFO们对于其财务组织进行的自我评估来看，在这些以企业为中心的领域中，效率仍有待提高（请参见图3-4）。随着需求的持续增长，现在的关键问题是：财务组织如何才能缩小期望与执行之间的差距？

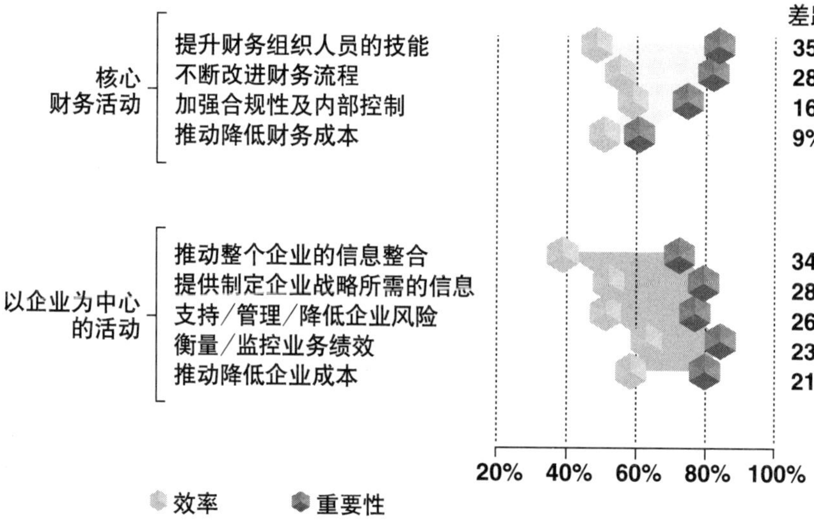

图3-4　效率落后于重要性

财务组织在各方面均存在着较大差距，尤其是在关键的企业级活动中。

回顾过去，迈向未来

John Percival 博士，宾夕法尼亚大学沃顿学院金融学兼职教授

如今，CFO 正被引往两个不同的方向。 他们一方面被要求展望未来，另一方面又被要求重新专注于提供关于过去的高质量信息。 企业正面临着种种有关发展和未来的难题。 而 CFO 则扮演着重要的角色，要与企业或业务单元中的其他高级经理并坐对话，并提供有关未来业务战略方向所急需的财务信息及观点。 同时，在后萨班斯（SOX）法案时代，更多地关注提供高质量、高透明度的财务信息以对历史状况进行衡量，这一点已变得至关重要。

展望未来，企业总感觉它们必须在增长和利润之间做出抉择。 财务组织应向企业指出，尽管业务趋向商品化，企业仍应同时兼顾增长和利润。 当企业基于场景计划这样的流程以确定未来的商机时，CFO 应帮助高级管理人员更好地了解其中能为企业带来最多财务利益的机遇。当然，其他公司也会看到并努力把握同样的机遇。 这时，CFO 应提供相应帮助，以指出那些具有明显竞争优势，且能让企业赚得高于资本成本的收益的机遇。

第二章
乘数效应：效率与洞察力

单独而言，财务效率及业务洞察力都能为企业带来显著优势。那么，如果将这二者结合起来，会发生什么情况呢？

通过分析 CFO 的回应以及客观的企业财务指标，我们发现了以下两种与卓越绩效有着紧密联系的主要能力：

- 财务效率——数据和流程在所有财务职能中的通用程度[3]
- 业务洞察力——为实现优化、进行规划和提供前瞻性见解专用的财务人才、技术和分析能力的成熟度[4]

这些结论为我们先前的研究提供了进一步的支持。2005 年和 2008 年的全球 CFO 调研显示，提高标准采用率和加强业务洞察力有助于改善财务组织的效率以及企业的整体绩效。

我们的职责在于提供正确的企业相关信息以及由洞察力驱动的分析结果，以使企业专注于制定基于风险的及时决策。

——Mark Buthman，金佰利公司 CFO

然而，在今年的调研中，对于这两种能力间相互作用的探讨是最为引人注目的领域之一。根据这两种能力对受访者进行划分，我们能够得出精通其中某一领域或同时精通这两个领域所产生的影响。

这种划分方式将财务组织分为以下四种类型：记分员、训练有素的操作员、能力有限的顾问和价值整合者。对这些类型进行比较之后，我们的财务分析结果体现出了最为鲜明的对比（请参见图3-5）。从我们所检测的各项财务指标（涵盖资产负债表、损益表及现金流量表）来看，价值整合者所在的企业脱颖而出。而EBITDA持续增长的差异尤为显著。然而，与任意单项指标所体现出来的绩效差异相比，更为重要的是价值整合者在所有指标上均有最佳表现。

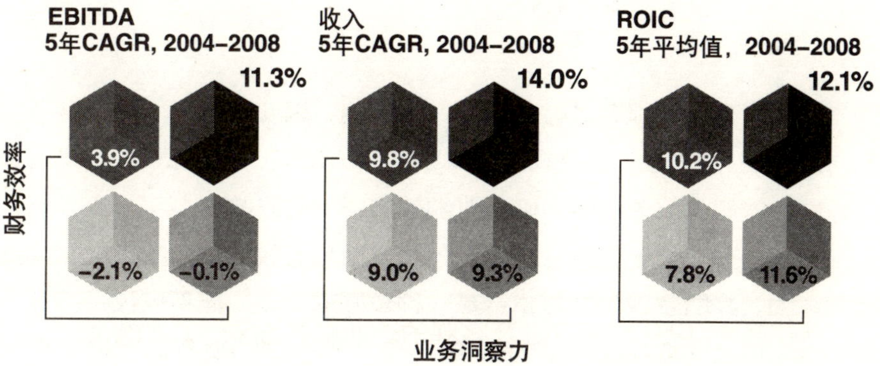

图3-5　价值整合者所在企业在所评估的各项财务指标上均有优异表现

他们拥有极高的EBITDA增长率，这是最常被受访者列为两大财务指标之一的指标。

▶四种财务角色

记分员

- 数据记录
- 财务总管权
- “事实”的多种版本

训练有素的操作员

- 专注于财务操作
- 信息提供
- 绩效说明

能力有限的顾问

- 专注于分析
- 非最佳执行
- 零散数据

价值整合者

- 绩效优化
- 预测性洞察力
- 企业风险管理
- 业务决策制定

由于许多因素都会对财务结果产生影响，因此我们不能认定财务实践与企业整体绩效之间存在着因果关系。 然而，我们的研究结论显示，财务效率与业务洞察力确实对绩效有一定的影响力。

由于价值整合者在数据样本的各个方面均有较为均衡的表现，因此我们认为，其绩效表明价值整合是一种较好的实践，而不仅仅是行业、地理位置或公司规模所带来的影响。 价值整合者的财务运营情况反映出一种普遍的企业理念——应鼓励进行跨部门整合，以制定明智的决策来取得更加优异的整体绩效。

价值整合者善于驾驭不确定因素

除了为取得卓越的财务绩效做出贡献之外，价值整合者亦能帮助企业更好地驾驭不确定因素。 有75%的价值整合者称，其企业能针对外部因素进行预测并做出良好的响应；而仅有62%的能力有限的顾问和56%的训练有素的操作员有这份自信。 事实上，价值整合者在财务议程的九个方面都更具成效，这不仅体现在核心财务领域中，更体现在企业级的战略活动上（请参见图3－6）。

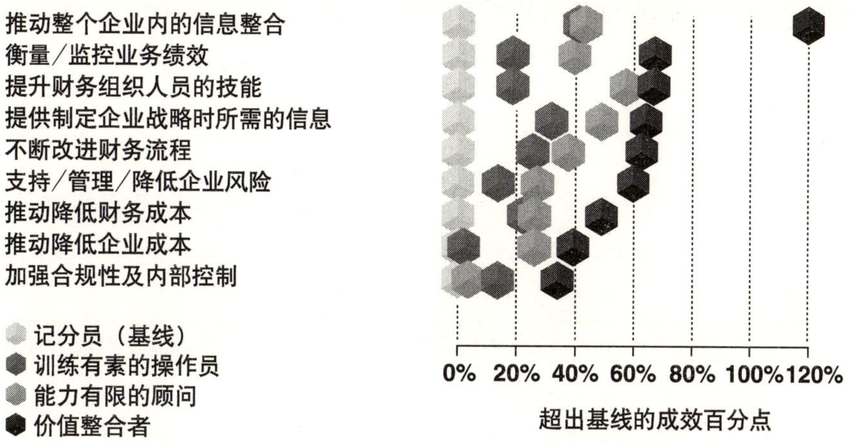

图 3-6　价值整合者在财务工作的各项事务中均有突出表现

他们在信息整合和风险管理方面遥遥领先。

推动信息整合是使价值整合者能脱颖而出的主要因素，可能也是其在其他领域卓有成效的主要原因之一。 为满足日益增长的企业级风险管理、端到端业务优化等需求，价值整合者们正在整合各种信息，并利用自己的分析能力从中提取见解。

价值整合者在风险管理方面亦遥遥领先。 有八成价值整合者称，在帮助企业制定决策时，他们会非常关注或极为关注风险。

> 由于我们已奠定了良好的基础，因此能够进行有效的预测和响应。财务组织已深深扎根于企业之中，且具有广泛的职能范围，这使其能对端到端流程进行改进，并能实现流程的高度完整性和严格控制。
>
> ——Iain Macdonald，BP 公司集团副 CFO

只有六成的能力有限的顾问及训练有素的操作员会给予风险同等的关注。 价值整合者在决策制定过程中更依赖于外部信息（如，经济指标和竞争情报），而这并非巧合。 因为他们知道，在这个关联愈加紧密的世界中，再也不宜用狭隘的眼光来看待风险。

此外，价值整合者在不断改进流程方面也有明显的领先优势。 价值整合者正在努力推动各种流程（如，销售订单到现金流程）的标准化。由洞察力驱动的事实不断引导他们对流程成果进行优化。以我们所列举的从销售订单到现金流程为例，优化成果就意味着改善现金管理和预测能力。

财务组织必须强化其顾问职能，并带来更多的价值。数据的控制与准确性当然非常重要，但我们需要少一些数据处理，多一些分析与见解。

——Phil Coffey，澳大利亚西太平洋银行 CFO

其他组仅在人才培养这一领域中与价值整合者表现相近。在培养提供业务见解所需的技能方面，能力有限的顾问投入了与价值整合者相当的努力。

凭借在所有工作事项中的突出成效，价值整合者在企业中赢得了极佳的信誉。他们的建议已更具分量，他们的贡献也更具战略意义，他们的影响力亦已开始显现。

组合推动变化

通过在所有业务单元和地区推行一致的财务流程和数据解读，并在整个企业中实行通用的财务平台，财务组织的效率必将提升。但是，如果财务组织仅限于提供财务信息而非业务见解，那么其影响力将会减弱。

同样，依靠精深的业务分析能力以及能解读和使用跨部门信息的人才，财务组织可以帮助评估并提高企业绩效。但是，如因采用不一致的底层数据获取或定义方法而影响了这些数据的可靠性，那么财务组织的见解就无法获得信任。而在调查和协调上所耗费的时间将导致可用来进行结果分析和采取行动的时间有所减少。

第三章

洞察力提升价值

企业对于业务洞察力的需求快速上涨，早已超出了财务组织的执行能力。我们需要采取什么措施，以推动财务组织从提供财务信息向提出业务建议转变？

如果有领导人曾质疑业务洞察力及其所需财务和运营整合数据的必要性，那么“新规则”早已将这些质疑一扫而光。面对日益加剧的复杂性、不确定性和多变性，以及某些地区持续低迷的增长态势，企业和政府需要更出色的数据分析、基于场景的计划和预测能力。

业务分析是最关键的财务措施之一。我们需要合适的人员和工具，并对业务进行密切关注。

——Mike Newman，Office Depot 公司 CFO

首席高管们都备感压力。八成的 CEO 认为，他们的公司正受到由外部因素驱动的变革所带来的冲击，而其中的许多公司正在努力追赶变革的步伐。[5] 首席供应链官将端到端供应链可视化和风险管理视为其正面临的两大首要业务挑战。[6] 超过 80% 的 CIO 将商业情报及其分析视为提高公司竞争力的首要措施。[7] 纵观各个方面，企业都需要更广泛、更深入和更敏捷的洞察力。 现在，这些从未如此迫切的需求都落在了财务组织的肩上（请参见图 3 –7）。

关键业务问题

•发生了什么？ •有多少，多久一次？	•问题究竟在哪里？ •为何会发生这种情况？ •需要采取什么行动？	•接下来将发生什么？ •如果事态持续，将会出现什么情况？ •存在怎样的风险和机遇？
历史状况	**当前状况**	**未来状况**
•资产负债表、损益表及现金流量表 •收入与成本的差异分析	•客户、产品及市场盈利能力 •支出优化 •营运资本分析 •市场、客户及渠道定价 •销售和供应链成效	•现金预测 •基于场景的计划与预测 •战略投资决策支持 •基于波动和风险的预测和行为建模

图 3 –7　财务组织必须提供各种回顾性和前瞻性见解

正如这些示例所示，业务洞察力应帮助领导人基于过往的绩效进行优化，并在获得相应信息的情况下制定各种事关未来的决策。

与此同时，可用的数据比以往任何时候都多。 其来源较从前更为广泛，其中包括遍布各地的合作伙伴网络、价值链中越来越多的智能设备以及日益普及的流程自动化。

其中的多数数据都与财务有关，并最终会以合并或详细分列的形式集中到财务组织中。 这为财务职能部门带来了巨大的机遇。 凭借包括流程、技术和人才的适当分析能力，财务组织能够将这笔财务和运营信息财富转化为业务洞察力。 精密的分析可以帮助财务组织揭开看似无关的信息之间的关联，并寻找到手动检测难以发现的模式。 在进行如此充分的准备后，财务组织能为企业创造出可观的价值。

从许多方面来讲，财务组织能否担任战略顾问取决于其是否具有非凡的业务洞察力。 正如某位菲律宾 CFO 所说：“我们的职责并不仅仅在于快速地给出各种数字，而是要把其放在一个更广泛的背景中进行分析，以适合当前决策的要求。”

业务洞察力方面的差距

尽管财务组织必须在企业中承担起更多的职责，但是其成效处于滞后状态（请参见图 3－8）。“我们已做了我们该做的，并领先业务半步，”一位美国 CFO 说道，“但是按照现在的变化速度，仅仅领先半步是不够的。”

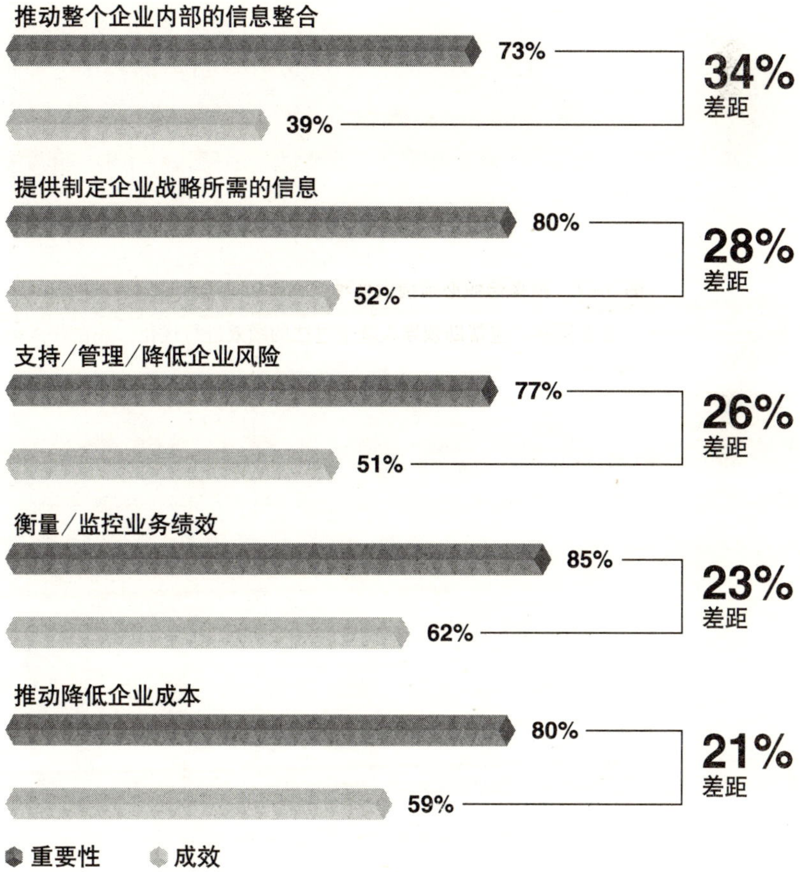

图 3－8　在需要广泛洞察力的领域中，成效不佳

纵观全局，财务组织在企业级活动中所占据的重要性级别远高于其在这些领域中所取得的成效。

从监控业务绩效方面来看，CFO 认为其组织在提供高阶指标方面表现得非常出色，但却缺乏深入分析的能力。此外，他们也认为有必要施行更具前瞻性的业务绩效管理。“我们需要提供预警系统，以提高业务控制级别。”一位瑞典 CFO 解释道。

对于跨国公司而言，法规的变化和政局的变动随时都会发生，这大大影响了战略的执行。因此，规划应更多地以各种场景为基础，并能进行快速调整。

——Markus Kistler，ABB 北亚及中国区 CFO

尽管在受访时，CFO 将提供制定企业战略所需的信息列为首要事项，但是只有一半的受访者认为其财务组织在这一领域内取得了成效。许多 CFO 都认为其组织更善于提供“回顾性”信息，而非“前瞻性”信息。

正如某位日本 CFO 所言：“我们的财务组织能基于现实说话，而不习惯于预测未来。”而另一位来自物流行业的财务领导人则这样诠释这一挑战：“财务组织需要将‘我们可以采取什么运营措施’的问题转变为‘我们应当怎样做’……这是一个截然不同的问题。例如，我们善于推动运营绩效，但却不了解需求弹性及客户的‘付款意愿’。”这就要求财务组织更好地了解来自供应链、销售、营销以及其他领域的跨职能运营指标间的相互作用，并将销售及运营规划纳入财务预测的范围之内。

尽管有 3/4 的 CFO 认为风险管理非常或极为重要，然而只有一半的 CFO 认为其组织能够有效地开展风险管理。正如一位美国 CFO 所述：“我们需要更好地了解和管理运营风险。我们的董事会正在询问有关我们的风险管理流程的问题，评级机构也正在关注这一问题。”

在财务组织所面临的所有成效差距中，推动信息整合领域的差距最为显著。整合信息对业务洞察力的各个方面均有实际的推动作用，其重要性不容置疑。但是，与此同时，CFO 的回应也显示了实现这一目标的难度之大。

更快地培养业务洞察力

在对财务组织的实践进行检测的过程中，我们发现了对业务洞察力的促成最具影响力的三大因素：非财务数据标准、关键指标的自动产生以及业务分析技能。

非财务数据标准

具有较强业务洞察力的财务组织发现，在整个企业中使用统一的语言有助于制定更好的跨职能决策（请参见图 3 –9）。 例如，各业务单元必须就客户、产品和渠道方面的定义达成一致意见。

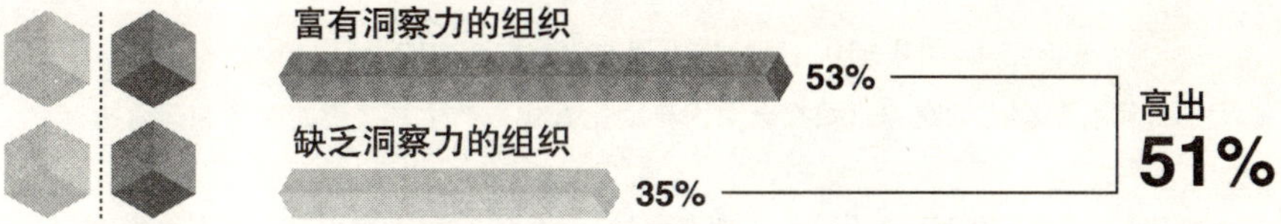

图 3 –9　业务洞察力依赖于通用的运营数据定义

大部分富有洞察力的财务组织都在整个企业内对非财务数据进行了统一定义。

一位加拿大的财务领导人分享了缺乏此类标准所造成的后果：“我们在管理客户机会方面做得不太理想。 我们没有标准的流程，销售人员对于数据的解释各不相同。”

为了培养可靠的洞察力，需要在所有业务单元中统一定义并获取财务及非财务源数据。 用某位医疗保健业 CFO 的话来说就是：“如果您不相信这些数据，又怎么能相信其分析结果呢？”

关键指标的自动产生

业务洞察力较强的财务组织会更为频繁地以自动方式来产生关键的财务和运营指标，这些指标是推动业务绩效的关键所在（请参见图 3 –10）。 例如，不以手动方式来合并整个企业的各种客户需求信息，而是根据供应链系统中的数据自动进行预测。 这种自动化方式能以更快的速度向决策制定者提供关键信息，从而为分析、调查和行动留出更多时间。 此外，这还能通过对数据和计算系统地应用企业级规则来提升标准化和一致化，从而保证只有唯一的“事实”。

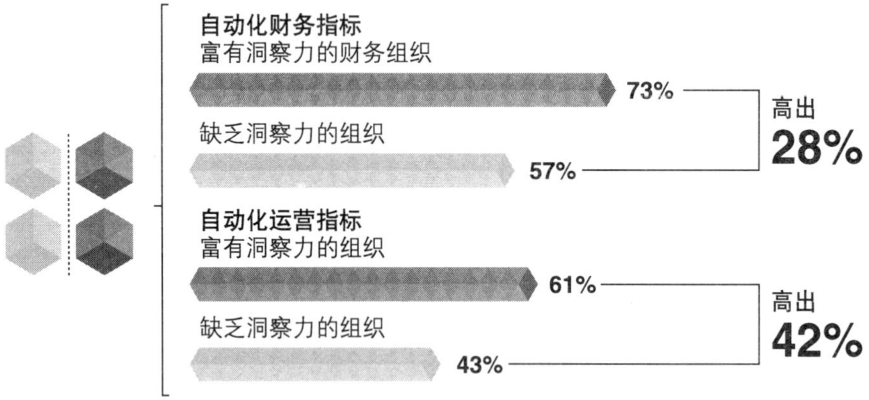

图 3－10 自动化可加速业务洞察力的形成

大部分富有洞察力的财务组织都会采用自动化方式来产生其关键的财务和运营指标。

然而，即便推行自动化，也无法为缺陷流程遮瑕。 “我们有计划软件，”一位瑞典 CFO 解释道，“但其使用状况并不理想。 我们还没有通用的计划流程。”为了充分利用更大规模的自动化以及更为精细的分析技术，财务组织还需要就各种决策支持流程达成一致意见，例如：信息源、数据定义、流程、仪表盘提醒以及特定和预定义的报告和分析。

同样的，对于业务的了解不足也无法依靠自动化来进行弥补。 财务组织必须在整个企业中定义价值与风险的来源和促成因素，并与职能和业务单元合作定义隐藏在核心指标背后的因果关系。 根据这些定义，企业内部的利益相关者就能确定应在何时向何人提供何种信息。财务组织不能只对内部指标进行评估，还应在微观和宏观层面上对外部市场及监管措施有足够的了解，进而评估其对核心运营和财务指标所造成的影响。

业务分析技能

专注培养业务洞察力通常需要财务组织大幅调整其技能结构。 某位比利时 CFO 指出：“我们员工的技能已不再符合新工作的需要，该新工作涉及更多的分析、风险管理及控制活动。”财务组织不仅需要具备业务和分析知识的员工对各种结果进行解释并提供相关建议，还需要拥有良好社交技能的员工以令人信服的方式来进行提议并有效地影响业务决策。

此外，培养这些难能可贵的技能需要更高的成本投入。在我们的受访者中，有 54% 以上富有业务洞察力的财务组织表示，在对高价值技能的需求及其成本之间取得平衡是建设财务团队的一个关键因素。

在整个企业内建立良好的关系

John Percival 博士，宾夕法尼亚大学沃顿学院金融学兼职教授

今天的 CFO 不需要成为通才，但要具备战略性眼光。在战略讨论过程中，CFO 所具有的最大价值就是提供财务观点。CFO 需要在战略的制定过程中发挥关键作用，然而更重要的是应在战略的执行过程中成为值得信赖的顾问。在讨论战略制定和执行可能带来的影响时，CFO 应以非财务同事能够理解的方式来进行财务分析，并在有关多种因素影响财务结果的讨论中，能够采用对讨论产生积极作用的方式阐述结果。

财务分析应能带动与关键成功和风险因素相关的建设性讨论。CFO 应清楚了解所提出的战略是否具有财务意义，并就自己的观点与同事一起进行有益的探讨。说“不”不是 CFO 的工作。

CFO 和业务单元领导人的当务之急是建立一种关系，以让 CFO 能就领导人的战略和愿景是否具有财务意义提出建设性的问题。为了实现这一点，业务单元领导人必须将 CFO 视为能提出可贵财务观点且值得信赖的顾问。而当 CFO 能以具有启发式和建设性（而非愚钝不清且具威胁性）的方式进行分析时，建立这种关系的可能性就会更高。分析应尽可能简单，且应重点关注能决定战略成败的关键因素。

Malt – O – Meal：通过符合战略的指标来提高绩效

总部设于明尼阿波利斯市的 Malt – O – Meal 公司成立于 1919 年，该公司是美国发展速度最快的谷类产品公司之一。为了追求持续的发展，Malt O Mcal 于 2007 年决定开始进行变革，他们通过全面的绩效管理（BPM）方案使员工专注于实现各种共同的核心目标。

这项变革首先在该公司的高层中开始，并得到了 CEO 及其团队的大力支持，该团队还设计了一个与公司战略相符的记分卡。Malt – O – Meal 将其高层指定的 BPM 措施在整个组织内进行逐层推广，并将其成效记入各个团队的特定记分卡中。为了实现跨职能目的，该公司还建立了多个“共享记分卡”，这些记分卡涉及各种团队且专注于各种共赢成果。

这些指标是使用该组织各个职能部门所提供的运营数据计算出来的。现在，Malt – O – Meal 可通过中央系统为 100 多个团队和个人生成自动记分卡；该公司还建立了称为 BPM 信息“一站式服务点”的系统。

由于实现了从董事会到车间的完全调整，因此 Malt – O – Meal 能以更高的精确性和更快的速度来管理其绩效，其员工也能了解绩效期望值。管理者现能获得及时且可靠的信息，以制定更为明智的决策。例如，制造车间拥有产量和设备效率指标及警报，并能在需要时采取正确的措施。该公司利用这些数据进行计划、预测并确定预算，这样就能将资源分配给与公司目标一致的项目。

对 Malt – O – Meal 而言，接下来要做的还有：加快反馈循环的速度、将记分卡下推至员工级别并加大系统间的整合力度。该公司还在与其顶级客户和供应商合作，以构建联合记分卡。

Bradesco：使用整合财务管理推动业务洞察力

Banco Bradesco 是巴西最大的私有银行之一，总资产达 2 535 亿美元。该公司为巴西境内外的所有市场提供各种银行、金融产品及服务。由于业务合并和经济紧张局势的蔓延带来了全新的挑战，因此Bradesco意识到了提高财务管理效率（包括根据风险进行调整的企业绩效视图）的重要性。

于2003年启动的Bradesco财务转型项目从成功实施SAP开始，其中涉及应付账款和资产会计。2005年，一个全新的运营模型优化了组织结构、实现了会计流程标准化并减少了80%的科目以简化会计科目表，从而提高了财务效率。随着其他五个SAP模块（包括总账）的实施，Bradesco现能对其90%的费用进行整合管理。

在始于2007年的第二阶段中，Bradesco专注于实现业务洞察力，其中包括成本会计、计划、预算、预测、资金转移定价以及风险度量与控制。该公司设计并实施了一个整合式企业绩效模型，其将多维盈利能力视图、根据风险调整的绩效报告、整合预算以及基于驱动因素的预测和计划能力合并在一起。因此，Bradesco改善了信贷运营盈利能力分析的准确性，提高了其各项业务之间的合作效率，并大大缩短了计划周期。

这个模型还包括一个管理框架，该框架致力于在整个企业内实施整合管理方案，从而进行跨业务的报告以对企业级绩效进行评估。这就不仅要求对12个公司结构中的角色进行定义或重新定义，还要求明确所有部门的责任。

需要考虑的难题

您的关键预测值（如客户需求和单位成本）的准确性如何？相对于在讨论分析的含义以及采取行动上所花的时间，您在讨论分析的有效性方面又花费了多少时间？

41%以上的CFO表示他们缺少足够的运营和财务数据标准，而45%的CFO是以手动方式来生成这些指标的，因此得出及时且可靠的业务见解颇具挑战性。

对于贵公司正在关注的是能够真正推动业务绩效的正确业务指标这一点，您有多大把握?

88% 的 CFO 表示其公司在选择这些关键绩效指标时需要依赖财务组织的建议。

贵公司是否具备足够的分析技能? 这种才能从何而来? 哪些决策支持流程应实现集中化，哪些又应在各个业务单元中实行?

目前，在我们的受访者中，拥有企业级决策支持卓越中心的还不到 1/3。 当财务组织试图确定决策支持的最佳交付模型时，应该考虑哪些流程是整个公司的通用流程，而哪些又是特定地理区域或业务单元所特有的。 例如，在计划流程中，基于规则的重复性流程可以实现标准化并进行合并。 而局部特有的细微差别则应在业务单元中体现。

第四章

效率是基础

在直觉上，财务领导人相信标准能够提高效率。然而，却鲜有人在整个企业内实施这些标准。财务组织如何才能更快地提高效率?

在我们的 2008 年 CFO 调研中，我们定义了“整合式财务组织”（IFO）这一术语，[8] 用来指代那些已在整个企业内采用通用流程和数据定义的组织。该项研究显示，设立了 IFO 的公司的财务绩效要优于那些未设立 IFO 的公司。我们 2010 年的调研也得出了类似的结论；在设立了 IFO 的企业中，五年间的 EBITDA 的年均 CAGR 值为 9.6%，是未设立 IFO 的企业的十多倍。

尽管拥有种种优势，大多数组织仍未在所有业务单元和地理区域中采用标准，而且只有 20% 的组织可以被称为 IFO。更有甚者，仍有 39% 的财务组织是以手动方式来生成其重要财务指标的。

根据以上这些结论，如果财务组织继续将半数时间花在交易处理上（请参见图 3－11），也不足为奇。自 2003 年起，CFO 就一直表示他们希望更多地关注分析和决策支持。但是到目前为止，他们仍然无能为力。

财务部门已经采取了各种措施以促进增长，尤其是共享服务中心的建立更是值得一提。这使得我们能以更快的速度进行响应、能在数日内而非数周内结清账目、能应对快速的流程变化并能降低成本。

——俞宁，中英人寿财务副总裁

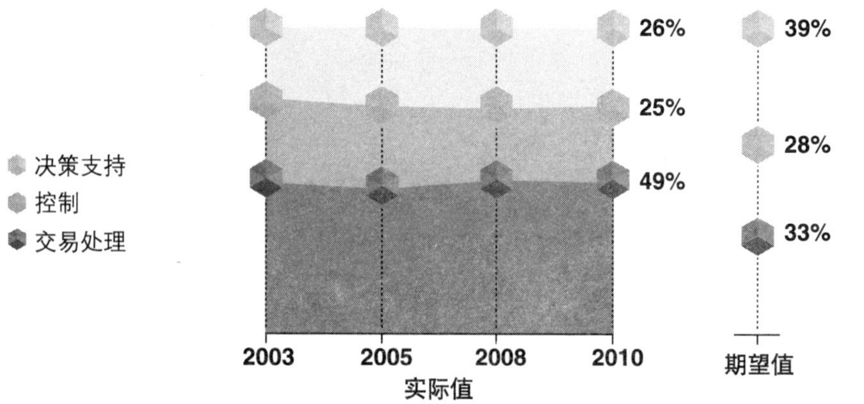

图 3－11　交易处理仍然是财务组织的主要工作内容

在我们过去的四次连续调研中，CFO 都表现出了改变这种工作内容组合的期望，但目前还未付诸行动。

加速提高财务效率

这些结论反映了建立并实行通用流程和数据定义的重要性和困难程度。 但是，我们的研究也揭示了各组织正在进行的加快标准采用速度的三类实践：流程所有权、通用的分类账和标准的会计交易处理系统以及非传统的交付模型。

流程所有者负责推动标准的采用

为特定流程制定公司级负责制（如，采购到付款、销售订单到现金、资金、税务以及总账）这种做法在高效率财务组织中的普遍性要比普通财务组织高出两倍多（请参见图 3－12）。 在我们的受访者中，八成拥有流程所有者的组织都能实施企业级标准流程，而在缺少流程所有者的情况下采取这种措施的组织只有三成。同样，七成拥有流程所有者的组织都已制定了标准数据定义，而在缺少流程所有者的情况下采用通用财务语言的组织只有三成。至少，流程所有权有助于推进全局整合性和一致性，因而能够简化和标准化各种活动、消除重复性并减少错误。

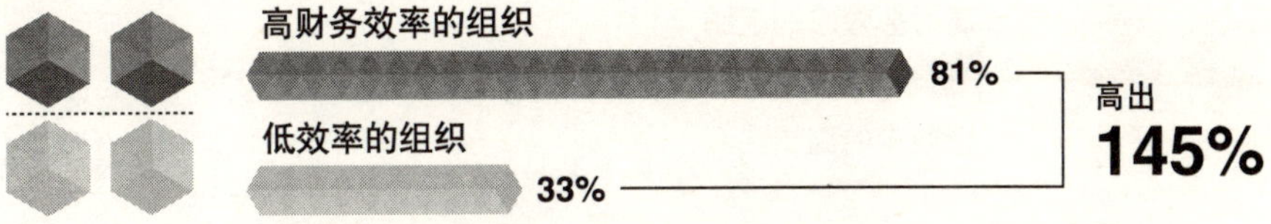

图 3－12　流程所有权在高效率财务组织中的普遍性要比普通财务组织高出两倍多

这种公司级的责任制有助于一致性的实现和效率的提高。

不应小觑流程所有权的力量。这是连续三次全球 CFO 调研所发出的一致讯息。2008 年，我们发现 IFO（其标准实施范围最为广泛）所设立的流程所有者数量是其同等组织的 3.5 倍以上。即使在 2005 年，流程所有权也为风险、绩效以及发展洞察力的实现带来了积极影响。

在实施方面，“指派”流程所有者看上去似乎直截了当，但要他们真正发挥作用就困难多了。流程所有者必须找到能在不牺牲业务单元的决策制定和运营管理能力的情况下进行端到端跨职能整合的解决方案。同样重要的是，这些流程所有者需要具备足够的组织影响力，以在需要时进行改革。

未来三年内，变革将会提高决策支持的重要性。因此，我们必须找到更好的实施交易支持和控制活动的方法，同时还要改进流程并提高自动化程度。

——Bob Driessnack，Intermec 公司 CFO

通用会计应用系统促使业务单元适应此种模式

由于在高效率财务组织中的采用率已达 90%，实施通用分类账和标准会计交易处理系统已经成为加速效率提高的最常用的手段（请参见图 3 – 13）。这样做往往又能实现会计科目表的标准化。然而更重要的是，向通用系统迁移能给全球财务组织的流程和数据标准提供统一的机会。我们的结论表明，具有通用系统的财务组织实施标准流程、数据定义和会计科目表的次数要比同等组织高出 2 到 4 倍。

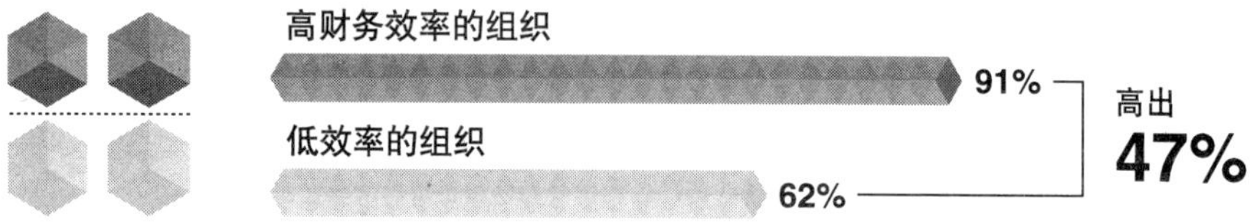

图 3 – 13　高效的财务组织喜欢使用通用平台

这能帮助他们改善整个企业的流程和数据标准化。

非传统的交付模型将组织推向标准化

与对应的财务组织相比，高效财务组织使用非传统的交付模型（如共享服务中心或外包）处理财务交易的频率要高出 69%（请参见图 3 – 14）。这反过来又能帮助公司推动标准采纳。例如，在使用非传统的交付模型的组织中，流程的一致性程度是未采用这一模型的组织的两倍。

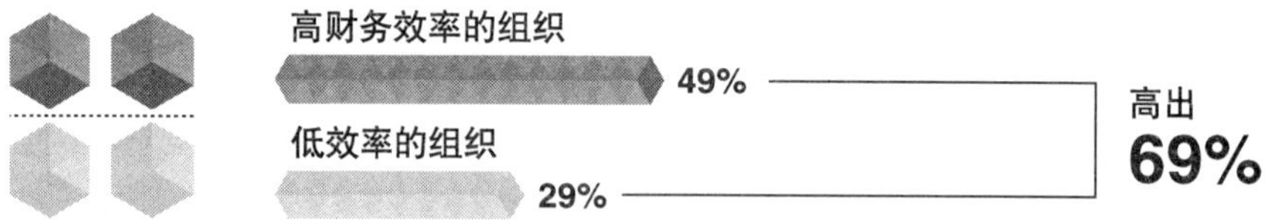

图 3 – 14　高效财务组织会更为频繁地使用非传统交付模型

这大大提高了他们推动流程一致性的能力。

每个组织都必须确定财务交付模型的配置，以使其能在针对该组织的特有情况下呈现出最佳的工作状态。在决定哪些职能应在内部通过卓越中心来提供，或哪些职能应在外部通过外包来提供时，各公司应该考虑每个备选方案所能提供的控制和灵活性级别，及其能够带来的业务成果，而不是仅仅考虑其降低成本的潜力。

一些公司在尝试实现特定财务职能标准化之前会将它们外包出去，从而更快地获得预期的投资收益率。这种“先外包，后确定”的方案有时可以打破妨碍全局优化的内部僵持状态，并能加快利益的实现。

联合利华欧洲：通往高效的快车道

2005 年，联合利华欧洲制定了一项战略决策，要精简消费品公司结构以促进增长，并提高市场竞争力。当时该组织遍及 24 个国家或地区的 750 名财务员工在三个独立领导团队的带领下使用着 18 个企业资源规划系统和数以百计的不同财务及会计流程，使得其面临着高重复性、高成本以及质量各异的问题。[9]

作为大型转型计划“一个联合利华”的一部分，该公司决定将财务及行政（F&A）职能外包给在成功管理复杂流程方面具有优异表现的供应商。该公司希望通过此举节约成本、提高质量并协调流程。为了达到这些目标，该公司在整个 F&A 职能范围内部署了基于创新科技的解决方案，从而实现了流程和系统的标准化，并统一了公司的大量重复环节。

因此，该公司不仅能更好地访问制定决策和实现持续改进所需的信息，还能更好地访问可根据不断变化的业务需求进行调整的灵活交付模型。对于整个“一个联合利华”计划每年所节省的 7 亿欧元，这些改进都做出了直接贡献。

通过其外包的 F&A 职能，联合利华欧洲每年在其应付账款、差旅费用报告、固定资产、总账和应付到现金流程下进行管理的交易超过 350 万笔。

通过实行外包，联合利华欧洲得以加快财务及行政管理转型的步伐，在不到 4 年的时间内完成以往其他公司需要 10 至 15 年时间才能完成的工作。此外，外包还使联合利华欧洲的财务组织能够从交易流程中得以释放，并将其专业知识集中用于该公司的核心业务。

LG 电子：对全球领导人进行全球性整合

LG 电子公司（LGE）是电子消费产品、家用电器和移动通信方面的全球技术领先者，其资产达 450 亿美元。 十年前，该公司意识到其应当成为一家全球性整合企业。 为了更好地利用其企业规模，LGE 开始在整个公司内启动各种大型转型计划，其中包括财务组织的转型。

其“财务 1.0”计划的主要目标是提供一个业务绩效的全球视图。 为了达到这一目标，LGE 实施了全球会计科目表，并在整个公司内实现了财务流程标准化。 “财务 1.0”还包括一个通用企业资源规划系统，从而使 LGE 从使用 80 多个会计系统转变为使用单个全球系统。 同时，LGE 还建立了 7 个集中式共享服务中心并使其与地区总部保持一致，以便能够更好地履行先前在 80 多个位置中执行的资金、税务和关账职能。

通过进行更大程度的全球性整合，财务组织可以将账目的合并和关账速度提高 66%。 对于过去需要 6 周准备时间的全球盈利能力分析来说，现在只需 5 天时间就能完成，效率提高了 83%。 系统维护成本也降低了 36%。

尽管财务效率的提高带来了重大收益，LGE 财务组织仍然希望通过改善其业务洞察力来创造更多的价值。 刚刚启动的“财务 2.0”计划将会让财务组织更接近实际业务，从而实现更具前瞻性的风险管理和决策支持。 分散式“业务财务”单元将会提供分析和见解，而全球性共享服务中心将会整合交易处理流程以提高准确性、数据完整性和运行速度。

需要考虑的难题

财务组织如何做才能打破交易处理的壁垒?

从我们 2003 年的全球 CFO 调研开始，财务组织就一直处于困境之中，他们一直要在交易处理上花去其一半的时间。 为了阻止这一趋势蔓延，一位美国的 CFO 不停地问他的交易团队：“我们如何才能在不需要人员参与的情况下进行交易处理？”

CFO 如何才能构建成功的商业模式以提高财务组织的效率?

相对于收入，财务组织的成本通常只占 1% 到 3%。 真正的优势来自于通过嵌入式分析和唯一财务事实所获得的灵活性、运营速度以及可靠的洞察力。

财务组织如何才能在拥有多项不同业务的企业内实现流程和数据的标准化?

正如某位来自消费品行业的 CFO 所言：“我们不想摧毁那些使我们获得成功的因素，不想破坏企业结构。 我们如何才能在不放弃企业灵活性的情况下从标准中获得价值？”

第五章

成为价值整合者

来自 1 900 多名 CFO 的公正评估及其企业所取得的财务成果证明了价值整合者的“价值”所在。如果您还不是价值整合者，那么如何才能做到这一点呢？如果您已经是价值整合者，下一步又该做什么呢？

CEO 及董事会对财务组织的要求越来越高。在核心财务活动中表现优异已不能被视为“足够好”；财务组织还需要提供战略和运营事务方面的建议。为了帮助企业更快地制定更为明智的决策，财务组织必须在两方面都做到最好。

这就是“整合者”能成为“价值整合者”最关键的一个原因——他们的核心作用是整合效率与洞察力。“整合者”一词也表明了他们在企业内起着整合信息和流程的重要作用，这是在我们过去的三次全球 CFO 调研中一再被提及的与绩效卓越的组织相关的一点。

然而，价值整合者不仅仅扮演着“信息交换中心”的角色。他们还肩负着提出重要企业级见解的责任——而在孤立的职能部门中几乎不可能得出这些见解。按照某位墨西哥 CFO 所言，财务组织的任务应该是帮助公司“从全局而非单方面进行思考”。

与任何其他群体相比，价值整合者更有能力提出企业级建议。他们的任务是在端到端环境下对业务机遇和风险进行评估，并针对各单元、市场和业务职能部门间的困难交易提出建议。一位英国 CFO 对机遇做出了这样的解释："根据我们手头的数据以及我们对业务的深入了解，财务组织可以成为公司的决策制定中心。"

那么，公共部门和私有部门的财务组织如何才能进入（或深入）价值整合者领域？我们的全球受访者所进行的自我评估在 CFO 应考虑的未来举措方面提供了宝贵的观点。

在端到端业务模型中运用分析方法的能力能让企业脱颖而出。而提高业务端之间的透明度则是关键所在。

——Dennis Hickey，高露洁棕榄公司财务副总裁

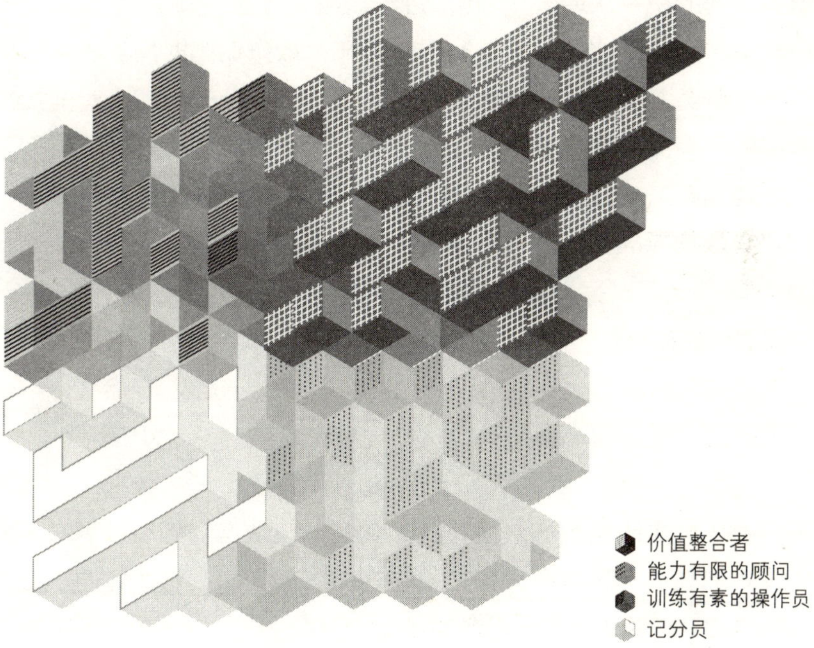

记分员：从何做起？

记分员主要致力于调整和合并财务数据、报告结果及确保合规性。

然而，由于标准和自动化实施程度不够，他们还要处理速度和一致性的问题。 此外，他们还缺乏提供业务见解所需的要素。

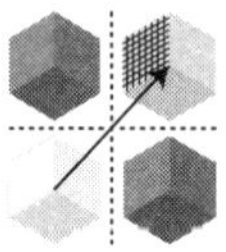

要成为价值整合者，记分员可采取以下三条可能途径：从提高财务效率、提高业务洞察力开始或二者同时进行。

对财务组织实行一次性转型可让其更快地实现双重目标。 但是，这种巨变具有更高的风险，并需要相当的高管层支持以及变革管理项目，以避免企业因不堪重负而被压垮。

解决洞察力问题

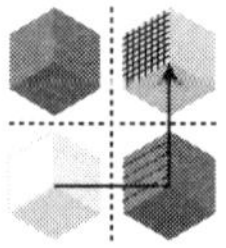

最初寻求业务洞察力能够带来一些直接利益，而且从财务角度来看更能确认这种做法的正确性。 但是这种方案也存在一些缺点。 没有财务流程和数据标准，组织就会缺少对财务事实的统一认识。 因此，进行调整可能会导致业务洞察力处于滞后状态，从而缩短了可用于制定决策和采取行动的时间。

为了避免产生其中的某些后果，选择这条路径的组织应对能提高财务效率的决策支持采取同样的原则，即采用流程和数据标准、流程所有权以及通用财务平台。 他们还需要培养分析技能并使用恰当的分析技术、运营数据标准和决策支持流程。

解决效率问题

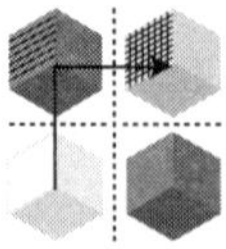

不论何时，解决财务效率问题都是一项重大挑战。 然而，从长远来看，首先解决这个问题能够减轻痛苦、减少浪费。 一位来自电信行业的 CFO 警告说：“在分析无效数据以及合并不同来源的数据方面花费大量时间已使得我们落后于对手两到三年。”拥有单一的财务数据企业级视图可以增强洞察业务的信心并提高见效速度。 在建立核心财务职能过程中，累积的经验和所用的方法可以推动这些相同的有利条件在决策支持中的顺利实施，并提高实施速度。

这条效率之路通常始于对财务组织所交付的活动和服务范围，及其所耗费的资源和成本有统一的基本理解。 这有助于确定用于刻画财务愿景的长中短期机遇及其优先级，还有助于确定获得支持以继续执行转型计划所需的可行性研究和实施规划。

能力有限的顾问：根据优先级构建标准

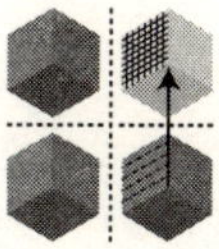

通过培养出色的分析能力，能力有限的顾问已开始转变为“价值整合者”。但是，由于信息不完整且不一致，并进行了过多的调整和手动干预，他们的决策支持流程受到各种限制。由于在四种财务组织类型中，能力有限的顾问的运营效率是最低的，因此财务组织在这一领域的弱点表现为：不注重效率的整体企业文化。[10]

能力有限的顾问需要标准来帮助他们提高效率。在实践过程中，如果未就源数据达成共识，那么提供及时可靠的企业级分析几乎是不可能的。但是，其最终目标并不是要为自己实现数据标准化；数据标准的重要性等同于其帮助阐释的信息及其所支持的业务决策的重要性。

财务组织不只是一个信息处理工厂。我们必须进行明智的花销、密切关注策略执行情况并向董事会提供能够战略性地推动部门长远发展的见解，从而为部门作出贡献。

——Koen de Snoo，荷兰住房、空间规划与环境部的财务与经济事务负责人

要做到这一点，需要先了解公司的关键业务驱动因素和绩效管理目标，然后再评估底层数据的可用性和通用性，这非常重要。了解这些业务需求不仅能让您正确地对报告速度和准确性进行取舍，还能在信息的管理方式方面提出指导，确保数据定义的正确性能够简化并加速业务规则自动化的实现、减少手动处理并加快结果的交付速度。

能力有限的顾问没有在一开始就试图建立起全套的标准，他们可以在针对特定领域培养业务洞察力的过程中逐步提高效率。例如，一项旨在改进生产线盈利能力分析的计划能够有助于实现流程和数据定义的

一致性，同时还能为相关流程和数据源指定所有者。 通过逐职能部门、逐流程地同步改善效率和洞察力，能力有限的顾问将逐步具备“价值整合者”的所有影响力。

训练有素的操作员：培养分析能力

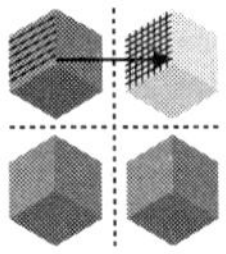

训练有素的操作员能以一种高度自动化的高效方式来执行其财务控制和报告活动。 因此，他们是值得信赖且及时的财务信息和建议提供者。 然而，他们并不具备所需的能力以进行跨职能分析，并帮助制定战略运营决策。

为了具备更出色的业务洞察力，训练有素的操作员应当集中精力强化自身的分析能力——技能、决策支持流程、源数据以及分析技术的全面补充。 在进行洞察力提升时，他们需要秉持与执行核心财务运营时相同的原则和严谨态度。

在为公司发掘更多价值的同时，训练有素的操作员必须牢记计划与绩效管理流程的整合特性。 他们有机会实现关键指标及平衡记分卡，并通过它们在整个企业内推广良性行为。 这些指标会成为战略、组合及运营规划循环之间的纽带。 设立正确的目标，并灵活迅速地缩小绩效差距有利于确保整个企业不断地按照自己制定的战略行动。

价值整合者：两手抓

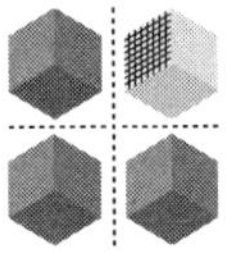

尽管价值整合者在财务效率和业务洞察力两方面都取得了重大进展，但仍需在这两方面不断提高。 他们的反应表明他们在通过技术使用进一步提高数据准确性、优化信息交付、开发更丰富的信息库以及提供更深入的见解方面具有浓厚兴趣。

价值整合者特别注重培养分析能力。 他们知道提高自身的业务洞察力也意味着能保持可贵的分析能力。 面对全新的挑战及越来越重大的责任，这些能力将会被激发并得以显现。

除了提高预测的准确性，价值整合者还在开发更为精密的分析方法，如复杂场景计划和预测模型。 随着其预测能力的提高，价值整合者应该考虑把这些预测能力运用到运营系统当中，从而提高企业前线的响应度。

您会如何响应?

全球经济危机将 CFO 推向了前沿和中心位置，允许（如果不是命令的话）他们在企业中承担起越来越广泛的职责。 但是，CFO 能不负众望吗？ 坦言之，他们承担得起辜负众望的责任吗？

对 CFO 来说，再没有比这更艰巨的使命了。 作为公司财务资源的主要管理者，CFO 最终要负责保护投资安全性并获得最高的资本投资收益率。 这些职责要求财务组织针对财务事宜进行严格控制、准确及时的报告并提供合理的建议。

但是，这些期望也要求财务团队能够通过纵观企业内外情况来提供相应的见解。 他们必须成为极具才华的影响者，具备复杂的分析和建模能力，以便能针对企业面临的最具战略性的决策提出基于事实的建议。

来自全世界的 1 900 多名 CFO 的回答非常明确地传达了一个信息：能够以最佳方式整合企业级价值的财务组织具有极为出色的财务效率和业务洞察力。 这种组合方式使企业能够制定更具智慧的决策，并有助于提高绩效。

我们希望能够帮助您武装您的财务组织，让您拥有一个美好的未来。 正如某位新西兰的 CFO 所说：“成为 CFO 真让人感到兴奋。”

让我们通过以下站点继续进行讨论：

ibm. com/cn/cfo

附录：我们如何进行研究的

过去十几年中，IBM 进行了初步的研究，以探索 CFO 及其财务组织所面临的热门战略问题。 我们 2005 年的全球 CFO 调研《敏锐的

CFO》着眼于对业务洞察力的需求，而 2008 年的调研《通过整合财务组织平衡风险和绩效》则诠释了有助于提高决策制定和风险管理效率的企业级流程和数据标准的重要性。

2010 年的全球 CFO 调研是目前为止规模最大的一次，来自 81 个国家或地区、32 个行业的 1 900 多名 CFO 和高级财务专员参与了这一调研（请参见图 3－15）。其中有 75% 以上的高级财务领导人接受了资深 IBM 工作人员的当面采访；经济学人集团（Economist Intelligence Unit）对其余人员进行了调查。

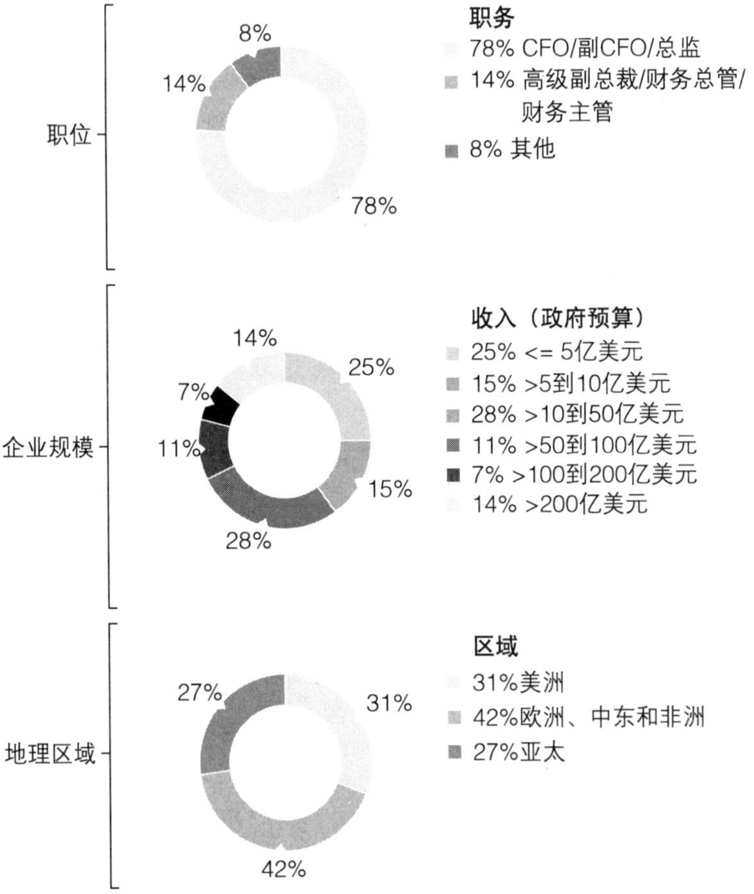

图 3－15　来自全球的不同规模的组织参与了此项调研

超过 75% 的受访者是其所在部门或企业的 CFO 或财务总监。

本年度调研的中心目标在于进一步探索 2005 年和 2008 年调研中提出的问题，并探寻领先财务组织的其他特征。尤其是，我们希望进一步了解 CFO 和财务组织如何才能帮助企业在全新的经济形式下制定更具智慧的决策。财务组织如何才能帮助企业进行预测并构建其环境？CFO 如何才能实现所需的最佳能力组合，以取得卓越的绩效？

作为调研的一部分，我们还对已公开财务信息的公司的财务绩效进行了评估。我们的结论是根据受访者最常用的以下三项财务指标得出的：扣除利息、税收、折旧和摊销前的盈利，收入，以及投资资本收益率。

致谢

我们要向来自世界各地的 1 917 名 CFO 和高级财务领导人表示感谢，感谢他们抽出时间与我们共享真知灼见。特别感谢允许我们引用其采访记录以及允许我们将其财务经验用于案例研究以凸显本报告中的关键主题的参与者。

特别感谢宾夕法尼亚大学沃顿学院的金融学兼职教授 John Percival 博士，他对于我们的 CFO 调研的不断参与和支持为我们提供了宝贵的意见和观点。

我们还要感谢为此项全球 CFO 调研做出贡献的 IBM 团队：

领导团队——William Fuessler（调研的发起人）、Spencer Lin 及 Carl Nordman。

项目团队——Carl Nordman（调研负责人）、Steven Ballou、Angie Casey、Rachna Handa、Rajeev Jain、Edwina Jon、Spencer Lin、Kathleen Martin、Arghya Mazumder、Ann Randall、Stephen Rogers 及 Raghuram Sudhakar。

同时感谢分布在世界各地的 600 多位 IBM 领导人（包括全球调研支持者、执行者和实践者），他们协调并参与了对 CFO 的访问、分享了他们的专业知识和经验，并帮助编写了这一报告。

参考文献和注释

1　出于可读性考虑，我们会在整篇报告中将这一群体称为“CFO”。

2　《通过整合财务组织平衡风险和绩效：2008 年全球 CFO 调研》，IBM 全球企业咨询服务部，2007 年 10 月。

3　用于定义财务效率轴的标准是由财务绩效和调查答复之间的统计相关性来确定的。其中包括：标准财务会计科目表、通用财务流程、通用财务数据定义和管理以及有关公司级信息标准的企业理念。如果企业级标准（针对财务会计科目表、流程和数据）以及推荐或强制公司级信息标准在整个组织中的采用率达到 50% 以上，那么该企业可被定义为高效企业。标准的实施程度上，高效财务组织与我们 2008 年定义的整合财务组织（IFO）相比略有差别：IFO 的采用率为 75%，而高效财务组织的采用率为 50%；IFO 还会强制执行公司级信息标准，而一些高效财务组织则允许业务单元自行决定是否实施推荐标准。

4　用于定义业务洞察力轴的标准是由财务绩效和调查答复之间的统计相关性来确定的。其中包括：对运营规划及预测分析能力的信心、财务组织的人员培养效率以及规划平台的通用程度。“出色业务洞察力”被定义为能够实现令人满意的运营规划和预测、较高的财务组织人员培养效率以及通用规划平台的有效部署。

5　《未来的企业：IBM 全球 CEO 调研》，IBM 全球企业咨询服务部，2008 年 5 月。

6　《智慧的未来供应链：全球首席供应链官调研》，IBM 全球企业咨询服务部，2009 年 1 月。

7　《CIO 的时代新声：全球 CIO 调研洞察》，IBM 全球企业咨询服务部，2009 年 9 月。

8　IFO 是根据以下企业理念来定义的：强制执行企业级标准，而且整个企业中的通用流程、标准数据定义和管理以及单一会计科目表的实施率应至少为 75%。

9　“*Unified Unilever Europe*”，FAO Today，2008 – 7/8.

10　运营效率比的定义为销售、日常和行政开支（SG&A）在收入中所占的比例（仅供参考）。

第四部分
CIO 的时代新声
IBM 全球 CIO 调研

此调查基于对全球超过 2 500 位首席信息官的访谈。

致尊敬的 CIO 同行

一封来自首席信息官的信

欢迎参与首次 IBM 全球首席信息官调查。 在这次开创性的调查中，我们与 78 个国家/地区的 2 500 多位 CIO 进行了面谈，他们来自 19 个行业中各种规模的组织。 通过这些访谈，在探索当今 CIO 如何帮助企业提高收益方面，我们的了解达到了前所未有的深度。

受访的 CIO 表示，很有必要平衡各种看似相互竞争的需求，而且这种必要性超过以往任何时候。 与其他高管人员一样，CIO 也认为重大变革迫在眉睫。 变革将涉及业务模式、预算和宏观经济因素，以及其他诸多环节。 同时，他们都为自己设定了很高的标准，力图尽展所长，应对近期挑战，并通过标准化和集中化来降低企业 IT 支出。 其中许多人都希望能充分利用数据，为制定决策提供支持。

下文将针对调查中收集的信息展开分析。 CIO 在制定战略和解决业务问题方面日趋活跃，主要体现在三个领域：落实真正的创新、提高 IT 的投资回报率以及扩大业务影响。

与世界各地这么多不同的 CIO 进行访谈的益处之一，就是有机会与各位 CIO 同仁分享他们的实际建议和成功故事。 我希望各位 CIO 同仁都能认识到，本调查不仅妙趣横生，而且可作为非常实用的工具，为 CIO 处理当前工作和制定未来长远规划提供清晰的思路。

我们鼓励 CIO 就在此调查中所萌生的想法与企业高管们进行探讨。 作为 CIO，我们有责任在业务和技术两方面发挥带头作用。 我们了解如何建立机制，使组织更具效率、创新和远见。 我们处在得天独厚的位置，有条件帮助组织在今后数年取得竞争优势。

感谢各位 CIO 同仁的积极配合，正是你们的大力支持，才让我们有机会奏响“CIO 的时代新声”。

Patrick Toole　IBM 公司副总裁兼首席信息官

导言

这份报告是 IBM 首席信息官（CIO）调查的第一版——IBM 商业价值研究院正在编写的首席级高管调查系列中的最新版本。为了更好地了解当今 CIO 的挑战和目标，我们与 2 598 位 CIO（目前已知最大规模的高管抽样调查群体）进行了面谈，访谈时间从 2009 年的 1 月持续到 4 月，他们代表来自 78 个国家/地区、19 个行业的各类规模的企业。[1]

我们在分析时采用了 2004 年到 2007 年同行业组织的税前利润（PBT）增长信息，将各组织分别归纳到以下三个增长等级之中：高增长、中度增长或低增长。对于无法获取此类信息的组织，我们以最接近于答案的整体相似度为基础，采用统计关联的方法为其分配等级。

为了简化此报告中的术语，我们主要将任职于 PBT 高增长组织的 CIO 称为“高增长 CIO”，任职于 PBT 低增长组织的 CIO 称为“低增长 CIO”。我们在分析结果中针对这几个类别为 CIO 提供了更加结构化的方法，以确定他们需要加强的领域以及如何实施。

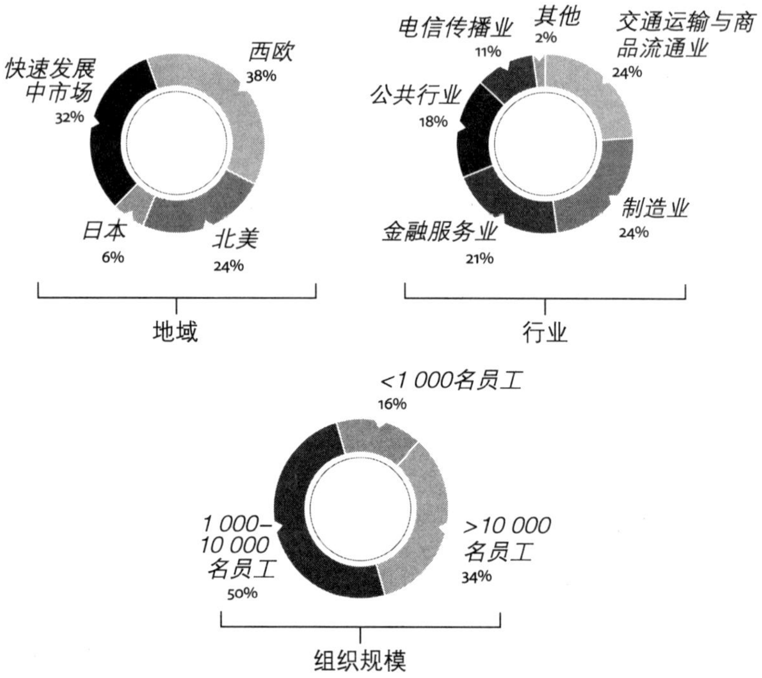

图 4－1　全球 2 500 多位 CIO 参与本调查

在 IBM 已进行的面对面访谈中，我们的多样化调查抽样群体是规模最大的首席级首访群体。

在当今瞬息万变的商业环境下，首席信息官（CIO）如何代表整个组织发挥最大的影响力？ 为了回答这个问题，我们听取了全球 2 500 多位 CIO 的见解。 通过长达一小时的面谈，再加上对这些信息的统计和财务分析，我们对 CIO 不断变化的需求有了更清晰的了解。 CIO 并不满足于成为优秀的 IT 专家或永久的开支节省专家，他们正在重新定义自身的角色。

CIO 正逐渐被认为是企业高管团队的全权代表，因此他们的心声正在以新的方式为人所获悉。 成功的 CIO 应更积极地参与战略制定、实现灵活性和变革，以及解决业务问题，而不仅仅是 IT 问题。

当今的 CIO 在刺激创新活动上所投入的时间比例达到了惊人的 55%。 这些活动包括执行创新计划、实施新技术和管理非技术业务问题。 其余 45% 的时间用于处理重要的传统 CIO 任务——管理持续的技术环境。这包括缩减 IT 成本、降低企业风险及利用自动化降低企业其他方面的成本。

CIO 普遍承认，某些最重要的目标看起来往往会相互冲突：如何才能在不影响现有服务的前提下引入新服务？如何才能在改善服务的同时缩减成本？如何在影响业务战略和提供一流 IT 支持之间达到平衡？

相辅相成但有时又相互冲突的角色

一位电子行业的 CIO 做过精妙的总结："在 IT 方面，我们不是魔术师，但确实像变戏法一样转换不同角色，应对各种情况。"在任何时候，CIO 都要从容应对各种突发情况，带领组织解决内部和外部的大量客户问题。毫无疑问，IT 职能象征着大多数企业的命脉。但 CIO 表示，他们总是在满足现有 IT 需求之后，又不得不将更多注意力投向新的技术理念。

经过数以千计的访谈后，我们发现，成功的 CIO 实际上需要扮演三对混合角色。每对角色看似冲突，实则相辅相成。为了体现各个角色的特点，我们创造了一些术语来描述其主要特征。在任何时候，CIO 都是：

- 富有远见的梦想家和能力全面的实干家
- 精明的价值创造者和无情的成本削减者
- 协作型的业务领导和激励型的 IT 经理

CIO 集三对角色于一身，可以实现以下目标：

◉落实真正的创新

对于创新，仅有规划是不够的，还需要一个坚实的基础。作为富有远见的梦想家，CIO 拥有敏锐的洞察力，可促进落实各种技术性工作，帮助企业从领先的技术方案中获益。梦想家的另一面是能力全面的实干家。作为实干家，CIO 可处理各种实际的业务问题。实干家可以提高当前 IT 解决方案的生产力，从而将省出的更多时间和预算用于创新。

◉提高 IT 的投资回报率

通过 IT 创造更大的业务价值至关重要，这意味着需要持续关注降低成本和提高效率。精明的价值创造者可不断发现新的方式，帮助客户和组织了解如何使用数据才能从中受益。另一方面，无情的成本削减者专注于管理预算和流程，以削减成本或避免不必要的成本支出。

◉扩大业务影响

要为组织作出最大的贡献，成为业务和技术两方面的全能专家至关重要。一方面，CIO 要在企业中扮演协作型业务领导的角色，与企业其他高管通力合作，推动实施新的业务方案和文化转变。另一方面，CIO 又要扮演激励型 IT 经理的角色，在 IT 职能中发挥核心作用，激励 IT 组织的发展并实现卓越的 IT 绩效。

调整混合的角色配对，一次一对

毫无疑问，CIO 需要协调看似对立的观念。但我们的调查显示，他们能够以更有效的方式平衡这些角色。即使有些经验丰富的 CIO 表示，他们有足够的能力应对六个 CIO 角色中的一两个角色。但是，所有角色都应受到必要的重视。

在任何特定时间、每个人所面临的现实情况都会影响 CIO 在管理变革方面能够做什么和应该做什么。许多因素都会影响 CIO 决定在任一角色上投入多大的精力。这些因素包括宏观经济和区域条件、行业特定因素和各类组织特征，以及 CIO 自身的技能和期望等。

在下文中，我们将与大家分享众多 CIO 的心声，以及他们正采取哪些行动以实现这三个主要目标：落实真正的创新、提高 IT 的投资回报率以及扩大业务影响。

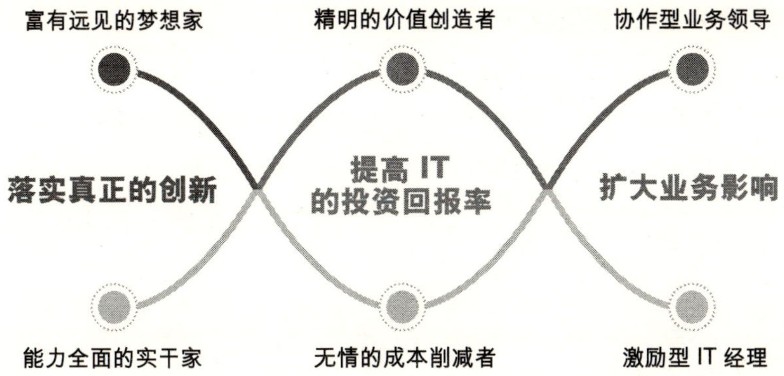

富有远见的梦想家
精明的价值创造者
协作型业务领导
落实真正的创新
提高 IT
的投资回报率
扩大业务影响
能力全面的实干家
无情的成本削减者
激励型 IT 经理

第一章
落实真正的创新

“随着时间的推移，CIO 角色的重心逐渐从技术领域转向战略领域。”

富有远见的梦想家和能力全面的实干家

构想和实施创新是第一对互补角色的总体目标。富有远见的梦想家有助于企业探索如何利用技术推动创新，而能力全面的实干家可以让创新计划梦想成真。

富有远见的梦想家

CIO 是战略团队的活跃分子

成功的 CIO 应该是富有远见的梦想家，他们在最重要的业务领域实施创新。他们将前沿技术注入产品和服务，以培养企业未来的发展和盈利能力。高增长 CIO 可发挥大范围的组织影响力。在高增长组织中，CIO 成为最高层管理团队成员的比例占到 62%，而在低增长 CIO 中，这一比例只有 46%。“作为董事会成员，我可以直接影响公司的战略。”一位瑞士公司的 CIO 表示。

随着时间的推移，CIO 角色的重心逐渐从技术领域转向战略领域。

——Dave Watt，Altagas，Ltd. 业务服务主管

为推动创新，大多数高增长 CIO 都积极主动地在整个组织中整合业务和 IT，他们这样做的比例比低增长 CIO 高出 94 个百分点。“在我们的组织中，任何创新都离不开 IT。”巴西一位政府部门的 CIO 表示。

在整个抽样调查群体中，CIO 将 20% 左右的时间用于制定并实施创新计划。但高增长 CIO 从事某些工作的比例比低增长 CIO 高，例如：与业务部门共同制定业务创新计划，积极提供采用更合理的数据利用方式的建议，以及通过奖励和表彰来鼓励创新。

“对于我们来说，创新可以催生多元化见解，用以满足特定需求。”美国一位能源与公用事业组织的 CIO 表示，“然后，我们将其酝酿成切实可行的计划，从而帮助改进业务。”

注：如“调查方法”中所述，我们在分析时采用了 2004 年到 2007 年的同行业组织的税前利润（PBT）增长信息，将各组织分别归纳到以下三个增长等级之中：高增长、中度增长或低增长。在此报告中，我们将任职于 PBT 高增长组织的 CIO 称为“高增长 CIO”，任职于 PBT 低增长组织的 CIO 称为“低增长 CIO”。对于无法获取此类信息的组织，我们以最接近于答案的整体相似度为基础，采用统计关联的方法为其分配等级。

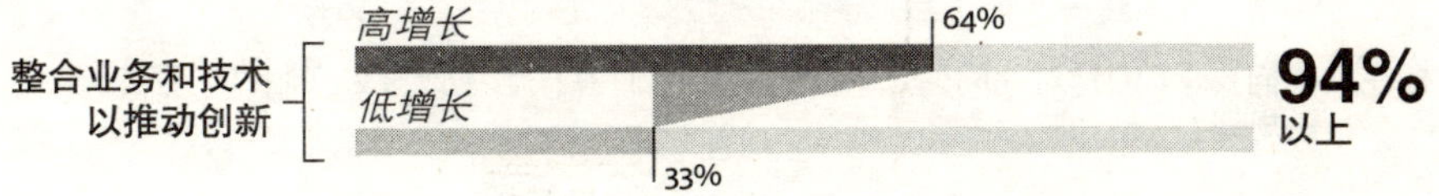

图 4－2　CIO 整合业务和技术时最有利于创新

富有远见的 CIO 意识到成功的创新需要深入参与业务。

制定可增强竞争力的计划

当我们询问 CIO 以了解他们有哪些可增强企业竞争力的远景规划时，结果商务智能和分析成为第一选择，受访群体中有 83% 的 CIO 都选择了这一答案。比利时一位媒体与娱乐组织的 CIO 表示，商务智能会“将市场营销分析推向一个新的高度，可改善采购行为并提高广告的投资回报率”。

我们许多IT创新计划都为业务部门制定了预算，这是一个很好的方法，可以确保一起投入项目，一起从中获益。

——Rebecca Rhoads，Raytheon Company副总裁兼首席信息官

其他许多CIO表示，他们将信息作为资产来处理，寻求以信息为主导的创新。“事实推动决策。”一位保险业的CIO表示，“规划嵌入式分析时，需要能够在客户接触点捕获数据。”

CIO对于远景规划的第二选择是虚拟化，有76%的CIO选择了这一答案。排在第三位的选择是风险管理和合规性（71%）。CIO一再重申降低风险的重要性，许多人认为其组织应尽量规避风险。

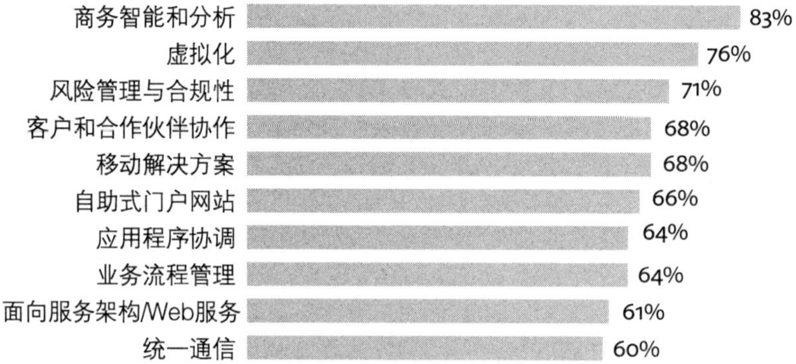

标注：我们要求CIO针对此问题选择所有适用的回答：“您针对未来制订了哪几种远景规划？”

图4－3　CIO制定的远景规划

CIO创新并不局限于IT解决方案，风险管理与合规性与客户、合作伙伴协作以及业务流程管理等在所有回答中排在前十位。

能力全面的实干家

CIO应时刻做好准备，随时进行创新

能力全面的实干家做任何事都追求效率——这是与富有远见的梦想

家角色相互对应的自然特性。务实的 CIO 认为，始终如一地履行现有承诺是每个成功 IT 组织的核心要务。这一效率为先的特性进而又可省出更多的时间和预算用于创新。

与其他许多公司一样，我们一直在探索是否可以利用外部实体帮助我们管理日常 IT 运营，使我们内部能更专注于战略性方案。

——Kurt Rao，时代华纳公司信息技术副总裁

即使着眼于组织的未来，高增长 CIO 也知道他们既要务实，又要保持警惕性，这样才能满足日常的 IT 需求。而梦想家可能会看到新机遇，但需要以实干家的角色来抓住机遇。

为了专注于更加具有转变性和前瞻性的业务领域，56% 的高增长 CIO 使用第三方业务或 IT 服务，而低增长 CIO 中这一比例只有 46%。一位能源与公用事业组织的 CIO 表示："在管理第三方关系并从中获取价值方面，我们与前几年相比取得了很大的进步。"

高增长 CIO 尽可能地将时间和预算投入在新技术和业务方案上。在推动业务和企业愿景方面，他们投入的时间比低增长 CIO 高出 87 个百分点。与高增长 CIO 专注于潜在改善形成鲜明对比的是，低增长 CIO 在提供核心技术服务相关活动上投入的时间比高增长 CIO 高出 74 个百分点。

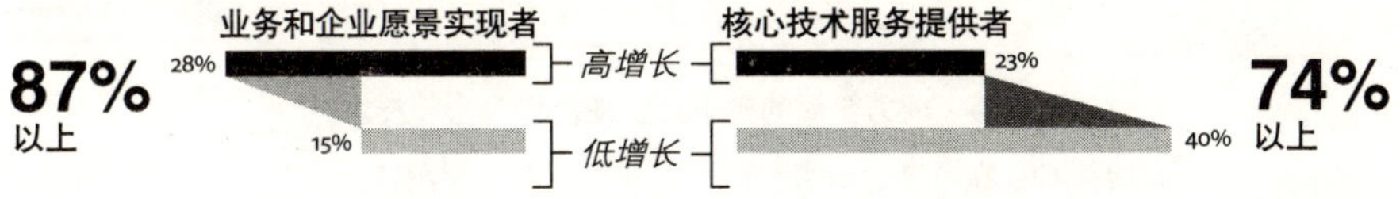

图 4-4　务实的 CIO 为创新创造条件

高增长组织的 CIO 在实现企业愿景的相关活动上投入的时间要明显多于在提供核心技术服务方面投入的时间。

对沟通改进方法确定优先级

组织在不懈地寻求提高生产力的新途径，如强化组织内部、组织与业务合作伙伴及外部客户之间的沟通渠道。在大力强调协作方面，高

增长 CIO 表现得更为明显。调查发现，高增长 CIO 积极主动地在 IT 组织内利用协作和合作技术，使用频率比低增长 CIO 高出 60 个百分点。更令人印象深刻的是，高增长 CIO 在整个组织中使用此类技术的频率比低增长 CIO 高出 86 个百分点。

成为核心技术服务提供商，这对公司当前的持续运作至关重要，同时也是组织未来生存的基础。

——Koldo Etxeberria，CIO，Kutxa

务实的 CIO 应转变组织观念，主动接受新的协作方式，特别是与外部客户的合作。西班牙一位零售业的 CIO 告诉我们："与过去相比，我们大大加强了与合作伙伴的协作。"

但是，中国一位消费产品组织的 CIO 表示："协作工具需要制度化，以满足业务要求。"丹麦一位保险业的 CIO 则表示："我们采用了目前最完善的技术，但是需要研发新工具来进一步加强协作。"

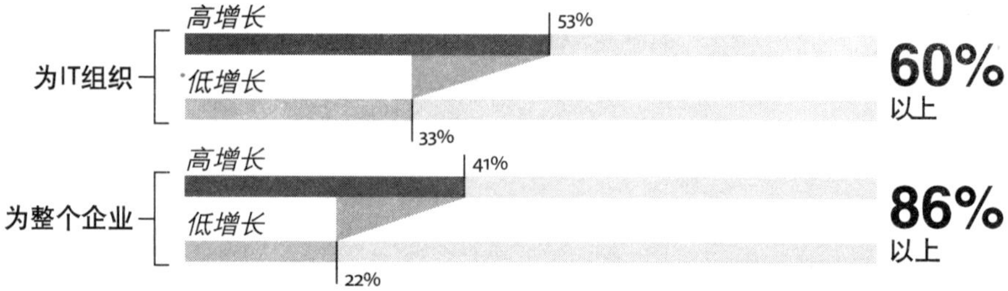

图 4－5　能力全面的实干家重视协作与合作技术

高增长 CIO 在自己的组织和整个企业中更多地使用这些工具。

阿卜杜拉国王科技大学进行真正的创新

阿卜杜拉国王科技大学（KAUST）将于 2009 年 9 月在沙特阿拉伯投入使用。作为一所新的国际性研究生层次的研究型大学，该大学将开设 11 个领域的学位课程。[2] KAUST 的战略愿景是成为世界一流的学术机构，在下面四个领域冠绝群伦：资源、能源和环境；生物科学和生物工程；材料科学和工程；应用数学和计算科学。[3]

阿卜杜拉国王科技大学的 CIO，Majid Al－Ghaslan 是 KAUST 主管团队的成员，这个团队在短短三年内便创造了一所大学从无到有的奇迹。该团队曾面临严峻的运营挑战，其中包括创建整个研究组织，以及设计和实施领先的 IT 策略。IT 决策从一开始就要求满足研究人员、学生及其他利益相关方的需要，同时还要考虑到未来重大的业务创新及技术创新。

为了在有限的时间内实现该战略愿景，KAUST 在许多领域利用了第三方的专业知识。例如，在 2009 年 6 月与第三方合作安装了一台超级计算机，此计算机在《世界超级计算机 500 强》中名列中东第 1 位，世界第 14 位。[4]KAUST 与领先的技术组织合作，加速招聘并培训研究团队，以便为超级计算机用户提供技术支持。

KAUST 还咨询并聘用了全球顶级的科学、行业和技术专家。截至 2009 年 7 月，已有 40 多名教职员工到位，到 9 月份预计会达到 80 人。虽然长期成果到以后才会显现，但这种既有远见又切实可行的方法让 KAUST 按预定计划成功招来一流的学生——这在其三年内成为计算研究领域的领先学术机构的计划中，是关键的一步。

带来真正创新的关键方案

富有远见的梦想家之举措

促进业务和技术整合

为同事的业务难题提供解决方案，即使解决方案与 IT 没有直接关系，也应积极帮助。

倡导创新

阐明新的流程和技术如何为内部和外部客户创造更大的价值。

扩大 CIO 的影响力

主动帮助企业确定总体愿景和战略，扮演其他非技术性领导角色。

能力全面的实干家之举措

实现企业愿景

提高基础架构和应用程序的灵活性和效率，以支持持续的业务变化。

简化协作

提供更好的合作和协作技术，使内部和外部客户保持紧密的联系并形成富有成效的合作关系。

专注于核心竞争力

充分利用第三方的业务服务、专业技术或 IT 服务，提高企业的灵活性。

第二章
提高 IT 的投资回报率

“业务决策越来越依赖我们的数据。”

精明的价值创造者和无情的成本削减者

实现更高的 IT 投资回报率是第二对互补角色的总体目标。精明的价值创造者通过理解客户需求来设计更合理的解决方案，无情的成本削减者则保持高度的警惕性，尽一切可能削减开支。

精明的价值创造者

CIO 是高水平的客户倡导者

CIO 要成为价值创造者，应致力于让企业为客户提供优质的体验。这些精明的价值创造者通过充分利用关键信息和数据，为外部客户和企业创造更大的价值。

客户交互与协作是我们业务模式的基础。

——Anders H. Johansson，CIO，Handelsbanken

帮助企业成功应对日益增长的海量数据是 CIO 创造价值的一条重要途径。 高增长 CIO 积极主动地将数据转化为可操作的信息，其比例比低增长 CIO 高 61 个百分点。“我们的蓬勃发展完全取决于我们的数据。”瑞士一位电子业的 CIO 表示。

其他许多 CIO 也纷纷表达尽可能充分挖掘数据价值的重要性。“我们正在积极改善数据分析，因为企业制定决策时对数据的依赖性越来越大。”一位零售业的 CIO 表示。

爱尔兰一位消费产品组织的 CIO 表示：“我们充分认识到利用数据来改善决策是一种战略优势。我们在这方面距目标还有一定的差距，但这是推动战略向前发展的重要基础。”

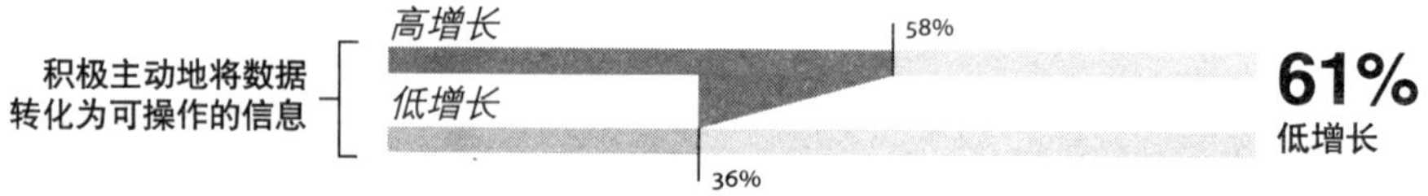

图 4-6　价值创造者充分利用数据

CIO 通过帮助内部和外部客户处理不断增长的数据和信息来创造价值。

通过真正了解客户需求来创造价值

高增长 CIO 可通过很多途径为企业创造价值，特别是通过改善客户交互。在未来五年内，87% 的高增长 CIO 期望争取客户的积极参与和交互，在低增长 CIO 中这一比例为 70%。“我们的生产越贴近客户，我们为他们创造的价值就越大。”一位科技产业的 CIO 表示。

法国一位银行业的 CIO 称：“我们面临的挑战是从‘推动’模式转变为‘拉动’模式，一旦客户表达出需求，IT 人员应立即作出回应。”我们认为富有成效的 CIO 会将这一观念加以延伸，不仅仅局限于收集和响应需求，而是积极主动地为企业提供建议，并明确指出如何变革以实现更大的回报。

在未来五年内，CIO 期望通过大力加强与客户的协作关系来获得可观的价值。68% 的高增长 CIO 预计其客户交互将呈现世界级整合度和透明度的特征，而低增长 CIO 中这一比例只有 44%。“我们已经与大量客户在共享数据的领域实现了数据透明。”一位能源与公用事业组织的 CIO 表示。

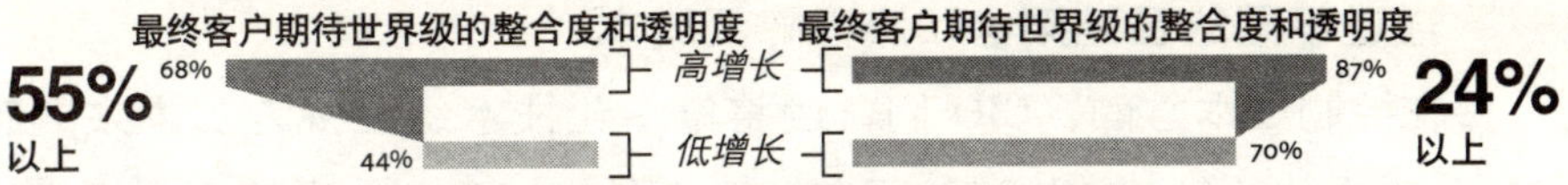

图 4-7 精明的价值创造者满足客户需求

高增长 CIO 预计未来五年内整合度、透明度以及与客户协作的水平都将大幅提高。

无情的成本削减者

CIO 是永久的开支节省专家

成本削减者强烈渴望尽一切可能消除开支。为了实现这一目标，CIO 必然会毫不留情地审查预算和流程，力求对其进行“瘦身”。在整个调查抽样群体中，CIO 将 14% 左右的时间用于消除技术环境中的成本。

> 我们不放过一丝一毫可以提高效率的机会。
>
> ——Denis Gingue，Charming Shoppes 高级副总裁兼 CIO

在探索组织和客户价值的新来源的同时，几乎所有 CIO 都在努力寻求成本削减的机会。在关于高管人员优先事项的选择中，加拿大一位银行业的 CIO 选择了“让 IT 组织以最少的附加成本处理更多的事务”。简而言之，CIO 希望少花钱、多办事。

但没有人说这是一件简单的事情，“预算压力将带来大量的问题。”一位教育界的 CIO 表示。美国一位零售业的 CIO 这样描述双重挑战：“在新项目和成本控制之间权衡让我进退两难。”

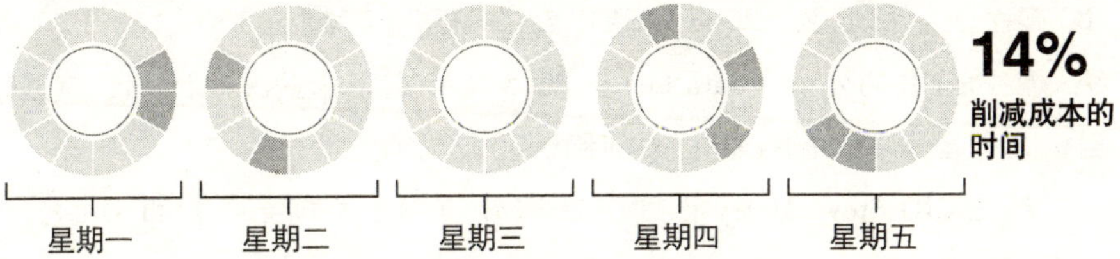

图 4-8 CIO 几乎每天都忙于削减成本

如果 CIO 每周工作 60 个小时，大约有 9 个小时用于削减成本。

通过不同的基础架构和流程降低成本

在控制成本方面，CIO 们普遍将集中化技术组织视为其未来的职能。集中化的基础架构和流程有助于优化共享服务，进而产生规模经济。在所有受访的 CIO（包括 PBT 高增长和低增长组织的 CIO）中，有 3/4 的 CIO 预计在五年之内拥有集中化程度较高的基础架构。一位化工和石油行业的 CIO 这样解释集中化的性质："不是针对物理位置，而是针对处理方式。"

实现高增长的组织认为标准化是削减成本的另一重要途径。未来五年内，高增长 CIO 期望实施全面标准化、低成本的业务流程，这一比例比低增长 CIO 高出 22 个百分点。英国一位 CIO 表示："我们的期望已发生转变。我们希望能利用简便且可重复的流程提供服务。"

成功的 CIO 认为可行的自动化方案也有助于降低企业成本。"目前，通过自动化降低成本非常重要。"一位迪拜的 CIO 告诉我们。

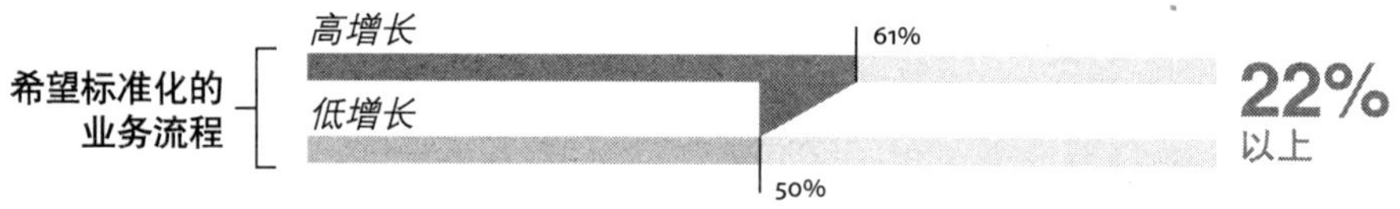

图 4-9 成本削减者执行标准化措施

许多成本削减者都希望简化流程并进行自动化。

Sara Lee——提高 IT 的投资回报率

Sara Lee 是一家消费类产品的全球生产商和销售商，其产品畅销 200 多个国家和地区，2008 财政年度的净营业额超过 130 亿美元。[5] 为统一较为分散的公司，Sara Lee 在 2005 年制定了企业改革计划，其战略目标之一是集中资源在核心类别和地区实现领先地位。

新任 CIO Steve Merry 计划在 2008 年打造一个高品质的 IT 组织，取名为 SLiCE（Sara Lee Innovation Center of Excellence，即 Sara Lee 卓越创新中心），它具有以下双重目标：通过以创新方式使用 IT 来促进企业发展计划的成功；削减企业的 IT 成本。

SLiCE 的重点之一是改善效率低下的业务流程和支持 IT 解决方案。 通过在全公司实施 SAP 方案，并且将主要服务功能外包给战略性服务提供商，成本有望在 2005 年至 2010 年 7 月降低 25%。 同时，IT 效率以及 IT 投资实现的价值均已大幅提升。

这样的结果推动了新型的创新 IT 投资，包括食品行业的“联网的咖啡机”，以及在产品生命周期管理中投入大量工作来维护品牌地位和领先进入市场。 SLiCE 还运用商务智能（BI）技术来更快地应对市场变化，例如为新鲜面包行业开发算法以进行高度灵活的定价。

到目前为止，Sara Lee SLiCE 方案的成功实施已经产生了数亿美元的经济效益，预计在未来两年内还会产生一亿美元的效益。 这些成果使 Sara Lee 能够持续投资有助于推动利润增长的 IT 方案。

提高 IT 投资回报率的关键方案

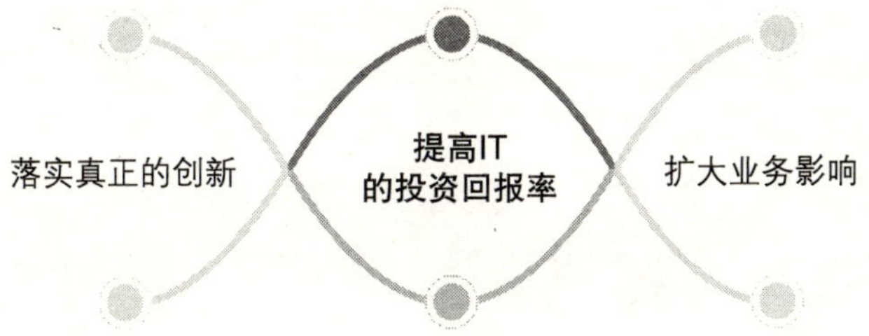

精明的价值创造者之举措

让数据体现出应有的价值

通过挖掘数据价值，以超乎想象的方式帮助企业满足客户需求并从中获益。

以新方式接触客户

不断寻找更有利的途径与最终客户交互。

提高整合度和透明度

通过提出领先的技术创造“单一版本的真实数据”，满足不断增长的最终客户需求。

无情的成本削减者之举措

通过标准化节约成本

需要对业务流程先进行简化，然后再进行标准化，还包括标准化和重复使用 IT 组件，如服务器和数据库等。

集中基础架构

整合和利用有财务和业务价值的第三方服务，特别是可产生规模经济的第三方服务。

始终将降低成本置于最高优先级

坚持不懈和有创造性地探索新方式，帮助企业降低技术相关成本。

第三章
扩大业务影响

"IT 现在被视为实现业务目标和完成业务使命的关键推动者。"

协作型业务领导和激励型 IT 经理

加强与业务的关系是第三对互补角色的核心目标。协作型业务领导充分了解组织的核心业务并在内外部建立强有力的合作伙伴关系。激励型 IT 经理在 IT 组织内展现个人的 IT 专长并倡导深化技能。

协作型业务领导

CIO 是其他高管真正的合作伙伴

CIO 作为协作型业务领导，应与其他首席级高管通力合作，推动实施新的业务方案和文化转变。当我们问到他们的高管团队如何评价技术对业务的贡献时，许多高增长 CIO 选择"高"或"非常高"，这一比例比低增长 CIO 高出 47 个百分点。一位媒体与娱乐组织的 CIO 表示："我参加每次董事会会议，每个月与几位董事会成员沟通两到三次。"

现在，IT 被视为达成业务目标和使命的关键推动者，并且在制定业务战略中发挥着重要的作用。以明确的目标和意图进行管理，可以使

IT 与业务需求很好地保持一致。

——Chris Ferguson，CIO，Elders Rural Services

CIO 作为业务领导，除了参加业务战略会议外，还应在处理非技术问题方面发挥领导作用。一位汽车行业的 CIO 表示："我和同事进行了大量的合作并制定了一些业务战略。"

CIO 与业务同事之间的合作具有明显的价值，也是当今企业的需要。"我帮助业务领导找出他们对技术的需求，然后帮助他们实现这种需求。"美国一位国防和安全组织的 CIO 表示。

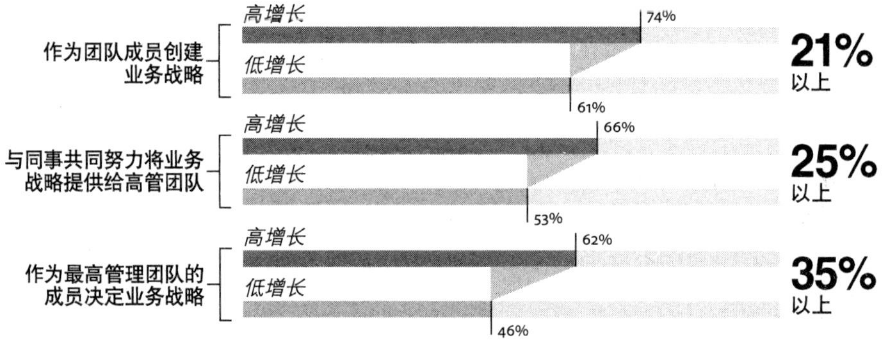

图 4－10　成功的 CIO 积极与高管同事合作

优秀的业务领导 CIO 更积极地参与业务战略的制定并将其传达给企业其他人员。

与同事合作建立更好的业务模式

高增长 CIO 对企业未来的业务模式寄予更高的期望，这可能是因为他们与业务的协作更为密切。63% 的高增长 CIO 期望其业务模式在未来五年内将具备完善成熟、独一无二且难以效仿的特点，相比之下低增长 CIO 中这一比例只有 49%。同样，60% 的高增长 CIO 预计其未来的业务模式将涉及广泛的合作伙伴关系和备选外包，而低增长 CIO 中这一比例为 52%。

"IT 在过去取得了很大的成功，但这并不能保证在未来也取得成功，特别是在我们必须改变业务模式的情况下。"一位银行业的 CIO 表示。协作型业务领导不仅要认识到改善业务模式的需求，还应积极与高管同仁进行协作以满足这种需求。 他们懂得技术是一种推动工具，可充分利用这种工具以快速适应业务模式的变化。

美国一位医疗保健组织的 CIO 介绍了他们的协作方法，该方法兼具正式和非正式的特点，他表示：“业务和 IT 保持高度一致，虽然每个月都会举行 IT 方面的董事会会议，但董事长还是经常找我面谈。”

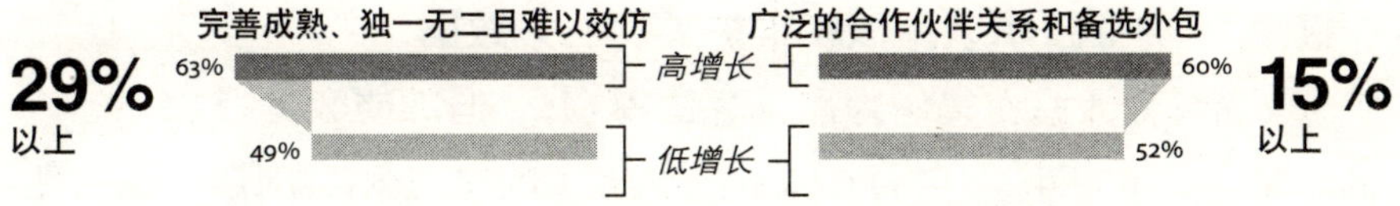

图 4 – 11　业务领导 CIO 影响未来业务模式

CIO 作为业务领导，与高管同事联系越紧密，他们对企业未来业务模式的期望就越高。

激励型 IT 经理

CIO 是一流的 IT 专家

虽然与业务密切合作至关重要，但高增长 CIO 也意识到强化和应用 IT 专业技术（不仅是自身，而是整个 IT 组织的专业技术）的重要性。 激励型 IT 经理会营造有助于提高 IT 员工专业水平的工作环境。他们表现出很高的专业素养，赢得其作为技术思想领袖的地位与尊重。

优秀的 IT 经理通过为 IT 员工提供学习机会，激发他们追求卓越的上进心，这也符合业务的需求。 虽然 CIO 历来把提高 IT 技能作为优先事项，但当今许多 CIO 认为还需要加强业务的相关知识。 “我们打算将 IT 员工派往业务部门，在实践中提高自身技能，但目前没有系统化的方法来实施。”一位零售业的 CIO 表示。

为了建立在更深层次上提高 IT 专业技术的环境，高增长 CIO 比低增长 CIO 更加注重建立 IT 卓越中心以帮助实现业务和技术创新。 一位政府部门的 CIO 指出：“我们已建立了针对 ERP 和业务应用、合作和安全的卓越中心——有些中心比其他中心更加正规。”

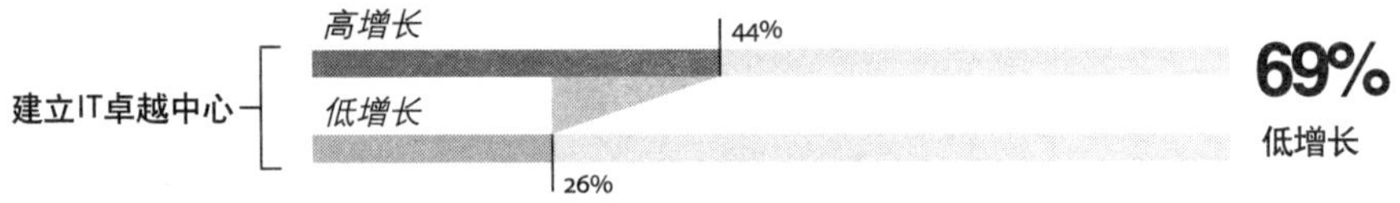

图 4－12 激励型 IT 经理建立 IT 卓越中心

作为优秀的 IT 经理，CIO 创建并集中一流的 IT 专业技术以帮助解决业务问题。

提高 IT 专业技术以提取和维护关键业务数据

CIO 通常将数据收集作为最优先的事项。但即使数据存在，他们也不能保证其可用性。只有 67% 的高增长 CIO 表示相关用户可随时使用数据，而低增长 CIO 中这一比例为 51%。“提高数据可用性带来的好处不可限量。”沙特阿拉伯一位教育界的 CIO 表示。

许多 CIO 承认其用户有时无法及时访问所需的信息。美国一位政府部门的 CIO 指出：“虽然用户可以随时使用数据，但对于新手来说，要找到需要的数据非常费力。”

更让人吃惊的是，只有 2/3 的低增长 CIO 认为其数据可靠而安全，相比之下高增长 CIO 中这一比例也只有 81%。CIO 再三告诉我们，其数据的安全性级别比可靠性级别更高，但仍然存在安全问题。按 1 到 5 分制的评级标准，5 分为最高级别，一位零售业的 CIO 表示：“我们的数据安全性可以打 5 分，数据可靠性打 3 分。”与其他许多受访者类似，英国一位保险业的 CIO 认为他们的数据“非常安全，但可靠性不够理想”。

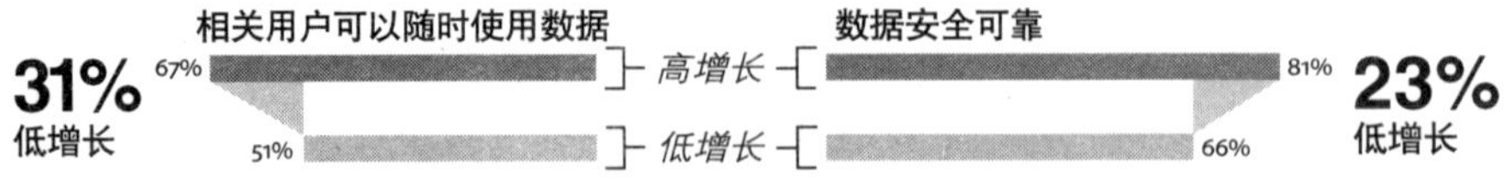

图 4－13 激励型 IT 经理始终关注数据

高增长 CIO 更注重改善数据的可用性以及数据质量。

澳大利亚移民部扩大业务影响

在 2007 到 2008 年间，澳大利亚移民部（DIAC）帮助了大约

143 000 人移民到澳大利亚，另外按照人道主义计划安置了 13 000 名难民，并发放了 460 万张临时入境签证。[6] 该机构希望改善与“合法而有序地进入澳大利亚并在此居留，包括有效的边境安检”相关的流程。[7]2006 年 7 月，DIAC 启动了为期四年的 SfP（Systems for People，即人事系统）计划——澳大利亚政府部门最大的业务改革项目之一。

副部长兼 CIO，Bob Correll 负责实施 SfP 计划。该计划的主要目标是重新设计业务流程，找到更好的方法来管理和使用信息，并且实施现代技术支持。

计划的关键是持续评估已实现的业务优势。SfP 预定的财务及非财务优势会先阐述清楚，然后随着计划的发展按需要进行更新。在与业务用户进行的正式评审中，将对实施后的优势进行衡量。同时还会建立与计划配套的强大管理框架，确保实现计划目标并解决出现的问题。将安排一个多元化小组与行政部门合作，以推动管理工作的开展，该小组由来自财政部、澳大利亚税务局和澳大利亚管理学院研究生院的代表组成。[8]

现在，SfP 进入实施的第三年，已经取得了积极且广泛的成果。除了边境安检流程获得重大改进之外，为 DIAC 职员角色定制的门户网站现在可用于对移民滞留及其他易受攻击的避难者进行个案管理。在计划启动的两年内，预计在此单独的信息系统中已经支持了 75% 的端到端业务流程。

扩大业务影响的关键方案

协作型业务领导之举措

熟悉业务

加深对组织最迫切业务问题的了解。

携手业务同事参与非 IT 项目

利用各种机会扩大职责范围，从影响 IT 组织延伸到直接影响业务日程。

从业务角度提供并评估 IT 服务

结合基于业务成果的绩效标准，共同承担业务成效的责任。

激励型 IT 经理之举措

培养真正优秀的 IT 人才

识别并培养优秀的技术专家，将其纳入 IT 思想领袖的行列，从而扩大 IT 的影响。

领导 IT 员工

将自身定位为强有力的领导者，将实现当前 IT 服务承诺作为首要任务。

改善数据

与数据安全性相比，对数据的准确性、可用性以及完整性予以同等程度的重视。

第四章

根据背景作出调整

“由于我们公司正处在快速发展的阶段，因此我们更加关注业务。”

管理变革几乎对每位 CIO 都提出了独特的挑战。在评估如何确定每对角色的优先次序时，最富有成效的 CIO 应充分考虑各种可能受到的影响。

CIO 演变成多面手的原因

与我们过去的调查相比，更多的 CIO 正处于前所未有的变革大潮之中，有高达 90% 的受访者预计中等到巨大规模的变革迫在眉睫。业务模式变革、预算和宏观经济因素预计是未来三年内影响 IT 的最重要的外部力量。一位消费产品组织的 CIO 认为这三股力量是一个不可分割的混合体：“所有这些外部力量都是相互依存的。我们的预算取决于宏观经济因素，而宏观经济因素又会影响业务模式。”

因为我们公司正处于快速发展阶段，与过去相比，我们更加专注于业务而不是 IT 系统。

——Tim Ye，通用磨坊公司大中华区信息系统总监法国一位零售业的 CIO 期望客户也会引发其他变革：“新的客户关系将带来新的业务模式。”事实上，许多行业都面临着未知和当前无法衡量的变革，正如美国的一位 CIO 所说：“医疗保健业的业务模式仍然处于不断定义之中。”在我们的调查抽样群体中，CIO 一致认为需要不断适应意外的变化和事件。

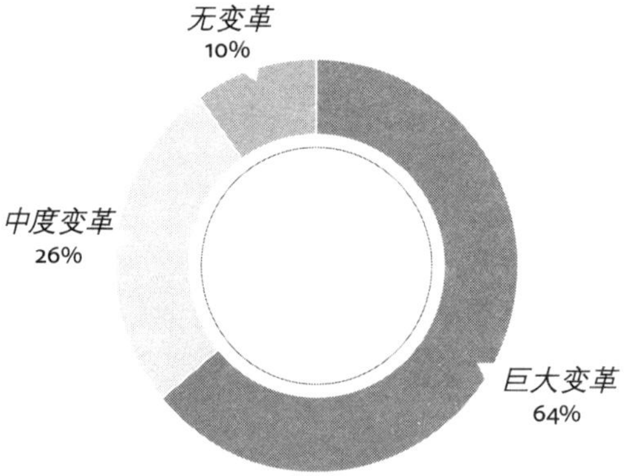

图 4－14　九成 CIO 预计其组织面临中等到巨大规模的变革

为应对多方面的变革，成功的 CIO 经常评估应如何合理地结合当前工作中的所有角色。

当今的 CIO 需要执行多种非传统任务

抛开其根源不论，高增长 CIO 管理变革的成功率比低增长 CIO 要高出 42 个百分点。“我的工作就是促进变革。”一位媒体与娱乐组织的 CIO 表示。

为了应对变化无处不在的新境况，当今 CIO 将高达 55% 的时间用于从事可提升价值的活动，例如执行创新计划、实施新技术和管理非技术业务问题。

平均而言，CIO 将其余 45% 的时间用于执行同样重要的较传统的任务，其中包括管理持续技术环境、解决重大问题和控制成本。

“衡量变化并快速作出反应是当今企业的需要，我们做了大量的工作，让企业能够直接处理事务。”一位银行业的 CIO 表示。美国一位消费产品组织的 CIO 这样描述其组织如何保证灵活性：“我们制定了可变的成本模式，这样就能很好地适应业务变化。”

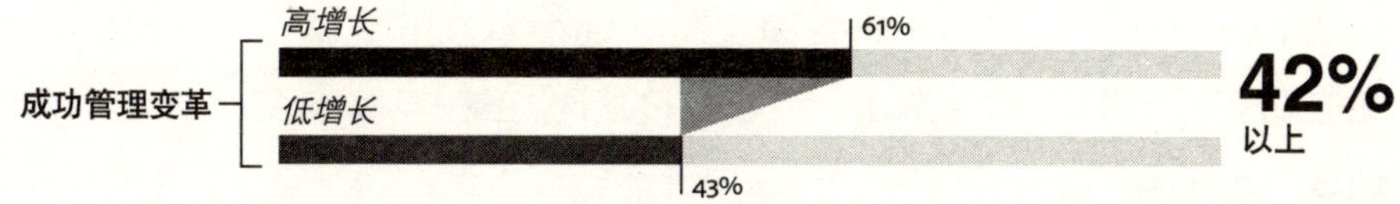

图 4－15　进行有效的变革已超出 CIO 传统工作的范畴

能够更出色管理变革的 CIO 在有关新技术和业务方案的创新活动方面投入的时间多于在现有技术问题上投入的时间。

现状透视：每位 CIO 的情况都是独一无二的

宏观经济因素

CIO 需要及时了解市场因素的变化，特别是要关注竞争活动以及可以让组织脱颖而出的方案。 例如，宏观经济因素能够以某种方式影响几乎所有行业和国家/地区的 CIO。 一位化工和石油组织的 CIO 表示：“受宏观经济因素的影响，我们的业务模式正处于快速变化之中。 我们必须提高效率才能生存下去。”

区域条件

显而易见，区域特定条件也会影响 CIO 的运营环境。 例如，处于新兴经济体中的 CIO 可能有充分的理由在新技术上立即投资，以满足企业当前快速发展的需求。 同时，在成熟的经济体中，其行业相关者可能（至少暂时）会被迫对这种投资需求略加控制。 行业特定技能的可用性也受区域的影响，这是 CIO 确定优先级时需要考虑的另一个因素。

行业特征

每位 CIO 还需要了解客户对产品和服务的期望是如何变化的、何处存在竞争威胁以及与客户的关系如何演变。 例如，在竞争激烈、价格敏感的行业，CIO 可能需要暂时搁置远景规划，让组织能密切关注当前财政年度的绩效。

CIO 的优先级还取决于整个行业应对变革的成效。 显然，行业状况会经历从混乱到相对稳定的过程。其中，汽车业、银行业及其他行业的 CIO 表示，他们预计业务模式将面临根本性的变革。卢森堡一位化工和石油组织的 CIO 指出：“我们的行业正在不断演变，这对 IT 会造成巨大的影响。”

组织影响

在确定三对 CIO 角色的优先级时，要重点关注组织的特征，如正式报告结构、工作文化及力量平衡等。最富有成效的 CIO 还应致力于向上管理（不仅是向下管理），确保高管人员充分理解 CIO 和 IT 团队的贡献。

我们需要提前重组 IT 组织以满足业务需求，并且我们正在这样做。

——Joe Locandro，中电控股有限公司 CIO

只要组织的任何部分发生变化，CIO 都将面临特殊的挑战。如果组织涉及合并或收购，战略思维可能有必要，至少在短期内退居二线。战术问题可能更为紧迫，如整合业务功能和平台、解决员工对工作安全性的顾虑，以及制定与物理场所和供应链有关的决策。

预先解决文化阻力可以缓解企业转型时期的压力。即使在组织发生巨变的时期，精明的 CIO 仍会努力寻求最聪敏和最优秀的员工，让他们来帮助执行迁移应用程序及建立新平台等任务。

个人期望

甚至个人职业目标也是 CIO 背景的组成部分。在确定需要提高关注程度的角色时，CIO 应经常评估技能和发展目标，以调整总体职业计划。当然，有些 CIO 可能天生就胜任某些角色，如协作型业务领导，但另外一些 CIO 则需要加倍努力才能胜任。经常从同事那里索取“360 度反馈”，可发现一些意想不到的长处以及改进的机会。

第五章

扩展 CIO 的成功领域

"CEO 完全相信 IT 角色的重要性。"

通过对调查结果进行先进的统计分析，我们对比了三组 CIO 并用图表描述其各自的独特特征。以下个人能力测验图分析展示如何成为：更富远见的梦想家；更有能力的实干家；更精明的价值创造者；更无情的成本削减者；更有协作精神的业务领导；更激励人心的 IT 经理。

高增长 CIO 的个人能力测验图与其他 CIO 有很大差别

我们用个人能力测验图（图 4 – 16 中直观显示的六边形"蛛网图"）为 CIO 提供了更结构化的方法，以确定他们需要加强的角色。蛛网图对调查受访群体中的三组 CIO 进行对比，这三组 CIO 分别来自 PBT 高增长、中度增长和低增长的组织。

首先，低增长组织的 CIO 注重 IT 经理角色，这在蛛网图中用突出的峰值表示。但图中同时显示，对这一角色的过度关注导致对其他五种角色的关注大打折扣。中度增长组织的 CIO 个人能力测验图显示，此类 CIO 对所有角色的关注度都相对较低，但平衡性较好。

高增长组织的 CIO 也采用了角色均衡的方法，但这组 CIO 相对减弱了对 IT 经理角色的关注。 结果，这使得高增长 CIO 的个人能力测验图特点鲜明，对梦想家、业务领导和实干家这三种角色的关注度都达到峰值。 这些峰值也分别说明高增长 CIO 非常重视促进创新变革、与组织的同事协作以及将创新付诸实践。

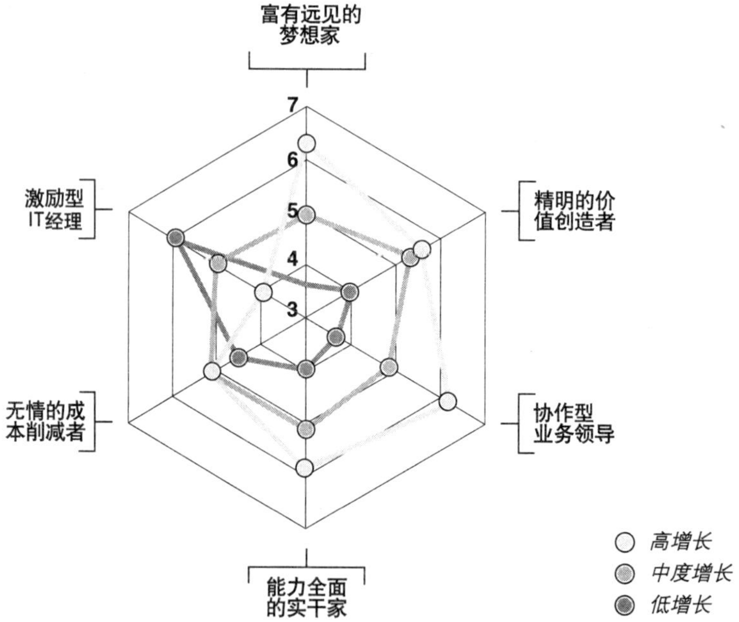

标注：每个CIO角色的得分都基于对一组不同问题的回答。每个角色的平均总得分归入三个绩效类别（高增长、中度增长和低增长）。可能的范围是0到10，实际分数为3到7。

图 4－16　个人能力测验图显示了三组 CIO 之间的显著差异

高增长 CIO 作出截然不同的选择。

落实真正的创新

提高作为梦想家的能力

许多力求变得更富远见的 CIO 都表示，他们在积极改变与高管同仁的关系。 我们听到了许多热情洋溢的言论，CIO 与其他高管人员开展更密切的合作后，其认可度发生了实质性的改观。

CIO 与其他高管人员应发挥的重要作用是，他们不仅要关注运营，还需要将创新引入业务。

——Warren Ritchie 博士，大众汽车美国公司 CIO

墨西哥一位保险业的 CIO 表示，现在“CEO 完全相信”IT 角色的重要性，“CEO 向董事会表示，公司要追求卓越，IT 至关重要”。迪拜的一位 CIO 表示：“IT 应发挥重要的作用，让业务同事充分意识到它为企业运营带来的活力。”

梦想家通过提出让组织脱颖而出的创新，还可以让业务焕发生命力。意大利一位银行业 CIO 表示，他的工作就是应对“管理优化流程创新的增长需求”和“技术创新的重要性”。中国一位消费产品组织的 CIO 制定的远景规划中包括“专注于内部创新，特别是支持销售覆盖范围的创新”。

优秀的梦想家还应传达明确的最高技术优先级观点。一位公共教育组织的 CIO 表示：“我希望花更多的时间确定用于支持业务和组织结构的技术。”同时应该认识到需要教育企业更好地利用技术。南非一位消费产品组织的 CIO 表示：“企业尚未充分利用可用的商务智能。”

提高作为实干家的能力

要成为实干家，CIO 应确定目标，如实现更高的生产力以及帮助组织提高灵活性等。澳大利亚一位消费产品组织的 CIO 认为，需要“比竞争对手更好更快地将新产品推向市场来实现差异化”。一位金融市场的 CIO 表示：“目前我们还不具备所需的灵活性，但我们会力求改进。”

我们需要改善对协作技术的使用——像一般人在家里一样使用更多科技。

——Peter Bakker，Van Lanschot Bankiers，IT 经理

在向第三方提供商采购业务或 IT 服务的同时，通常可实现更大的灵活性。这样还可以使组织能够更专注于真正的专业领域。

通过与外部相关方进行合作，可省出时间用于处理组织中优先级别更高的领域，从而使 CIO 可以更专注于他们应该关注的领域。 新加坡一位汽车业的 CIO 表示，他们打算“充分利用外包来提高效率，尤其要利用相对竞争对手有差异化优势的产品。 我们将专注于核心竞争力并加强可带来竞争优势的差异化领域”。

务实的 CIO 应该非常有效地管理并帮助他人管理组织的业务关系。 组织旨在通过在各个场所和国家/地区部署各种工具，扩大与内部客户和外部合作伙伴的协作。 一位电子业的 CIO 道破个中玄机：“协作能带来创新。”

为了加强全球连通性，各个行业的 CIO 都在考虑实施网络会议、协作规划、社会网络和虚拟世界。 美国一位汽车业的 CIO 表示：“在让我失眠的诸多事情当中，协作以及如何更好地协作就是其中之一，特别是在我们向全球扩张的时候。”

富有远见的梦想家，能力全面的实干家

您如何施展才能，进行真正的创新?

您是否善于利用新兴技术和创新流程解决行业中出现的业务需求?

您采用哪种方式与第三方合作以省出时间推动业务创新?

您如何扩大协作和通信工具的使用以扩展员工和合作伙伴的知识网络?

您是否评估执行成果以便让业务同事理解成果、对结果表示信服并深受鼓舞?

提高 IT 的投资回报率

增强作为价值创造者的能力

CIO 要为组织创造更大的价值，可选择多种方式进行以信息为主导的创新。 CIO 讲述了很多可改善其组织如何利用数据的机会。 “我们

没有将数据作为资产处理，我们需要更好地处理非结构化数据。”美国一位生命科学组织的 CIO 表示。

如果没有技术支持产品开发，将造成产品昂贵，消费者无法承受，而我们的物理配送会由于技术和供应链投资而持续改进。

——Jesper Erichsen，CIO，Arla Foods Amba

当然，CIO 希望企业能从这些努力中得到回报。瑞典一位工业产品组织的 CIO 表示：“我们在实施新的 ERP 系统后，商务智能变得更加重要，这可是一个信息金矿。”

精明的价值创造者不能仅响应客户需求，而且还要会积极制定解决方案，例如为寻求新渠道的最终客户制定解决方案。在客户交互方面，CIO 表示他们需要改善整合度和透明度。西班牙一位工业产品组织的 CIO 声称“通过网络向世界各地的经销商提供工具和信息”。

美国一位能源与公用事业组织的 CIO 表示内部和外部客户在这方面都有很高的期望：“客户关系需要接近实时的信息和‘即时’变化的能力，这同样离不开创新。例如，我们的客户很关注接近实时的价格反馈。”

提高作为成本削减者的能力

不言而喻，成功的 CIO 需要为企业降低 IT 成本。但如何进一步磨快这把成本剪刀？

业务流程标准化是一种可靠的成本节省方法。例如，壳牌石油公司在内部推行了一套内部流程改善方案，称为“ESSA：消除、简化、标准化和自动化”。[9] 通过这四个连续步骤，首先可以确定并砍掉不必要的流程，然后对那些必要的流程尽可能地进行简化和标准化，最后，选择某些标准化流程进行自动化。

在受访群体中，许多 CIO 都计划降低业务流程的成本。日本一位化工和石油组织的 CIO 阐述了总体目标：“我们尽力将固定成本转化为可变成本。”印度一家生命科学组织的 CIO 将精简流程作为一个主要目标：“通过精简 IT、提高业务流程的灵活性以及为合作伙伴提供独特的产品，我们有理由相信我们将成为业内客户的首选。”

一位消费产品组织的 CIO 表示，日益增长的流程标准化需求只是目前企业运营环境中诸多功能性要求之一，其特点是“提高机动性、扩大全球化以及加强 IT 与外部的联系”。荷兰一位媒体与娱乐组织的 CIO 用一句话概述了他的目标：“我的目标就是让业务流程更快更实惠。”

在不断追求削减成本方面，日本一位电子业的 CIO 希望能建立更灵活的基础架构：“技术领域蕴含着巨大的变革，如云计算。我们正步入一个不必要拥有资产的时代。”

精明的价值创造者，无情的成本削减者

您如何施展才能，提高 IT 的投资回报率？

您采用哪种方式与业务合作以从当前 IT 投资组合中获取最大的财务回报？

您是否积极与业务同事协作以收集相关信息？是否会建议创造价值的新方式？

您如何利用竞争对手的经验来进一步优化业务和 IT 流程？

如果您是一位连任者，为了从 IT 投资中提高 20% 的绩效，您会选择执行哪三大首要任务？

扩大业务影响

提高作为业务领导的能力

CIO 要成为更活跃的业务领导，在某些活动上投入一些时间就会取得效果。许多 CIO 告诉我们，其目标是要改善业务和 IT 的一致性。我们听到了很多这样的事例，他们正在努力参与业务，“在桌面上赢得发言权”，并已制定诸多计划，打算在未来加强与业务的合作。

业务与技术高管开展日常合作，通常涉及业务战略。我们正在将业务需求与技术进行整合，共同创造公司的未来。

——Joseph Simon，Viacom 高级副总裁兼 CIO

比利时一位汽车业的 CIO 表示："我们正在进行转变，力求业务与 IT 保持高度一致。在过去，IT 的职能是为用户服务，现在，IT 可为业务提供新的解决方案。"印度一位零售业的 CIO 也描述了类似的情况："我们现在更多扮演的是业务推动者和合作伙伴的角色。"一位消费产品组织的 CIO 告诉我们："我们现在积极参与业务，而不是等待需求。"

展望未来，CIO 都希望与高管同仁并肩携手，共同推动新的业务方案和影响企业文化。法国一位航空航天与国防组织的 CIO 表示，高管人员将来评定 2009 年的 IT 绩效时，所依据的标准为是否能够"发展 IT 组织以更好地与企业战略保持一致"。

通过与组织其他部门的密切合作，CIO 可帮助改善业务模式。"未来的业务会更灵活，所以我们需要更好地加强业务愿景和 IT 项目之间的联系。我们现在很好地证明了 IT 项目如何带来业务价值。"美国一位化工和石油组织的 CIO 表示。

提高作为 IT 经理的能力

IT 经理的角色对于大多数 CIO 来说轻车熟路。但实际上我们在很多方面还有提高的空间。CIO 正在计划通过各种途径提高 IT 组织的技能。"目前 IT 组织需要加强业务和 IT 两方面的文化素养。"一位旅游和运输组织的 CIO 表示。德国一位 CIO 告诉我们："技术与人员技能息息相关。我们需要很多技能，包括 Web 2.0 和门户网站技能、管理技能、社交能力以及国际文化知识。"

真没想到，很多东西正变得非常关键。比如说电子邮件，以前从未将其设计或构建为关键任务，但现在它的确是。

——Bobby German，美国国家航空航天局 CIO

在调查中，受访者也清楚地认识到目前仍需要一流的 IT 支持，包括安全访问可信赖的数据。印度尼西亚一位 CIO 表示：“用于推动组织发展能力的 IT 服务和基础架构应该超越‘良好’的范畴。”美国一位政府部门的 CIO 告诉我们：“透明度对政府部门非常重要，必须保证数据的可靠性和安全性。”日本一位 CIO 表示：“我们需要有效地向内部和外部客户提供产品信息，并改善我们的服务水平。”

优秀的 IT 经理不仅要致力于优化当前的 IT 服务，还应该规划新的方案。一位汽车业的 CIO 告诉我们：“绿色 IT 将成为我们公司形象的一部分。我们的 IT 部门现在和我们的产品一样绿色环保，这是未来取得成功的首要方案。”

巴西一位媒体与娱乐组织的 CIO 在谈到提高竞争力的短期规划时，列出了一长串的项目，包括“自助式门户网站、移动解决方案、虚拟化、灵活外包、风险管理、合规性以及人力资本发展”。

协作型业务领导，激励型 IT 经理

您如何施展才能，扩大业务影响？

您是否充分利用整个企业的业务关系，将职责范围扩展到 IT 组织之外？

您如何启动业务和 IT 之间的持续对话，从而推动实现共同的目标和评估？

您是否至少在一个 IT 领域是掌握最先进专业技术的榜样？

您是否制定了灵活、全面的计划来提高整个 IT 组织的业务和技术技能？

您的 IT 组织是否对保护企业数据和提高数据质量充满热情？

管理未来的双重角色

CIO 承认有时看似对立的整合举措会带来持续的紧张压力。但我

们的调查显示，即使面临多个角色的压力，CIO 仍能找到有效的方式专注于对他们及其组织最重要的领域。 全世界 2 500 多位 CIO 发出共同的声音，指出一些可帮助 CIO 实现以下主要目标的关键措施：进行真正的创新、提高 IT 的投资回报率以及扩大业务影响。

IT 运营的价值毋庸置疑。CIO 通过规划长期愿景和提高生产力，可以为组织带来巨大的价值。

——Hideo Miyazaki，Sunstar 集团顾问

落实真正的创新

要构想和实施创新，CIO 需要身兼富有远见的梦想家和能力全面的实干家这两种角色。 实现此目标的关键举措：

- 促进业务和技术整合
- 倡导创新
- 扩大 CIO 的影响力
- 实现企业愿景
- 简化协作
- 专注于核心竞争力

提高 IT 的投资回报率

要实现更高的 IT 投资回报率，CIO 需要身兼精明的价值创造者和无情的成本削减者这两种角色。 实现此目标的关键举措包括：

- 让数据体现出应有的价值
- 以新方式接触客户
- 提高整合度和透明度
- 通过标准化节约成本
- 集中基础架构
- 始终将降低成本置于最高优先级

扩大业务影响

为加强与业务的联系，CIO 需要身兼协作型业务领导和激励型 IT 经理这两种角色。 实现此目标的关键举措：

- 熟悉业务
- 携手业务同事参与非 IT 项目
- 从业务角度提供并评估 IT 服务
- 培养真正优秀的 IT 人才
- 领导 IT 员工
- 改善数据

随着时间的推移，我们希望 CIO 能定期评估向这三对角色中的每一对投入多少精力是恰当的。 我们用个人能力测验图为 CIO 提供了更结构化的方法，以确定他们需要加强的角色以及如何实施。 无论您选择加强哪种角色，我们都真诚地期待与您合作。

更多信息请访问：ibm. com/voiceofthecio

致谢

我们衷心感谢全球 2 598 位 CIO，感谢他们慷慨地抽出宝贵时间与我们分享各自独到的见解。 特别要感谢那些允许我们援引他们在访谈中所述内容的 CIO，这使我们能够在本报告中强调一些重要的主题。

我们还要感谢 IBM 参与此次全球 CIO 调查的团队：

领导团队：Peter Korsten（调查执行主管）、Jim Allison、Mark Ernest、Rich Esposito、Greg Golden、KC Goodman、Teresa Golden、Mark

Hennessy、Kerrie Holley、Harvey Koeppel、Pete McCaffrey、Matt Porta、Jeanne Ross（麻省理工学院）、Rod Smith、Patrick Toole、Geoff Vickrey 和 George Westerman（麻省理工学院）。

项目团队：Linda Ban（调查总监）、Rick Disney（调查总监）、Elyssa Back、Steve Ballou、Rajeev Jain、Umang Jain、Kathleen Martin、Joni McDonald、Julia McManus、Yuka Otohata、Melissa Sader、Erwin Verstraelen 和 Siobhan Wreath。

同时感谢全球各地数百位进行 CIO 面对面访谈的 IBM 合作伙伴和主管们。

参考文献和注释

1 受访的 CIO 遍布 78 个国家/地区，其中属于“快速发展中市场”类别的国家/地区包括：阿根廷、澳大利亚、巴林、巴西、喀麦隆、智利、中国、哥伦比亚、克罗地亚、捷克共和国、厄瓜多尔、埃及、加蓬、格鲁吉亚、加纳、几内亚、中国香港、匈牙利、印度、印度尼西亚、马来西亚、墨西哥、摩洛哥、新西兰、尼日利亚、巴基斯坦、秘鲁、菲律宾、波兰、卡塔尔、罗马尼亚、俄罗斯、沙特阿拉伯、新加坡、斯洛文尼亚、斯洛伐克、南非、中国台湾、泰国、突尼斯、土耳其、乌拉圭、委内瑞拉和越南。“西欧”类别包括：奥地利、比利时、丹麦、芬兰、法国、德国、爱尔兰、以色列、意大利、卢森堡、摩纳哥、荷兰、挪威、葡萄牙、西班牙、瑞典、瑞士和英国。“北美”类别包括：巴哈马、加拿大、开曼群岛、牙买加、特立尼达/多巴哥和美国。

这些受访的 CIO 代表 19 个行业，其中电信传播业包括：媒体与娱乐；电信；能源与公用事业。交通运输与商品流通业包括：农业；航空；消费类产品和批发；食品、饮料及烟草；生命科学和医药；邮件、包裹和货物交付；专业服务；铁路；房地产；零售；运输和物流；旅行和旅游。制造业包括：航空航天和国防；汽车；化学品和石油；计算机和办公设备；电子；能源（生产和提炼）；工程与机械；森林和纸制品；工业产品；网络及其他通信设备。金融服务业包括：银行业、金融市场和保险业。 公共行业包括：教育；政府及公共服务；医疗保健服务机构和支付机构。

2 《关于 KAUST》，阿卜杜拉国王科技大学。 http://www.kaust.edu.sa/about/about - kaust.aspx

3 同卜。

4 《500 强——2009 年 6 月（1 - 100）》，超级计算机 500 强网站。 http://www.top500.org/list/2009/06/100

5 Sara Lee 公司 2008 年年度报告。

http://www.saralee.com/InvestorRelations/FinancialInformation/ ~ / media/78710F81E6CA462AA77330C2DEF17A94.ashx

6 《移民部简介》，澳大利亚政府移民部。 http://www.immi.gov.au/about/department/who - we - are.htm

7 同上。

8 《人事系统：中点标记》，澳大利亚政府，2008 年。

9 《石油巨头们必须提高运营效率，否则将走向灭亡》，Patel，Raja，Royal Dutch Shell. PLC. COM，金融时报。 http://royaldutchshell-plc.com/2008/11/03/supermajorsmust - up - their - game - or - eventually - face - extinction/

第五部分

跨界限工作

IBM 全球首席人力资源官调研

大中华区洞察

此调研报告是基于对全球 700 多名首席人力资源官的调研。

致尊敬的首席人力资源官

自 IBM 上一次进行的首席人力资源官调研到现在将近两年的时间以来，几乎遍及所有市场和行业中出现的空前挑战使整个商业界发生了巨大的变化。尽管形势混乱，但在我们这次调研中表达观点的全球人力资源领导者都纷纷表示出乐观而又现实的态度，他们的观点深刻而又富有启发意义。

我很高兴向大家提供这份调研报告，其中有来自 61 个国家的 700 多个组织的见解。在这次调研中，我们深入采访了近 600 位高级全球人力资源主管，进一步加深了我们对首席人力资源官所面临的问题的理解。本次调研大中华区总访问量是 55 个，其中，大陆地区企业占到 80%，香港和台湾地区占到 20%。

这些具有前瞻性的人力资源主管希望他们的业务在未来三年内继续关注两个同等重要的目标，即推动业务增长和保持运营效率。不过，我的人力资源官同仁们预计，要实现这些目标意味着将来要采用与当今截然不同的运作方式——通过跨地区、跨功能，以及跨越时代界限与国界而实现更无缝的协作。

在这样的背景下，本次调研发现，首席人力资源官们认为，在人力方面的三个关键差距同时也是人力资源管理的最大机遇：

- 培养有创造力的领导人——能够在复杂的全球环境中更灵活地领导企业；
- 提高速度和灵活性——培养能够调整基础成本，以及更快地配置人才的能力；
- 充分利用集体智慧——通过日益全球化的团队更有效的协作来实现。

在 IBM，我们也同样面临着这些挑战。 就在今年，在基于我们对新全球化时代如何领导企业的理解的基础上，我们推行了全新的领导方法。 同样，我们一直集中精力制定更灵活的人力资源策略和可变成本方案，以帮助我们的业务取得成功。

世界变得日益物联化和互联化，我们对新的协作技术投入了巨资，旨在使 IBM 员工之间以及员工与客户之间能够以不同的方式互相协作。 例如，我刚刚主持了由来自 170 个国家的 IBM 人力资源专业人员参加的为期三天的互动式峰会，期间座无虚席。 我们通过交互技术聚集在一起，交流思想、讨论概念，并且确定了未来的变革路线。

这次调研让我深有感触。 我认为，将来成功的人力资源主管是在上述具有最大潜力的领域努力推动并坚持真正变革的人。

您可以借助本报告的思路，自己开始这一历程。 感谢各位同仁抽出宝贵时间，分享他们对于未来的见解。

J. Randall MacDonald

IBM 公司人力资源高级副总裁

导言

我们生活在一个界限日益模糊的世界。 高速互联网的全面普及消除了时间、距离和语言障碍，为交流思想和信息创造了一个全球性的平台。 物联、互联和智能系统将世界每个地区的组织无缝地联系在一起。 如今，我们可以跨文化、地区和时区轻松地一起工作。

然而，尽管在社会、政府以及商业领域中的许多界限逐步被消除，但全球人力资源仍然受到多种因素的限制，影响了各组织快速应对新机遇的能力。

为了更好地了解限制人力资源发挥作用的界限——以及如何打破这个界限，我们对全球不同的行业和机构中的人力资源高管和人力战略制定者进行了近 600 次面对面的访谈。 此外，我们通过调查收到了超过 100 位高管的反馈意见。

调研结果表明，尽管各组织在全球不同区域继续更快地培养和部署人才，但人力投资背后的根本原因正在发生变化。 在成熟市场中，企业往往采用的是通过在新兴经济区域增加员工数量而提高运作效率的传统模式；而在高速增长市场中的企业则寻求双向移动的人力投资。 例如，中国和印度的许多首席人力资源官表示，他们的企业正计划在北美洲、西欧和其他成熟市场中增加员工数量。①

无论是在哪个地区，向新市场渗透和开发新产品的机遇将推动未来的人力资源投资。尽管过去各企业人力资源管理的目的在于提高运营效率，但是，为了在日新月异的全球市场中抓住层出不穷的发展机遇，企业同时需要提高组织的创造力、灵活性和速度。要培养这些能力要求组织改进过去表现欠佳的方面，集中精力培养有创造力的领导者，激励员工提高速度和灵活性，并且善于发挥团队的智慧。

培养有创造力的领导者

首席人力资源官需要注重培养有能力的领导者，他们能够以完全不同的方式来看待机遇和挑战。这些领导者必须能够指导、激发、奖励和推动日益分散和多元化的员工队伍创造佳绩。

提高速度和灵活性

企业必须主动简化流程，并提供快速、恰当的人力解决方案，以满足快速变化的市场的需求。在当前瞬息万变的市场环境中，具有高度响应的人力资本供应链以及流动的分配资源的能力是实现差异化竞争优势的根本所在。

发挥团队智慧

有效利用结构性的知识对于开创和保持创新文化至关重要。企业必须适应创新，并将其应用到组织中，并且寻求新的方式将员工与员工，以及员工与信息联系在一起——无论是组织内部还是外部。

---

① 高速增长的市场包括拉丁美洲、亚太地区（不包括日本）、中欧和东欧、中东和非洲。

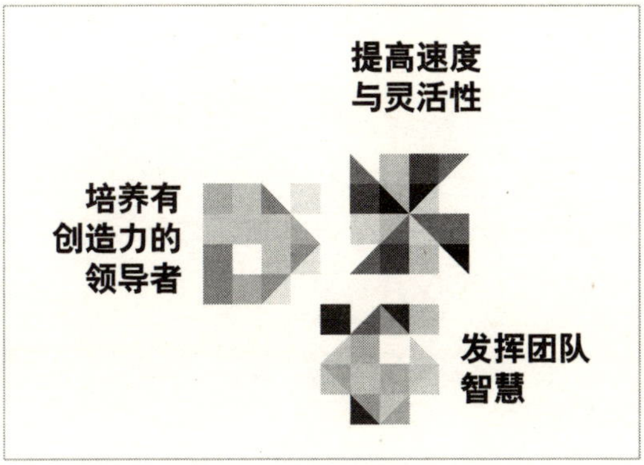
提高速度
与灵活性
培养有
创造力的
领导者
发挥团队
智慧

跨界限工作需要……

序言
提高创造力、灵活性和速度

在走出全球经济低迷期后，大家纷纷将注意力转向业务增长。然而，许多障碍制约了首席人力资源官以最优方式部署人力。如何跨越这些障碍来协调资源与机遇，并提高业务绩效？

为抓住机遇而设计人力资源队伍

在当前日新月异且竞争激烈的全球市场中，快速匹配重要人才与战略机遇对企业取得制胜优势至关重要。 发挥这一潜力需要克服那些限制员工发挥聪明才智的障碍，并且提高业务运作的创造力、灵活性和速度。

在人力与组织行动的敏捷性方面，企业可以观察那些需要依靠快速评估、部署和适应能力而履行使命的组织，并从中学习。 以无国界医生组织（Médecins Sans Frontières，简称 MSF）为例，一个国际人道主义医疗组织必须快速地分析不断发展的形势，了解大量的专业知识，并且快速部署高技能的多种人员。[1]这些国际化的医生和保障人员组成的团队（每个人都掌握不同的多种专业技能）必须创造性地应对快速变化且常常不断恶化的形势。 例如，2010 年 1 月，在海地面临着毁灭性的自然灾难、通信设施中断和全国骚乱的形势下，MSF 仍然能够协调 700 名医生和保障人员，为海地 7.3 级地震中成千上万的伤者提供急救服务。[2]

很少有企业像 MSF 那样必须作出生死攸关的决策。然而，对于希望在竞争日益激烈的全球经济环境中获得竞争优势的企业来说，具备这些能力同样是最根本的要求。

但是，将创造力、敏捷性和速度融合到业务运作中并非易事。职能、文化、地理、年代和信息等方面的大量障碍限制了人员的生产力，使企业无法充分发挥潜力。必须跨越这些障碍才能抓住新机遇——无论机遇在何时、何地并以何种方式出现。

为了更好地支持下一代产品，我们希望培养一支这样的人才队伍：他们行动敏捷，能够快速跟上发展趋势，争取领导层的支持，并且在执行业务战略时遵循规则。

——Anne-Marie Leslie，Cochlear Limited 人力资源高级副总裁

新目标：增长

对于许多企业来说，尤其是在成熟市场中的企业，过去两年中它们被迫特别关注业务稳定性和成本控制。毫无疑问，运营效率是当今面临的主要业务问题之一，高达 64% 的首席人力资源官将此视为最严峻的业务挑战（见图 5－1）。

然而，在摆脱不同程度的经济震荡后，我们发现许多组织的注意力转向了业务扩展——包括拓展将要进入的市场以及所拓展的产品和服务。48% 的被调查者称，推出新产品和新服务将是他们在未来三年的主要任务，而 44% 的被调查者表示将主要侧重于向新市场和新地区的扩展。英国的一位运营总监说：“我们目前采用防御的战略，目的是在经济困难时期保证利润。然而，从中长期来看，我们的计划是实现全球业务增长。”

中国的调研结果显示，中国企业未来三年的战略重点毫无疑问将是

拓展新市场，这一比例比全球平均水平高出近 10 个百分点。 中国企业的市场拓展将不只局限在国内，许多中国企业将向海外拓展业务，建立全球化的业务版图。 在致力于业务拓展的同时，大中华区企业同样重视提高业务运营效率和产品开发。

尽管运营效率仍是最主要的业务问题，但人力资源主管都明确表示正在为未来三年中的业务拓展而做准备，中国企业的战略重点更是放在业务拓展方面。

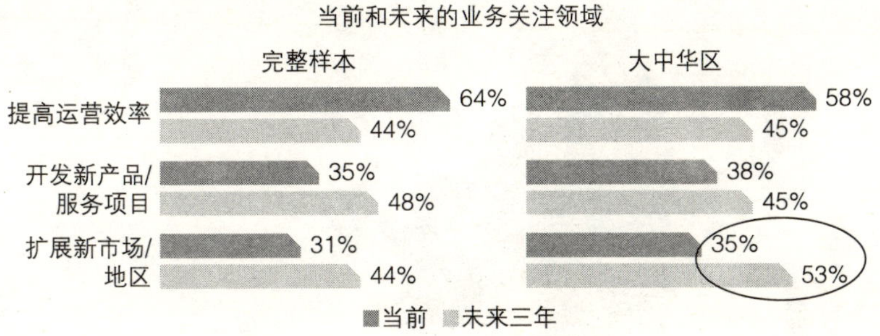

图 5－1 为增长做出规划

这种以业务增长为驱动力的企业战略对人力资源有深远的意义。企业需要将人力投资转向那些能够提供最大机遇的领域，而不仅仅是那些成本最低的领域。 企业必须能够找到新的人才和专业知识来源，并且更加靠近购买力日益提高的新兴市场的客户。

这是全球化，而非离岸运作：可以不受地点制约；旨在获取正确的人才，而不要求他们居住在这个国家。

——Fiona Michel，澳大利亚保险集团（IAG）人力资源总监

追随全球机遇进行人力投资

毫无疑问，在未来三年内，中国和印度将继续作为人力投资增加的最大受益者（见图 5－2）。 40% 的首席人力资源官表示他们预计将在中国增加人员数量，而 29% 表示将在印度增加人员数量。 首席人力资

源官预计将大大增加人员数量的地区还包括拉丁美洲（26%）、除日本外的亚太地区（25%）和俄罗斯/东欧（23%）。

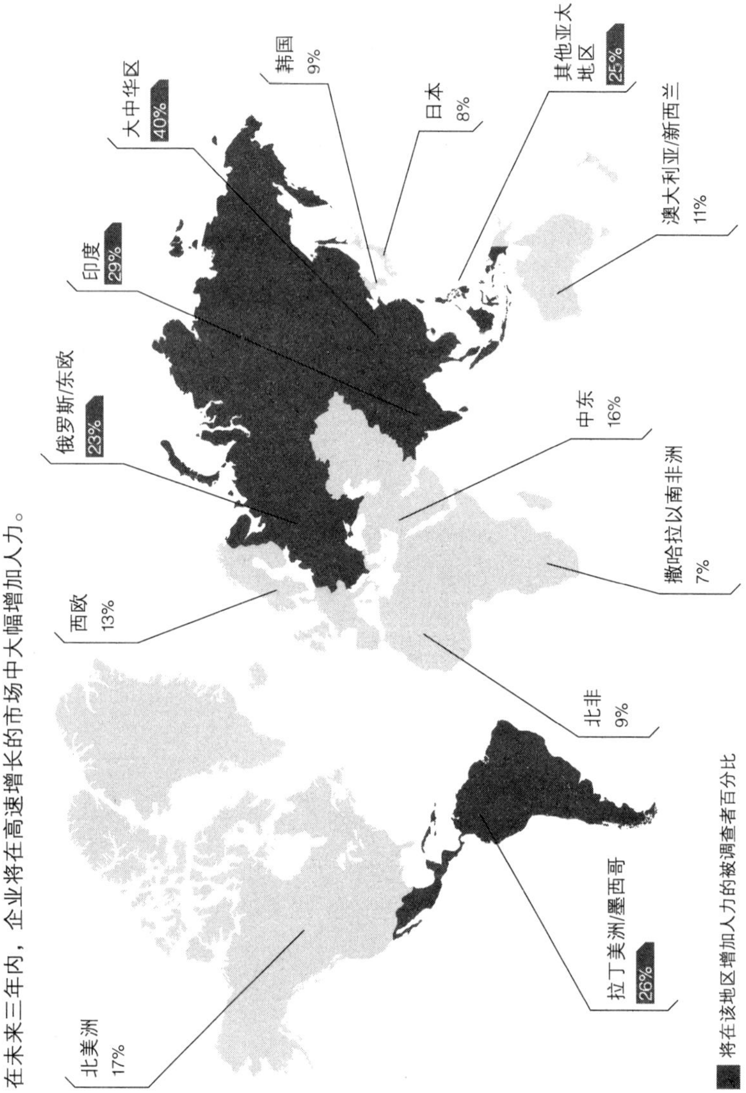

图5-2 与业务增长相对应的人力投资

但这并不是单向迁移。不仅成熟市场中的企业将在高速发展的新兴市场中增加人力投资，而且新兴市场中的企业也将继续拓展海外市场，并成为世界舞台上有力的竞争者。例如，在高速增长的市场中，

34% 的首席人力资源官称，他们预计未来三年内将在北美洲增加人力，而 37% 的首席人力资源官计划在西欧进行额外的人力投资——这包括印度的企业，其中 45% 的来自印度的被调查者指出，他们计划在北美洲增加人力，而 44% 的被调查者表示将在西欧增加人力。 在中国，我们调查的 33% 的首席人力资源官称，他们计划在北美洲增加人力，而 14% 的人表示将在西欧增加人力。

这种全球范围内对人力增加的关注要求企业从根本上重新思考如何管理人力，以及如何跨越界限的障碍。 它们必须考虑吸引和留住关键人才的方法（请参见下文：“了解并应对地区差异”）。

企业需要发现新的合作关系，使它们能够获得所需的技能和能力。它们需要从分散在全球的员工那里收集信息，并分享见解。

了解并应对地区差异

随着企业向新的地区增加人力投资，它们需要认识到在这些区域吸引和留住所需人才的差别。 我们的调研明确地指出，在这些区域内运作的企业对如何吸引和留住人才已经有所了解，而对新进入者而言，如何吸引和留住人才可能意味着挑战。

在世界的不同地区，高级人力资源主管对于人才来源和招募重要性的看法有明显不同。 虽然大多数首席人力资源官普遍对他们走出去寻找正确员工的能力充满信心（总体来讲，仅 16% 的企业认为这个方面是最严峻的挑战），但在高速增长的市场中的企业将在企业外寻找并招募人才视作关键问题的比例却高出近一倍。

鉴于在许多高速增长的市场中人才需求旺盛，这些地区的首席人力资源官将薪资和福利作为吸引人才的最重要因素。 然而，在员工流动性不大的成熟市场中，创造有挑战性的机遇、平衡工作与生活的需求以及协调企业和个人价值是最重要的因素（见图 5－3）。

高速增长的市场中超过 45% 的企业和成熟市场中 33% 的企业指出，与从外部招募人才相比，留住高价值人才更加重要，这才是人力资源方面的重要挑战。 截止到目前，清晰的发展机遇是高速增长的市场中留住员工的最重要因素——超过60%的企业认为这是留住员工的首要因素。在成熟市场，关注重点是新的或具有挑战性的工作，其次才是清晰的发展机遇。

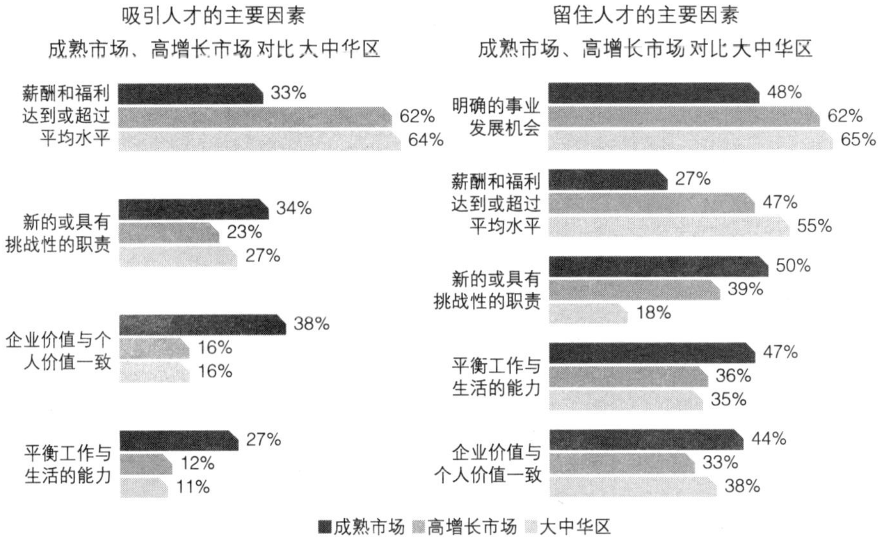

图5-3 了解什么对谁重要

在大中华区，薪资和福利是吸引员工的最重要因素。但在留住员工方面，更多企业把清晰的发展机会看作是留住员工的关键，排在第二位的才是薪资和福利。可见中国企业的员工更加看重企业为自己职业生涯的发展提供的机会和空间。

对于考虑在新的缺乏运作经验的市场进行人力投资的企业来说，上述差异具有重要的意义。企业的薪酬设计、绩效管理和人力资源政策必须结合当地的情况，同时，企业还需要满足全球准则和政策的要求。

此外，为了在不同地区吸引和留住人才，企业的领导者必须认识并了解如何提高员工绩效，并激励来自不同文化和背景的员工。

人力资源方面的三项不足

通过对首席人力资源官关于企业未来成功应具备的最重要的能力以

及如何有效地获取这些能力的调查，我们发现了人力资源方面的三项不足（见图5－4）。

根据被调查者对重要性和效率的评分，企业的三项关键能力落后。

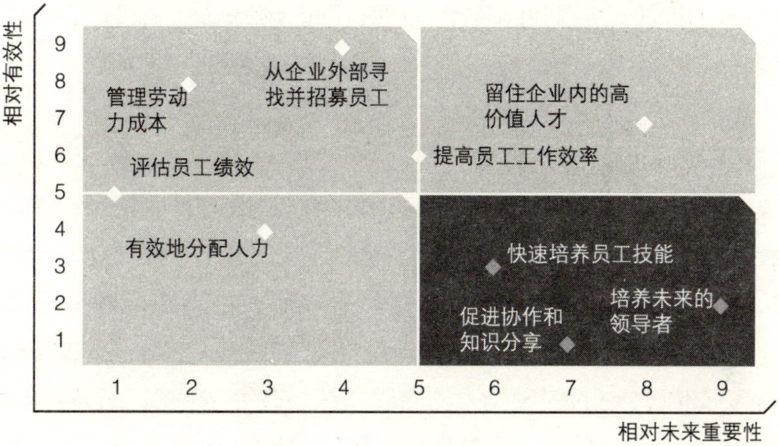

图5－4　揭示差距

首席人力资源官表示，他们在组织、管理和配置人力资源的某些方面比较擅长，例如在企业外部寻找和招募人才，管理劳动力成本和评估员工绩效。他们还认为在提高员工工作效率和留住高价值人才等具有战略重要性的方面表现较好。

然而，首席人力资源官对于有效分配人力资源的能力缺乏信心。尽管人力资源领导者不认为这一能力是未来增长的根本要素（只有18%的被调查者认为这一能力在未来三年内特别重要），但我们的数据提供了截然不同的情况。通过考察财务表现优秀的企业的样本，我们发现，与表现较差的企业相比，这些企业认为它们能够有效地分配人力的比例高达47%。[3]

最大的问题是首席人力资源官认为极为重要但目前无法实现的能力。首席人力资源官要想跨界限运作并发挥员工的潜力，必须应对三项关键挑战——培养未来的领导者、快速培养员工技能，以及推动知识共享和协作。

根据大中华区和全球的数据比较，发现这三项人力资源的关键挑战对大中华区企业同样适用。 如果快速培养员工技能的重要性较低，说明在这一点上大中华区的企业还没有将快速培养员工技能列为现阶段主要考虑的问题。 有很大比例的大中华区的企业把留住有价值的人才作为企业人力资源的重要性很高的方面，同时这些企业也对它们留住人才的能力比较自信。

缺乏有创造力的领导者

在未来三年，发现、培养和激励高效而敏捷的领导者对于首席人力资源官至关重要。 英国一位人力资源主管说：“我们拥有优秀的管理人员，而不是领导者——我们需要优秀的领导者来实现我们的战略目标。”为了抓住转瞬即逝的机遇，企业需要注入必要的敏感度和灵活性，必须超越传统的领导能力的培养方法，并寻求向潜在的领导者注入新能力的方法：不仅仅是高效管理所需的经验式技能，而且包括提出创新解决方案所需的认知能力。 企业必须采用有创造性的学习方法才能实现培养有创造力的领导者这一目标。

无法快速培养员工技能

首席人力资源官认为，开发员工技能非常重要，但他们在这个方面做得并不好。 正如英国的一位首席人力资源官指出：“我们过去采取‘自求生存’的方式将有能力的人安排到新的岗位。 我们并未进行很好的事前评估。”

员工技能的培养与如何部署有技能的员工密切相关。 尽管首席人力资源官未将其视为关键能力而给以充分重视，但我们认为这个方面与创造新的增长机遇有直接的关系。

低效率的协作与知识共享

有效利用团队的知识和经验对于建立敏锐且高度响应的员工队伍至关重要。 然而，许多组织缺乏推动系统知识共享和协作所需的组织架构和资源。

文化和组织孤立通常给企业跨部门界限共享信息造成障碍。 如北美洲一位高级人力资源副总裁指出：“我们需要知道我们已有的资源，依靠自己的力量跨部门解决问题，并且充分利用我们的人才和我们的思想。”

中国经济在过去的20年中经历高速成长。与全球企业相比，多数中国企业正处在高速发展的上升期，业务发展速度往往超过预期。随着中国企业业务的快速发展，其复杂程度也相应增加。应对这种复杂程度的变化需要在体系上做好准备。除了高速发展，中国的市场环境的另一个特点就是变化快。机遇与挑战会随时出现，考验一个企业的应变能力。另外，全球化是许多领先的中国企业所面临的必然的发展趋势，带来的挑战和机遇都是空前的。面对这样的局面，中国的企业领导者发现，依靠个人的能力难以了解和掌控所有的业务领域，应对所有挑战。人力资源需要在关键领域进行变革以应对挑战。

弥补差距

位置、结构、组成、技能，以及至关重要的敏捷性，是员工和其领导者创造高效运营以及进入新市场、开发新产品和推出新服务的关键。但是，组织需求和效率之间的差距会影响企业的增长。

根据700多位高级人力资源主管提供的见解，我们认为三项基本能力将帮助企业消除限制人力资源发挥效力的种种障碍，即培养有创造力的领导者，提高速度与灵活性，以及发挥团队智慧。

第一章
培养有创造力的领导者

人力资源主管称，培养未来领导者的能力对企业未来的成功影响最大。然而，只有1/3的被调查者表示，他们可以有效地做到这一点。怎样才能培养出当前的新环境所需要的有创造力的领导者呢?

领导者：高需求，难培养

建立一个灵活而敏锐的企业要求具备创新的领导力，以适应不断变化的环境。这些领导必须具备协调不同的文化背景、不同年代和多种沟通风格的能力。事实上，我们最近的全球CEO调研将创新领导力确定为未来五年首要的组织需求（见图5－5）。[4]

然而，企业需要努力寻找并培养高效的未来领导者。在我们的调查中，不足1/3的高管认为其企业善于培养领导者——与其重要性相比，这一比例显然非常低。大中华区的企业的人力资源高管认为其企业善于培养领导者的比例比全球平均水平更低，这凸显了大中华区企业在领导力培养方面的能力不足。

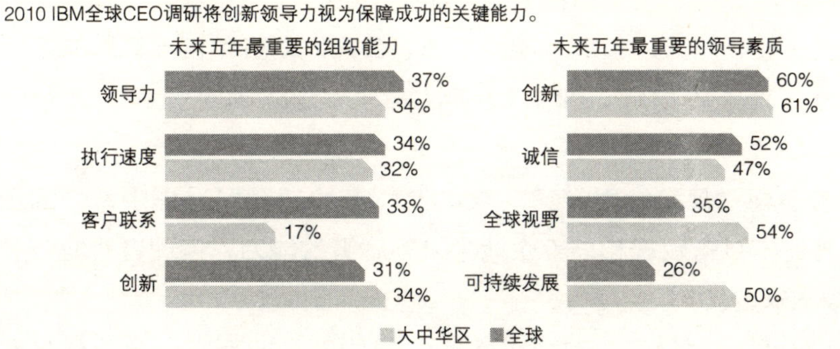

图5－5　高管的首要任务

培养未来的领导者始终是首要任务。业务的增长面临的一大挑战是保持敏锐度。我们在领导能力培养方面需要认识并且持续关注这一方面。

——Marcelo Modica，Discover Financial Services 人力资源高级副总裁

然而，在领导力培养方面，中国企业面临着一些特有的挑战。这些挑战包括：

缺乏具有前瞻性的未来领导人才标准。 对企业未来领导力的培养首先要根据公司战略明确领导人才的能力标准。中国企业对于如何解读公司未来战略、识别未来所需要的关键领导人才、如何洞察关键领导人才的成长规律、明确关键领导人才能力标准，以及企业在发展的不同阶段需要领导者具有不同的素质和能力比较困惑。

我们开始衡量领导者素质，并将之与分红机制直接挂钩：“所为即所得”。

——Axel Tripkewitz，Fujitsu Semiconductor Europe GmbH
人力资源与业务支持高级总监

缺乏整合的领导人才管理机制。 中国企业高速成长的业务催生出一批优秀的领导人才，但是，企业没有总结、梳理成功经验。企业缺

乏贯穿选、用、培、留整合的管理机制，也缺少科学工具、方法。另外，中国企业领导人才管理机制尚未成为公司人力资源管理机制的重要组成部分，也未能根据未来关键领导人才需求，确定领导人才获取策略。

没有形成“领导发展领导”的文化。 在快速发展过程中，中国企业领导者还不具备发现和培养企业未来领导者的能力；管理者对业务关注远远大于对人的关注。

企业全球化对领导力的特殊挑战。 对中国企业而言，全球化是时代性的新课题，并且没有前人的经验可以遵循。如何将国内人才向全球化领导人才转变，如何吸引国外优秀人才是主要挑战。全球化要求领导者具备全新能力面对完全不同的市场挑战，企业的管理机制也要更具包容性，包括语言、文化、价值观等。

缺乏创新的持续动力。 目前中国市场的容量足够大，不通过创新也能高速成长，因此企业领导者创新的动力不足。中国企业执行力强，但鼓励创新的氛围不够。企业领导缺乏创新对企业未来意义的认识，对创新的认识不够，创新也没有作为衡量合格领导力的标准。同时，企业缺乏鼓励创新的管理机制以及对创新的长期投入。

对全球许多公司来说，获得领导型人才都是一个难题。随着竞争的加剧，企业吸引、培养并留住有潜力成为高效并富有活力的领导者的员工变得越发困难。一家美国公司的高级副总裁说：“我们已经推出了领导培养计划。但是，在某些情况下，我们并没有足够的‘人才’加入该计划中。”委内瑞拉的一位首席人力资源官说：“在教育质量日益下降的形势下，我们必须集中精力培养未来的领导者。与几年前相比，现在新招聘的员工都没有做好充分准备。”中国的一位汽车制造企业人力资源副总裁表示：“随着质量、品牌和赢利的提升，培养未来的领导者成为企业最重要的任务。”

随着企业开始执行增长战略，领导力面临的挑战越发严峻。日本的一位高级副总裁表示：“虽然业务向多个地区扩展，但我们的领导者却不具备相应的技能。我们需要培养能够走向全球并在全球竞争中取得成功的领导者。”英国一位人力资源主管称：“我们的领导者目前都是根据机会升迁的，而并非遵循设计的路线。我们需要塑造和培养人才。”

如何成为有创造力的领导者

有创造力的领导者拥有一些共同的特征，这些特征帮助他们以创新的方式领导企业。他们敢于挑战业务模式的每个要素，以抓住未被开发的机遇，并提高运营效率；他们通过发现、选择和执行关于开发新市场的多种（甚至是非常规的）想法而实现业务增长；他们利用新的沟通风格激励人才，重建企业内部以及整个供应链中的关系，以提高协同生产力；他们着眼于全球市场这一更广阔的领域，注重快速优化组织的团队技能。

未来的领导者必须学会从虚拟的、无限制的全球角度来思考和行动。他们必须在企业内创建整合的、跨部门协作的能力，并且打破限制创新和速度的障碍。美国一位负责人力资源的高级副总裁说：“我们已经招聘并培训了独立工作的员工。我们需要发现能够在全球整合的公司中工作的未来领导者，并培养他们以全球的视角思考和工作。”

未来的投资

可喜的是，企业认识到了高效的未来领导者的重要性，并且在努力弥补差距。即使在全球经济危机期间，成熟市场中33%的被调查者和高速增长的市场中43%的被调查者都加大了在领导能力培养方面的投资。同时，大多数被调查者正在考虑成本控制举措，许多公司在这方面已经先行一步。

大中华区的企业更加重视领导力培养的投资，在调研中我们发现，回答将增加对领导力投资的大中华区企业比成熟市场企业高出了30个百分点。大中华区企业已经充分认识到领导力培养的重要性，以及自身的差距，并且正在为培养新一代创新的企业领导者付出努力（见图5－6）。

尽管面临着经济不确定性，许多公司——尤其是在高速增长的市场中的公司——已经加大了在领导能力培养方面的投资力度，将赌注押在了首席人力资源官认为影响未来成功的最重要的能力上。

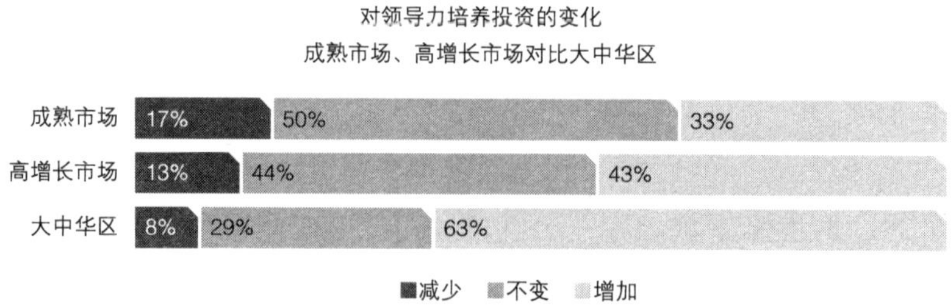

图5－6　现在投资，否则未来将付出更大的代价

建议

员工跨界限工作要求领导者成为企业增长和转型的高效拥护者。领导者必须具有灵活性和适应能力，并且拥有应对日益复杂的世界所需的勇气、知识和技能。传统的培训和“耳濡目染”已不足以满足要求。企业必须培养领导者在当前更加虚拟化和分散世界中，保障企业发展壮大所需要的技能。他们必须：

建立未来领导人才标准

中国企业需要根据公司的战略目标，识别未来对领导人的需求，并建立关键领导能力标准。

将领导力建设纳入企业的核心管理流程

预测未来人才需求，制定领导人才获取策略。 企业对领导人才的需求要进行具有前瞻性的规划，同时制定如何获得所需的领导人才的计划。

将领导人才的“选用育留”纳入企业的核心管理流程。 中国企业的领导培养和选用一般都不在企业的核心管理流程中。企业需要建立

相关机制，保证领导力支撑公司战略。

评估关键领导人才队伍现状，制定领导人才提升路线图。 针对有潜力的领导人才，评估现有能力和目标能力的差距，制定有针对性的培养计划，规划提升路线。

培育企业的“领导发展领导”文化

企业高层领导要承担起“领导发展领导”的责任。 企业高层领导要对领导力的发展负起首要责任，将领导力的培养放在公司战略高度。

坚持持久的领导力培养计划，长期投入。 一个领导力培养项目一般需要至少1～2年才能产生效果，更大范围的领导力培养计划则需要更长的时间。坚持长期投入是保证成功的关键。

立足于在自己企业内部培养关键领导人才。 企业要坚持培养自己的领导人才，而不仅仅是从外部聘用。合格的领导人才需要对企业有深入的了解和对企业文化的高度认同，这些都是在长期的培养当中才能逐渐形成的。

培养全球化企业领导人才

加速培养高潜质全球化人才。 面对多元化管理的挑战，企业要立足尽早着手，识别高潜质的人才。让这些高潜质的人才尽早获得海外工作的历练，并为他们设计加速培养计划，支持公司全球化战略。

提高现有全球化管理人才的业务水平。 对现有的全球化管理人才制定针对性计划，加速实现就地“转身”。

加强对当地高级管理人才的管理。 吸引更多当地人才加入海外业务的管理团队，以更加开放和包容的管理方式完善对当地高级管理人才的管理。

营造鼓励创新的企业氛围

企业对领导者的创新要有更好的包容性，有更完善的机制鼓励创新、包容失败、营造鼓励创新的氛围，而不仅仅是结果导向。要注意领导团队多样化配置、拓展眼界、提高决策质量。同时，要将外部观点（如供应商、客户的建议）融入到领导能力培养过程中。

严格把关领导力投资

分析未来的业务发展趋势，以确定新业务机遇和这些机遇所在的位置对领导能力的要求。 确保领导角色能够反映出未来业务的位置、员工和客户的地理特征的组合。

根据公司的战略目标确定重点培养哪些方面的领导能力。 比如，确定公司的未来战略重点是创新还是全球化，然后确定领导力培养的重点。

持续监测潜在的未来领导者的工作进展。 持续监测有潜质的领导者的工作表现以及与目标能力标准的差距，根据这些差距为领导者制定有针对性的培养计划。

LAN Airlines：依靠强有力的领导者展翅高飞

当智利的旗舰航空公司 LAN Airlines 于 2005 年成立阿根廷分公司时，公司已在厄瓜多尔和秘鲁蓬勃地发展业务。但是，进入阿根廷市场被证明是一个更严峻的挑战。

由于高关税、严格管制和曾经不断破产的行业历史，阿根廷航空业并不发达。LAN 阿根廷分公司也需要整合来自阿根廷国家航空公司 LAFSA 的 650 名员工（已经同意从政府收购 LAFSA）。高管团队尽管热情高涨，但相对来讲缺乏经验。即使如此，LAN 阿根廷分公司定下了宏伟的目标：在 18 个月内获得 30% 的国内市场份额。

然而，很快这一计划就开始陷入困境。在 2007 年 5 月，LAN 决定发起一项领导能力培养计划。公司首先让所有阿根廷高管定义“领导”的含义，说出他们的个人信念和价值，并且找出企业内的榜样。然后，公司明确了对每个人的期望，包括他们将要做什么，何时和如何去做，细化到一张每星期任务清单中。

这个过程最终产生了“LAN 领导者”能力模型。他或她必须具备：诚信、智慧（例如精通技术和心智发达）；以结果为导向、有能力设定较高的目标并采取主动；良好的沟通能力和推行变革的专业技能。

培养新一代领导者已经得到了回报。目前，LAN 已成为世界上第八大航空公司，市值达到 62 亿美元。公司还将从 LAFSA 继承的“国家”文化转变为一种服务文化，并且使员工满意度提高了三倍。

Maxis Communications：通过连接实现创新

Maxis Communications 是马来西亚领先的移动通信服务提供商。公司凭借将简单、可信和创新结合到“我们所做和所说的每件事”中的理念，已经吸引了超过 1 200 万客户。[5]但是，由于需要在电信行业提高竞争优势，Maxis 希望改进其开创精神。

2009 年 12 月，Maxis 安排 18 名高级管理人员到旧金山、硅谷和洛杉矶出差。这个团队与当地白手起家的企业家进行了交流，深入了解了他们公司的文化，参观了 Paramount，亲身体验了最新的多媒体内容传播技术——这是 Maxis 非常感兴趣的一项技术，因为公司已经是马来西亚首屈一指的音乐发行商。他们还参加了经典的《创新制胜》（*Winning through Innovation*）一书的作者——Michael Tushman 等管理界大腕举行的讲座。

Maxis 此行还有另外一个聪明的想法：为了进一步拓展团队对于技术创新的视野，18 名成员都使用了 iPhone 手机的 Twitter 和 Foursquare 功能与位于马来西亚和印度的 8 300 名同事实时分享体验。员工可以提出问题，之后由团队成员向他们的拜访人转述这些问题。

结果如何呢？此行程结束后，18 人不仅加深了互相之间的关系，而且也为振兴企业文化提出了想法。此外，他们的热情也感染了以虚拟方式参与整个行程中的员工。

对于 Maxis 来说，创新实现了协作，而协作又反过来激发了新一轮的创新。公司关于培养人力资源的创新举措在 2010 年度马来西亚人力资源大奖中荣获金奖殊荣，公司的创新理念现在已经得到了广泛的认可。

中国某大型设备制造商：销售组织领导力转型的成功实践

该企业是中国最大的设备制造商之一，全球化战略和业务的快速成长带来了无限的发展机会和事业平台，但也面临着领导力建设的巨大挑战：既要推动现有领导人才的就地“转身”，又要加速未来领导人才梯队的培养。

在外部咨询公司的帮助下，该企业启动了领导力发展项目，包括：1. 根据公司战略要求，确定领导人才培养策略，并设计整合的领导人才管理机制，以及领导力体系建设路线图；2. 识别未来关键领导人才，明确人才标准；3. 根据领导人才成长的规律，建立和完善领导人才培养体系，并对特殊人才制定个性化的培养项目；4. 将领导人才管理流程、工具嵌入公司主管理流程，推动领导人才管理体系的持续实施、优化；5. 自上而下，逐步落实、实施领导人才管理方法和工具，推动领导人才的持续提升。

通过该领导力发展项目，企业最终明确了企业整合领导力体系，识别出未来战略所需要的关键人才及标准，盘点现有人才队伍现状，明确了差距。 结合企业特点，确立了如何实现核心领导人才的转变、高潜质人才加速培养的领导力提升机制、支持企业快速成长对关键领导人才的需求。

培养有创造力的领导之关键问题

企业是否具有系统长期的领导力培养计划，并致力于长期投入？

如何培育企业的“领导发展领导”文化？

如何从领导人才培养发展，支持公司的全球化战略？

如何培养领导团队的创新意识和跨界限工作的思考方式？

是否将领导能力培养与新的业务机遇相结合，使领导者更好地做好应对未来的准备？

第二章
提高速度和灵活性

首席人力资源官将快速培养员工能力列为最重要的发展领域之一，但他们对这个方面的表现的评分却排在最后三位。企业如何更好地将资源与机遇相匹配？

人员、时间与机遇的同步

提高人力资源的速度和灵活性的能力是我们在首席人力资源官采访中所总结的第二项基本能力，为了取得在当前激烈竞争的全球市场中的业务增长，这一能力与有效的领导力同样关键。

当今的科技使每个人都能在任何时候、任何地点开展工作。但将正确的人员安排到正确的岗位和地点仍然是一项巨大的挑战。寻找能够在日益无界限的市场中展开竞争的员工并保持创新是非常困难的。更难的是，管理来自不同文化、跨不同地区和时区的员工。

确切地说，大多数被调查者明白他们面临的巨大困难。美国一家消费品公司负责人力资源的副总裁说：“我们需要能够依靠优秀的技能，以整体和统一的方式部署全球资源。”一家专业服务公司的人力资源高管的表达更为直接：“全球化是我们的关键战略，而在全球市场中部署人力是我们面临的最大挑战。”

更高的灵活性决定了公司的战略方向：促使员工完成高负荷的工作。从危机中复苏的不均衡态势意味着各个地理区域的业务也不相同，有些项目对人力的需求可能更高。

——Gina Rallis，加拿大人力资源与技能发展局
人力资源服务部助理副部长

努力提高灵活性

为了平衡效率和增长两项需求，许多企业纷纷将更高的灵活性融合到其运营中。例如，在我们的2010年CEO调研中，62%的CEO表示，他们的转变方向是在运营模式中更多地利用可变成本（而非固定成本）。在调研中，我们发现首席人力资源官也响应这一灵活性趋势。我们采访的超过一半的人力资源高管预计，他们将在未来三年内使用外包、离岸运作等技术以及更多地使用临时、短期和兼职工人（见图5-7）。相反，只有10%或更少的被调查者指出，他们将在这一时期内减少这些技术的使用。

在未来三年，全球超过一半的首席人力资源官计划将更高的灵活性注入人力资源中。大中华区企业对灵活性的重视程度低于全球水平，提高灵活性还不是目前大中华区企业主要关心的人力资源问题。

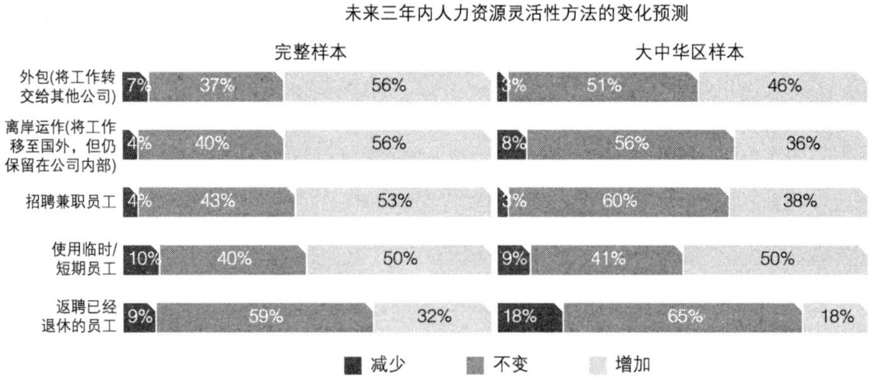

图5-7　人力资源模式正在经历巨大变革

调研数据显示，大中华区的企业回答将增加各项促使工作更为灵活的方式方面的比例都远低于全球水平。 这说明提高灵活性还不是大中华区企业人力资源高管的首要考虑因素。 这一部分原因是因为中国的劳动力成本较低，因此企业还未感到人力资源的灵活性对其业务产生很大的影响。 目前中国企业在考虑人力资源的灵活性方面主要针对的是高级人才，包括高级技术人员和管理人员等。

我们认为，更加重视人力资源的速度和灵活性对中国企业非常重要。 原因有如下几个方面：

1）全球化对灵活性的要求。 在企业全球化的过程中，不同市场需要不同的员工技能。 因此，灵活地配置员工技能对抓住不同地区的市场机遇非常重要。

2）商业环境和业务日趋复杂。 中国企业必须提高人力资源的速度和灵活性以适应日益复杂的商业环境和业务运营的挑战。

3）降低人力准备和培养滞后所带来的成本。 人力方面的准备滞后不仅会使企业错过发展机遇，而且还会在管理方面产生诸多问题。 加快人力的培养速度并提高灵活性可以帮助企业减少人力准备滞后所带来的成本。

4）留住和快速补充人才的需要。 提高人力资源的灵活性可以为员工提供更好的发挥技能的机会，帮助企业更好地培养并留住人才。 市场充满机会使各个企业的员工队伍稳定性较低，提高灵活性有助于企业快速补充人才。

阻碍灵活性的因素

日益提高的组织灵活性需要多项重要能力才能实现。 企业必须能够预测产品和服务需求的变化，并且要为支持这些变化而分配资源。它们必须与供应商和合作伙伴建立牢固的关系，使它们能够管理非核心业务活动，并补充劳动力，从而应对高负荷的工作需求。 企业需要投入有限的学习资源，以使员工快速地掌握新流程和技术。

但是，企业在分配资源和快速培养学习技能方面面临着挑战。 例如，只有 35% 的被调查者认为他们能够有效地分配人力资源，31% 的被调查者认为他们的公司在快速培养新技能方面颇有成效。

调研指出，许多企业缺乏在人员分配方面根据事实作出决策所需的基础（见图 5－8）。 由于企业缺乏对在什么样的发展阶段，需要拥有什么样的技术和能力的洞察，以及对帮助评估潜在人力短缺以及监控人才供需的深入了解，许多企业都面临着决策不力和事后被动响应市场变化的风险。

首席人力资源官纷纷努力建造基础设施，用于平衡人才的供需关系。大中华区企业特别缺乏持续的分析和预测供需的能力。

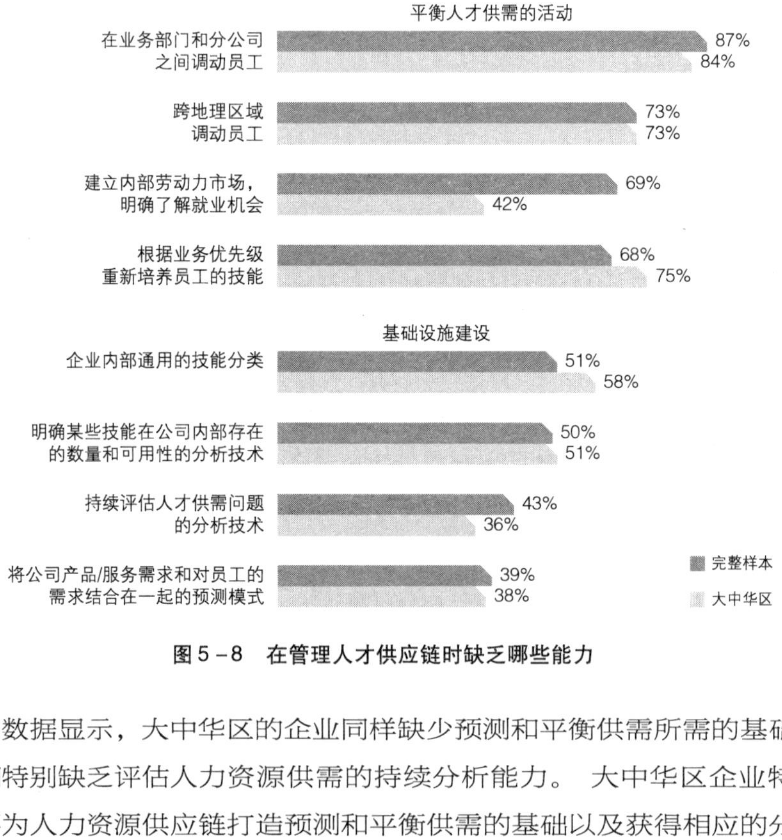

图 5－8　在管理人才供应链时缺乏哪些能力

数据显示，大中华区的企业同样缺少预测和平衡供需所需的基础。它们特别缺乏评估人力资源供需的持续分析能力。 大中华区企业特别需要为人力资源供应链打造预测和平衡供需的基础以及获得相应的分析能力。

在提高人力资源的灵活性方面，中国企业还面临着一些特有的挑战，包括：

缺乏对人才队伍的系统规划。 灵活性需要建立在系统性的基础上。中国企业一般没有根据业务发展需要对人才储备以及人才所需具备的能力进行提前（一般是3到5年）的规划，这在很大程度上阻碍企业人力资本方面应对市场变化的速度和灵活性。另外，因为企业的人力资源部门也缺乏与业务部门的有效协作，这也在一定程度上阻碍了速度和灵活性。

业务发展过快导致没有体系和章法的速度和灵活性。 中国企业的业务增长速度太快，相应的管理机制难以跟上。其特有的速度和灵活性是强大的执行力的结果，而不是有体系、有章法、有计划的速度和灵活性，这是一种不成熟阶段的表现。因此，当中国企业快速扩大规模的时候，这种依靠个别领导者的意志所建立的执行速度不能在整个企业中长期推行。

缺乏支持速度和灵活性的管理机制和工具。 中国企业缺乏支持实现人力资源速度和灵活性的管理机制，如业务流程、考核体系和激励机制等。另外，中国企业也缺少必要的工具，如人才的规划的统一视图和人才数据库等。同时，多数中国企业满足于依靠自身解决人力资源问题，还没有认识到与外部专业企业合作弥补自身能力的差距的重要性。

快速培养技能需要新的学习方式

除了更有效地分配资源之外，企业必须以更创新的方式缩短学习曲线，并且培养新的能力。我们的调研结果指出，在快速培养技能方面效率较高的企业相对效率较低的企业更愿意使用协同工具（分别是43%和34%）和浸入式学习技术，例如虚拟世界（分别是19%和9%）。这些工具和技术模拟现实世界的问题，并鼓励员工培养创新的适应能力、计算风险和持续改进。浸入式学习允许员工扮演新的角色、快速培养新技能，并且学习如何有效地远程协作和快速作出决策。[6]

在大中华区，在快速培养员工技能方面效率高的企业比效率低的企业更多地使用指导和计算机辅助培训这两种学习方法。与全球水平相比，大中华区在快速培养员工技能时使用混合学习方式，计算机辅助培训和协同工具进行学习方面与全球的差距较大。 因此，大中华区的企业需要加强使用新兴的学习工具。[7]

建议

许多中国企业将人才管理职责分配给多个职能部门，包括招聘、学习、培养以及采购。 业务部门领导也可能负责各权限领域内的某些或全部活动。 但是，随着人力资本的竞争不断加剧，没有任何一家公司能够依赖孤立的方法培养和配置所需的人才。 企业必须开发一种跨越传统职能壁垒的整合方法。 企业还应该重新思考其政策和流程对人力资源的持续影响，并且将人力规划融合到战略制定过程中。 企业为解决这些问题而必须采取的关键措施包括：

加强需求预测，系统规划，提高准备度

根据未来业务发展的需要对人力资本提前进行规划。 这些规划包括未来的人才体系结构、数量、能力要求、培训计划、薪酬和激励机制等。 要提高对人员调配的准备度，合理配置资源。

建立单一、整合的人力观点。 制订统一的人力资源战略，汇集不同业务部门的需求，并且考虑多种人力方案（例如全职员工、兼职员工、承包商、外包合作伙伴）。 确保人力资源、业务运营和采购活动协调运行，以持续地制定并且修正人力资源战略。 在设计灵活的人力配置时，注重以结果为导向的模式。

确立通用的专业能力分类系统作为企业能力的“通货”。 利用这个平台评估企业内的人才短缺和过剩，并且推动以信息为基础的人力资本决策。

注重对高端人才的培养，优化高端人才布局

中国现阶段提高人力资本的速度和灵活性主要是指针对高端人才，

如管理人才和高端技术人才等。因此，对高端人才的培养非常重要。可以采取一些措施，比如有意识地让管理人员轮换不同的岗位，以使他们快速获取更多的经验。

加快打造适应全球化业务的人才队伍

海外业务迅速崛起需要中国企业快速打造一支适应全球化业务的人才团队。在进行海外拓展的时候，要合理地布局人才，并通过一系列措施快速培养和打造面向全球化业务的人才队伍。

加快对机会的响应，显著缩短获得能力的时间

提供内部人才市场，使员工和经理能够了解并获得新机遇和所需技能。 由此经理和员工能够更好地掌控人员安排和职业管理，更快地作出决策，并且接触那些以其他方式可能不会考虑到的候选人。

向核心职位和角色分配学习资源。 对于那些真正在市场上为企业带来差异化优势的职能部门（或者在公共领域中，对于实现使命至关重要的部门），稀缺资源的分配能够提高这些部门的绩效。

将网上培训和协同工具作为面对面学习的补充。 新一代员工已经将互动式虚拟体验作为学习环境的一部分。企业可以通过更好地利用这些技术来激励学习者，并增强学习效果。

中电控股有限公司：设计未来

中电控股有限公司（CLP Holdings）是亚太地区领先的能源供应商。尽管在全球开展业务，但公司必须适应当地的变化，而且所做的投资必须持续25年。因此，CLPH的观点与其他许多公司都不同：公司必须敏锐且灵活地运作，同时着眼于长远的未来。

这并不是CLPH面临的唯一挑战。发电和输电需要高技能的工程师，但CLPH的员工岁数偏大，缺少优秀的年轻工程师。另外，现场工作人员必须能讲当地语言。显而易见，人力的战略规划对CLPH至

关重要。

公司首先分析了所有的员工，并将他们分为两类：掌握核心技能的和没有掌握核心技能的。公司对核心技能的定义是：管理发电、输电和配电过程中的关键业务、运作流程和活动所需技能的组合，以及只能通过长时间企业内部培养才能形成公司特别需要的专业能力。通过考察这两类人的统计特征，公司发现了在何处存在着最重要的不足。于是，CLPH 启动了多项旨在弥补差距的举措。例如，快速发现有潜质的人才，并优化每个团队中的工程师与技术员的比例。公司还建立了奖学金和实习制度，以吸引最优秀的工程专业毕业生，而且实习并不太侧重于理论。

CLPH 例行监控内部统计数据，例如人员流动，同时公司也着眼于更长远的目标。公司追踪每个市场中的人口变化和学历模式，这一趋势对一个公司长期开展业务有深远影响。

美国航空公司：将灵活性提升到新高度

美国航空公司是一家领先的全球客运航空公司，在全球拥有近 82 000 名员工。[8]公司每天有 3 400 多个航班飞往 40 多个国家的 250 座城市。完成这一任务需要大量人员。

多年来，公司管理着支持这些内部员工所需要的人力资源职能。然而，尽管公司的人力资源服务中心和技术非常优秀，但技术日益老化，而且维护和升级费用高昂。更重要的是，所有工作都在内部完成，这使公司几乎不能灵活地随着经济的发展状况调整业务，将经济的影响因素降到最低。

因此，在 2007 年，公司决定外包多项 HR 职能，同时将更具战略意义的部分在公司内部完成。通过与人力资源外包合作伙伴密切配合，美国航空公司确定了外包的职能、将获得收益的领域以及满足公司需求的最佳应用。另外，公司还优化了许多人力资源流程，并为顺利过渡制订了一个路线图。

美国航空公司目前正在实现其目标，并利用一套强大的服务、标准和技术来进行员工培训、人才管理和福利等行政流程。除了满足功能要求外，美国航空公司新的人力资源业务模式使公司能够动态地响应不断变化的经济形势，通过可变的定价结构使价格可以上下浮动，并且建立了一个可以根据业务需求而扩展或修改的技术基础。目前，美国航空公司能够灵活地处理所有的可能事件。[9]

提高速度和灵活性的关键问题

公司是否根据业务发展目标提前规划人力需求？

什么样的工作结构对更高效、更灵活地部署人力资源更有利？

如何提高对高端人才配置的灵活性？

如何打破阻止充分发挥人力资源潜力的组织壁垒？

如何缩短在最关键的工作岗位中获得能力的时间？

第三章
发挥团队智慧

在本次调研评估的各项人力资源能力中，首席人力资源官认为自己的企业在促进协作和知识共享方面的表现最差。如果不解决这一问题，企业多样化和分散化的团队如何有效地工作和创新？

协作影响底线

创新是任何企业的生命源泉，能够有助于提高效率，促进新产品和服务的开发。 但是，创新不仅仅是以新的方式来应用所掌握的技能；它是企业能力、经验和系统知识的组合。 另外，保持创新能力需要发挥团队智慧。

人力资源部门应在识别协作所需的工具时扮演领导角色。它还应设立并推进“实践社区”。

——Kevin Mahoney，美国小型企业管理局首席人力资本官

团队智慧帮助企业在组织内分享和应用相关的实践从而提高效率。它使企业建立在经验的基础上，并避免重新设计流程和程序。 团队智

慧创造了适应新市场和新机遇，以及应用创新的能力。另外，它通过与客户和其他外部资源的交流，评估反馈意见，并利用所学到的知识发现新的改进方式。

尽管协作可能被许多人视为“软技能”，但我们的数据表明，协作可以产生底线效果。在我们的抽样中，在使用协同和社交网络工具而使全球团队更有效地合作方面，财务表现优秀的企业比表现较差者的比例高57%。

在此次调研中，来自中国的数据显示中国企业还没有想要充分利用协作和社交网络工具，并且中国企业也还没有认识到如何通过共享知识资源来发展业务。在许多重要的业务活动中，如产品设计、产品研发、迅速进军国际市场等，一个系统的协作机制和知识分享体系都尤为重要。竞争日益激烈的全球环境迫切要求中国企业向知识型经济转变，并增强长远的竞争力。

中国领导者开始意识到员工创新和技术对公司发展的重要性。他们同时也意识到对必要的配套基础设施投资的重要性，并正在采取行动。这包括形成创新机制和构建知识管理体系。

在越来越多的中国企业进入新的业务、开发出新的产品和服务时，跨部门和地理的位置的团队积极交换意见和分享市场信息。这些公司正在用一个结构更加合理的、先进的协作和社交网络工具来迎接未来的机会。

与增强效率相比，我们在创新方面表现并不好。人力资源部门应帮助企业树立创新文化、搭建论坛、培养领导者，并且寻找新的方式以衡量和奖励创新。

——Veronica Rörsgård，Skanska 人力资源高级副总裁

3/4 的被调查者协作能力较差

尽管了解并利用全球洞察力日益重要，但是大多数高管仍在努力地了解他们的员工。例如，我们采访的78%的人力资源领导者认为其企

业不能够有效地推动协作和社交网络的使用。只有 21% 的被调查者最近增加了对于协作和社交工具的投资。此外，不足 20% 的被调查者正在积极地利用分析技术了解这些举措的影响。

来自澳大利亚的一位高级副总裁说："在鼓励创新方面，人力资源应当在寻找并维护协作工具、为支持协作提供激励机制等方面扮演更重要的角色。"日本的一位人力资源经理有同样的感受，他说："不同的地区各自处理协作和知识共享，不同的地区和国家之间互不相通。我们需要消除这些壁垒，并且推动全球协作和知识共享。"

在大中华区的公司中，只有很少的人力资源领导者表示，他们发现协作和社交网络有效地促进了合作和知识共享。其余大部分的公司发现这不是他们的业务重点，他们工作的重点是拓展新市场、开发新产品和服务，以及持续提高运营效率。

在发挥集体智慧方面，中国企业面临着一些特有的挑战，包括：

经验和思想没有得到有效的分享。 在中国企业中，商业知识和智慧只局限在高层领导，如创始人和合伙人头脑之中，而这些往往没有被记录成文。另外，员工的工作经验和成果没有得到有效的分享，这特别给服务型企业带来了挑战。

缺少纵向和横向的协作机制。 中国公司缺少纵向交流和横向交流、协作和知识分享的机制，也没有相应的业务流程进行保证。纵向的交流方式是领导和下属之间的双向交流，中国公司更强调的是从上到下的交流，而缺乏自下而上的交流，特别是集合员工的观点帮助决策。公司同时缺乏横向交流（横向交流是指员工与员工，部门与部门的交流）和协作的机制。

> 我们需要在知识共享和员工交流的网络应用和基础设备上加大投入。
>
> ——美的公司人力资源经理

高管的支持不足。 中国企业领导者对跨部门的合作和促进知识共享重视程度不够。

在线协作环境不成熟。 多数中国企业还没有习惯使用在线交流工具，而更倾向于面对面的交流方式。企业不强调在线协作工具的使用，协作和社交网络工具没有得到优先的财务支持。

对协作能力的目标过低

企业不仅没有大力投资新的协作和沟通工具，而且许多企业也没有充分利用已有的知识分享资源。被调查者称，他们在增强企业沟通和学习效率、发现和招聘外部的候选人时最常使用协作的方法。他们通常不将协作方法用于战略目的，或者用于了解不同的想法。

只有 19% 的被调查者表示，他们经常使用协同技术来发现那些掌握相关知识和技能的员工。23% 的被调查者使用协同技术保存关键的知识，而 27% 的被调查者在广泛传播创新方面使用协同技术（见图 5－9）。

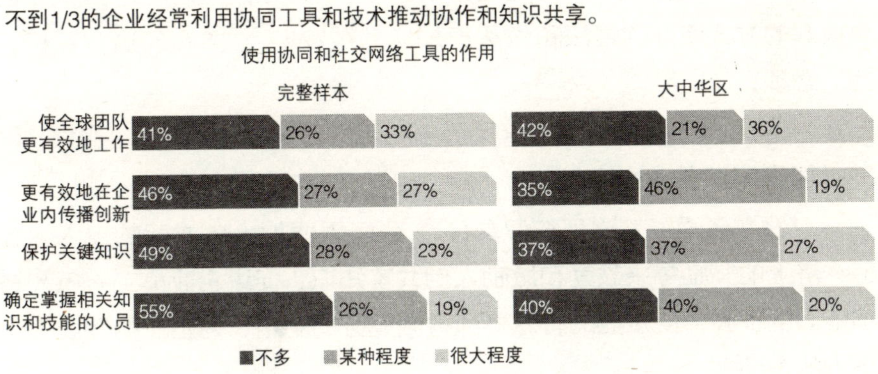

图 5－9　企业是否建立了正确的连接关系？

正如日本一家工业品公司的人力资源经理指出的那样：“我们没有充分地共享知识资产，虽然我们拥有这样做所需的 IT 基础设施。”必须认识到，协作是形成正确决策的最有效的方法，同时也是企业为客户提供价值的最有效的方法——特别是在企业为客户提供综合性服务或整体解决方案的时候。

虽然大中华区企业的整体协作水平还不高，但是，被调查企业回答将增加对协作和社交网络工具方面投资的企业比例比全球平均水平高出10个百分点以上，这说明大中华区的企业正在加大力度提高协作能力，实现无界限运作（见图5－10）。

大中华区企业的投资力度高于全球水平。

图5－10　最近在协作和社交网络方面的投资

建议

在建立鼓励创新并增强运作效率的组织文化和基础设施方面，首席人力资源官扮演着重要角色。他们可以帮助建立统一的环境，并鼓励分散于全球各地的员工之间建立新的联系。另外，他们可以在企业内寻找好的方式使好的想法和做法更加容易被发现。要实现这些目标，他们必须：

加强知识共享

鼓励并激励员工进行知识共享。 公司需要加大各方面的投入，包括经济上的奖励等来鼓励和激励人们共享知识，促进企业员工素质和各项能力的提高，使企业的智慧资源得到充分的利用，为企业的发展提供更大的帮助。

建立和完善知识分享的机制，并配备所需的工具和技术。 知识分享不仅是一种员工自发的行为，同时需要适当的管理机制、工具和技术加以保证。将知识分享纳入企业的标准管理流程可以保证有效的知识分享。

倡导在线协同工具的使用

提倡在线协同工具的使用。 广泛采用并适应利用在线协作和社交

网络工具来提高连通性，促进知识分享和为未来提供系统化的参考。

根据每个业务领域分派专人负责发展和维护知识数据库。 企业需要确定并分配各业务领域的特定的人选，负责发展和维护知识数据库。这样有助于确保每个领域的知识共享水平，增强企业的整体实力。

将协作融入到员工的工作方式中

将协作纳入工作的标准流程，保证各业务部门协作有序进行。 各个部门之间的协作，体现在企业业务和管理的方方面面。只有将协作纳入标准的管理流程，才能保证协作有效和有序地进行。

形成各部门协作支持决策的体系，使各方面意见能够清晰可见，并支持决策。 决策需要来自企业内部和外部各方面的信息。企业必须建立相关的协作制度使决策层可以清楚地了解来自各方面的信息，保证科学决策。

鼓励围绕战略性业务主题建立并使用跨部门团队。 寻找能够激发员工热情的方式，同时满足企业的关键需求。为员工小组提供资助、协同工具和其他资源，以促进企业不同部门员工之间的知识分享和互信度。

为客户提供整合性服务的时候保证企业内部各部门有效协作，消除因利益冲突对项目产生的风险。 客户越来越多地需要企业提供整合性而不是单一的服务，这尤其考验企业各部门间的协作能力。针对整合性服务，应该建立相应的机制保证部门之间合作的有效进行。

增强想法和洞察力的可视性

发起在线协作活动，以便激发并优化各种想法，同时根据事件参与者确定的最佳想法的优先顺序提供资金和支持。 企业已经发现，在全局范围内增强新想法的可视性具有极大的价值，但同时，企业必须确定这些举措的优先级，并且为执行这些举措提供资源。

寻求并识别外部的新见解和新想法。 随着外部环境日益复杂，企业需要确保业务网络的所有部分参与创新流程中。

利用网络虚拟化技术加强员工以及工作团队之间的联系。 确定在

虚拟空间谈话的核心人员以了解新趋势来自何处，以及在企业中的分布情况。使用信息板和其他工具来提高对协同模式的了解，并帮助发现潜在的协同问题。

创建并共享资产，以推动生产力的提高

通过系统获取和重复利用员工的工作成果来创造价值。 组建团队，使其负责过滤和添加企业知识资产的共享目录。制订认可协同及其创造的价值的人才计划。

Haier：共享所有员工的创新成果

在竞争日趋激烈、变幻莫测的市场中，能够汇集公司的集体智慧，高效地发现问题、解决问题，才能够不断抓住新的机遇，取得竞争优势。海尔一直相信，让员工参与、让员工做大，才能把市场做大。在海尔，多年来，开展合理化建议活动是员工普遍参与企业民主管理的一种重要途径。

海尔的员工对企业的贡献不仅仅局限于本职工作，企业采用“海尔独有”的方法使广大员工积极并广泛地参与提供合理化建议、开展工作创新等活动来更多地为企业做出贡献。海尔为此提供了信息化的平台，以及相应的即时激励政策，这提高了员工的参与热情，并把合理化建议和创新的成果成功推广到了各个部门。

在海尔，员工的合理化建议活动的开展非常普及，集团工会成立了“员工创新成果经营公司”，专门管理员工的合理化建议活动，还利用信息化技术建立了合理化建议网上申报、网上确认，让员工提合理化建议更加便捷、建议解决更加迅速，员工参与率达100%。同时，合理化建议采取提案书的制度，在一张提案书上实现了建议提出、建议落实、建议跟踪、建议闭环等步骤。

由合理化建议产生的创新成果，到底如何能被集团各部门所共享呢？订单推进本部还于2004年11月在海尔内部网上开设了“创新推进平台”。在这个平台上，有每个事业部的最新创新信息：质量、生产效率、工艺等——上面有详细的操作资料，还有已经使用过的部门的推荐意见。从而可以促进各部门对创新成果的共享。

每位员工都将为项目贡献自己的智慧，因为项目的成败及效益直接关系到每个人的收益。在这种不断打破和创立的无边界组织中，海尔员工的集体智慧在流动中被无限激发。

Pfizer：收集来自全球各地的想法

在快速发展且充满激烈竞争的市场中，能够将正确资源汇集在一起，并快速高效地解决问题和应对机遇的企业才有优势。全球最大的生物制药公司 Pfizer 就是这样一家公司。[10] 2006 年，Pfizer 启动了“想法库”（Idea Farm）——以类似的、但更灵活、可扩展且高性价比的方式解决问题的协同流程，不包括会面、演讲和展示板在内的传统方法。

这个流程首先是选择适当的问题。这些问题可能来自企业内的任何地方，但必须是大型的复杂问题。此外，问题也必须由一个业务发起人予以支持。如果选定了一个问题，下一步就是明确地阐述问题，从而立即向各方传达，并确定需要哪些帮助。然后，按照 Pfizer 的说法，公司向参与的每个人发出“挑战”——可能是 200 至 20 000 人。

当参加者进入系统中的提供建议时，预先配置的电子表格可理顺获取想法，如果某个想法重复，系统会自动发出警告。小组中的每个人也可以看到已经提交的建议，这样，不同专业领域的人可以做出评论，并提出问题，从而激发进一步的想法。最后，所有建议都通过非正式和正式访谈而进行评估，在对建议作出比较后，作出最终决策。

“想法库”被证明非常有效。这一做法应用以后，Pfizer 已经发现了新市场中 1 亿美元的业务机会，并且节省了 2 000 万美元的成本。

溢达集团：联手人才

溢达集团是一家全球性的服装制造商，在中国、马来西亚、越南、毛里求斯和斯里兰卡建有工厂，组成了一个满足关键市场需求的分支机构网络。 公司为全球最知名的多个品牌生产棉衬衫，包括 Tommy Hilfiger、Hugo Boss 和 Brooks Brothers，并为知名零售商生产产品，例如 Nordstrom。 事实上，公司不仅生产衬衫，而且还种植和纺织棉花，以及制作自己的纺织产品。[11]

但是，服装生产是一个竞争激烈的行业。 那么，溢达集团是如何保持竞争优势的呢？ 公司成功的秘诀是与员工协作，获取并分享能够帮他们提高工作效率的优秀做法，并且推动建立持续创新的文化。

溢达为棉农提供技术支持，帮他们提高所种植的棉花的质量和产量。 例如，用滴灌取代浇灌方法使棉农能够增加适耕土地的数量（不需要挖沟渠）、提高棉花产量，并且使棉农的收入增加了 3 成。[12]

同样，溢达集团为纺棉工和织布工提供关于提高效率操作的指导。 公司还培训服装工人进行自我质量检查（消除了返工现象，从而减少了浪费），并且对工厂设施进行了改进，例如减少了搬运工作所需的悬挂系统。 溢达集团人力资源主管 Calvin Tsang 说："如果您只是简单地提高工资，您就会失去竞争力，并最终被市场淘汰。 因此，我们希望以可持续的方式增加员工的收入。"

溢达集团的协同业务模式帮助公司成为领先的服装制造商。 这种业务模式还证明了服装公司可以实现赢利和遵守行业道德之间的平衡。

发挥团队智慧的主要问题

组织上阻碍协作与知识分享的障碍都有哪些？

如何评估不同工具对不同协作领域、不同类型的知识分享，以及不同的员工和商业伙伴的有效性？

如何探求、奖励并整合多样化且非常规的观点？

采用哪些技术支持全球、中国企业员工内部和人力资源生态圈的协作及知识分享？

结论
实现跨界限工作

随着企业着眼于业务增长，它们需要不同的、更有活力的人力资源来帮助实现目标。企业应该如何向人力资源注入足够的创新、敏锐和速度意识，以实现跨界限运作，并且抓住任何可能的机遇？

消除界限

被调查的首席人力资源官指出，他们在未来面临的两个主要挑战是提高效率和促进增长，而应对这两个挑战需要克服影响员工效率的多个内部和外部障碍。必须消除物理和功能界限，才能充分发挥在传统机构线条上日益分散的员工的潜力。消除这些障碍并非易事，但是，这项任务应作为企业转型策略的核心。

在不断打破和创立的无边界组织中，每位员工都将为项目贡献自己的智慧，员工的集体智慧在流动中被无限激发。

——海尔人力资源高管

在这个新世界中，有创造力的领导者将通过制定创新战略、确定共同的远景目标以及激励全球员工而帮助消除障碍。培养下一代领导者需要确定整个企业内的候选者，并向他们提供实际的培训和经验指导，从而使他们能够在日益复杂和快速变化的全球市场中提高领导能力。

激发员工提高速度和灵活性，对于企业在无界限的世界中利用已有能力抓住新机遇同样至关重要。妨碍业务增长的职能和机构壁垒必然被整合的人力资源观点所替代，因为这种整合观点将企业的核心人员和其他人员与业务战略联系在一起，并且无论员工处在什么位置，与企业是何种关系，都可以确定、培养和配置他们所需要的能力。

成功地跨界限运作要求企业发挥团队智慧——确保不管来自何处的最优秀的想法都能够被发现和传播。这种累积的系统知识的共享，可以使最佳的做法能够得以推行，并减少重复工作。从内部和外部寻求新见解以及促进建立连接将有助于传播那些关于企业充分发挥其规模和范围优势的、极为必要的关键知识。

中国企业的人力资源之惑

中国企业在拓展新市场、新产品和服务的过程中，因为拓展原有的业务边界，所以需要快速获得新的技术和能力。另外，业务的拓展也增加了运营的复杂度，为提高运营效率提出了新的挑战。同时，如何在不同的市场和产品品类中配置适合的资源以满足不同的消费者需求，也是中国企业要面对的问题。

在业务快速增长的过程中，从人力资源的角度讲，中国企业面对如下挑战：

1）现有的领导能力不能满足新的战略业务发展的需求；

2）员工技能不能适应新业务范围的宽度和深度；

3）不能快速发展领导力和员工技能以配合业务的发展；

4）现有的员工培养、任用和晋升的方法难以留住人才。

企业需要在三个人力资源的重点领域打造关键能力以应对挑战，这三项关键能力又是互相影响、互相依存的：

1）培养有创造力的领导者：企业领导者具有创新意识和强有力的领导力可以帮助企业拓展新市场和新的业务领域，同时可以促进另外两项人力资源能力更好更快地实现；

2）提高速度和灵活性：加快对领导能力和员工技能的培养，建立一个灵活的系统以使不同业务部门能够更有效地协作；

3）发挥团队智慧：更有效的协作和知识分享能促使人力资源系统拥有更快的速度和更好的灵活性。

在企业建立人力资源的关键能力的时候，有一些重要的因素决定成败。 企业需要了解它们需要具备哪些新的领导能力，通过在质和量两个维度比对现有领导能力与未来需求之间的差距、了解现有能力与未来需求的差距，并预测通过什么样的方式弥补这些差距。 同时，人力资源部门需要利用内部和外部的资源，了解需要员工具备哪些技能、技能的数量、企业内部和外部是否拥有具备这些技能的员工、他们的工作表现和成本怎样等因素，以使人力资源部门可以快速灵活性地对机遇作出反应。

人力资源部门必须能够清楚地了解不同业务部门的需求才能更好地进行人力资源规划。 因此，必须拥有强大的人力资源分析，对从企业中各个业务部门和整个人力资源系统中获得的数据进行整合分析，才能对人力资源规划、领导力培养和员工发展给予有效的支持。

我们在哪些方面做得好？人才管理和组织开发。我们在哪些方面可以做得更好？培训交付和人力分析。

——Shirley Gaufin，Black & Veatch Corporation 首席人力资源官

人力洞察：缺失的环节？

培养高效领导能力、从战略角度出发建立并部署员工队伍，以及促进知识分享和协作，都需要拥有基于实证的人力决策信息。 然而，许多企业无法获得这种洞察力。 只有 7% 的被调查者表示，他们能够极为高效地使用分析工具制定关于人力资源的决策。 澳大利

亚一位公共行业的首席人力资源官说："到目前为止，我们在使用分析能力方面效率不高，因为我们没有相关的技能或高级管理层的支持。"

许多企业有能力使用分析工具来查看企业内的历史趋势和行为。然而，很少的企业擅长使用信息来制定未来场景和预测结果。在我们采访的首席人力资源官中，只有超过1/4的被调查者表示，在培养未来领导者时利用分析工具进行具有前瞻性的分析。在大中华区，企业能利用分析工具进行前瞻性分析的比例甚至更低（见图5－11）。

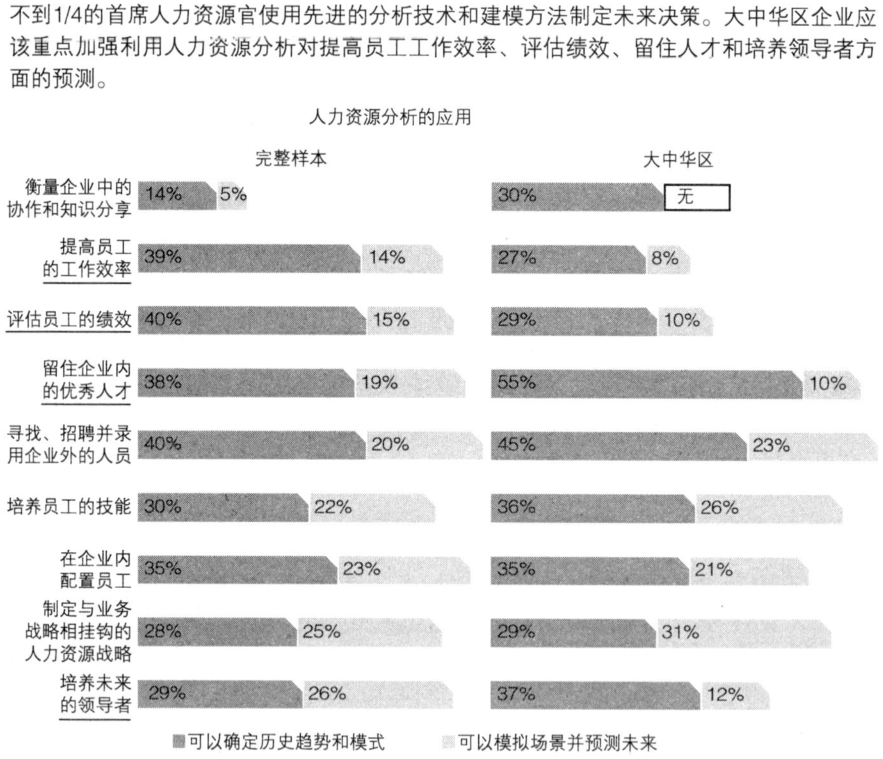

图5－11　对人力分析工具的使用仍然有限

如果没有人力资源洞察力，企业在有效壮大业务方面的能力就面临着风险。企业会难以将正确的技能应用到正确的地点，而且无法对适合扩展的地点作出明智的决策。它们难以知道表现优秀的员工位于何处，而且会难以证明未来人力投资的合理性。

然而，许多企业正在努力提高，注重将分析工具作为人力规划的一个核心组成部分。例如壳牌公司（见下文）已经开始向领导培养流程中增加更多的分析内容，目的是更好地了解成功高管的特征，并且对下一代领导者进行适当的投资和培养。

中国企业在打造人力资源无界限运作能力的时候，一个突出的问题就是人力资源分析能力不足，特别表现在不善于使用全面的人力资源分析功能。拥有人力资源分析工具的中国企业只能使用其中有限的分析功能。另外，中国企业也不能做到完全信任现有收集的数据，从而支持决策规划。从另一个角度讲，决策也不能被现有的人力资源分析数据所支持。

为了加强人力资源分析，实现跨界限工作，我们建议中国企业的领导者要做好如下准备：

首先要建立和完善人力资源数据库。要建立相应的业务流程，收集高质量的人力资源数据，同时，人力资源部门与业务部门需要紧密配合，利用人力资源分析帮助决策。

另外，对加强使用人力资源分析工具要更加重视，进一步采用功能齐全的人力资源分析。

人力资源分析还要发挥其预测作用，企业领导应鼓励使用整合的人力资源分析数据来帮助进行未来人力资源决策。

壳牌：照亮领导补给线

全球最大的石油公司之一壳牌公司的下游业务（制造与销售）需要多方面的专业知识。但是，在拥有40 000人的公司中，寻找出有潜力成为未来领导的员工并非易事。因此，在2009年，壳牌公司决定以更系统化的方法来做这项工作。

人力资源小组首先比较了450位高级主管的信息。公司希望为高层管理人员提供一个包含可信的储备领导数据的“人才名册”，同时探索一些问题的答案：覆盖范围和多样性是否适合？人员是否有适当的绩效档案、领导素质和相关经验？ 他们在储备库中如何流动？ 这涉及根据任期和绩效而分析所有的候选人，以确定哪些人仍在学习新技能，哪些人表现出色，哪些人是经验丰富的专业人员，而哪些人的表现不太令人满意。 人力资源小组还考察了这些管理人员在公司的升迁路线，以了解他们是否掌握了运行壳牌公司下游业务所必需的技能。

之后，人力资源小组研究了升迁缓慢的候选人的详细历史数据。 这为一些高级管理人员提供了“扩展角色”，例如负责审查其他人的潜力，并确认这些人的升迁“障碍”。 另外，对于最有潜力的高管，小组也为他们确定了“目标角色”，并且制订了培养路线。

壳牌的下游领导者现在明确地了解领导储备库的品质和范围要求，以及如何在将来以最好的方式扩大覆盖范围。 他们还有强有力的短期和中期计划，以保证关键领导角色的连续性。 同时，人力资源部门能够更有效地持续评估最有才干的高管。

跨界限工作的建议

通过对 MSF（无国界医生组织）的大致了解，我们发现，那些有能力快速评估正在发展的形势、有效地利用集体系统知识并快速部署有创造力的高技能人员团队的组织通常会在短期内产生巨大影响。 对于 MSF 的情况，这些特征通常决定了企业的存亡。 对于其他组织，这些特征可以确定一个组织在市场中将成为胜利者还是失败者。

在企业和员工队伍中灌输创造力、灵活性和速度，需要有创造力的领导者解决原有的问题，并且抓住新的机遇。 快速培养技能、根据目标部署高级人才以及快速扩大或缩小员工规模的能力，这些对于提高员工队伍的运作速度和灵活性起到至关重要的作用。 团队智慧、企业全部知识和经验的共享对于充分发挥企业的能力也十分必要。

具体建议包括：

	提高运作效率	拓展新市场/地区	开发新产品/服务内容
培养有创造力的领导者	适应分布式和虚拟化领导方法，培养能够利用非常规能力的领导者	加速培养真正的跨界限工作的领导者，以创新方法整合全球和本地人才	设计领导培养计划，创造创新的业务机会
提高速度和灵活性	开发在线市场，有效地匹配全球人才供需	适应全球化的人才选用理念，消除跨界限移动的政策和流程障碍	利用灵活的工作结构，在新的业务领域中快速协调人才与关键岗位
发挥团队智慧	通过最佳实践分享和减少重复工作，提高生产力	通过为虚拟团队协作建立的在线平台提高跨部门运作效率	营造创新的文化氛围，使新产品理念能够明确地传达，并获得高管的支持

我们期望继续通过以下网址进行讨论：

ibm.com/workingbeyondborders

附录：调研方法

2010 年 IBM 全球首席人力资源官调研是我们的全球人力资本调研系列的第三版，由 IBM 商业价值研究院和 IBM 战略与转型事业部共同领导。为了了解当前首席人力资源官的挑战、机遇和目标，我们进行了 IBM 有史以来最大规模的人力资本高管调研。在 2009 年 11 月至 2010 年 4 月间，我们调查了 707 位高管，其中 600 人采用面对面访谈的方式。

我们的调研对象包括 61 个国家中各种规模的组织，而且成熟市场和高增长市场中的高管数量几乎相等。

此外，我们将这次调研的结果与 2010 年 IBM 全球 CEO 调研结果进行了比较。在尽可能的情况下，我们对财务表现优秀的企业进行了统计分析，以确认它们与其他企业在多大程度上存在着区别。我们借助公开财务信息，采用 2003 年到 2008 年间扣除利息、税金、折旧和摊销（EBITDA）的复合年收入增长率，分析了这些企业的表现。我们还将调研结果与每个行业的平均值进行了比较，以确定超出平均增长率的企业。最后，我们比对了“财务表现优秀”的企业和低于平均增长率的“表现较差者”中的人力资源高管的回答以寻找重大差异。

2010年调研中的707名参与者，包括与近600位高级人力资源主管的面对面访谈。

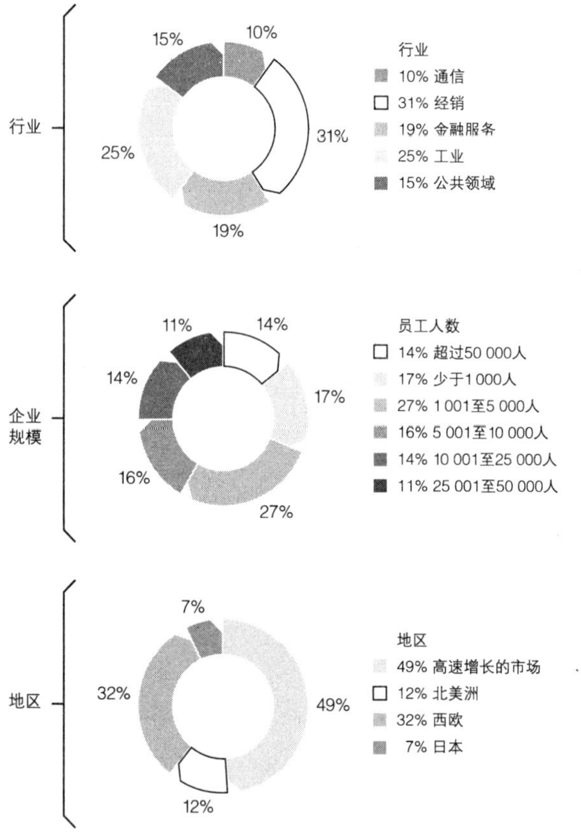

图5－12　今年调研中不同规模的企业

致谢

感谢全球707位首席人力资源官抽出宝贵时间表达他们的看法。特别感谢那些允许我们在本报告中引用采访内容以强调主要观点的被调查者。

还要感谢为本次全球首席人力资源官调研做出贡献的IBM团队。

本次调研执行总监：组织和人员部门，全球领导人Denis Brousseau和IBM商业价值研究院的Eric Lesser。

全球调研项目组：Dan Roddy（调研主管）、Marni Barrett、Steve Ballou、Carolyn Carlson、Angie Casey、Brian Comella、Sean House、Ellen

Johnson、Keith Landis、Maria Isabel Loaldi de Tacchi、Barbara Lombardo、Kathleen Martin、Hemant K. Minocha、Kazuya Ohike、Jim Phillips、Mary Sue Rogers、Christian Slike 和 Rajrohit S. Teer

中国工作小组成员：仓梓剑、Michelle Kam、詹颖、Yvonne Seah

另外，我们对参与首席人力资源官访谈的多位 IBM 全球领导人，以及与我们分享观点和见解的中国人力资源转型专家高德斌、曹新宇和赵宇静表示感谢。

参考文献和注释

1 "*About us. History and principles.*" Médecins Sans Frontières/Doctors Without Borders. http://www.doctorswithoutborders.org/aboutus/?ref=main-menu

2 "*MSF Teams Facing an 'Unprecedented Challenge' in Haiti.*" Médecins Sans Frontières/Doctors Without Borders. January 19, 2010. http://www.doctorswithoutborders.org/news/article.cfm?id=4175&cat=video

3 我们借助公开财务信息，采用 2003 年到 2008 年间扣除利息、税金、折旧和摊销（EBITDA）的复合年收入增长率，分析了这些企业的表现。我们还将调研结果与每个行业的平均值进行了比较，以确定超出平均增长率的企业。

4 "*Capitalizing on Complexity: Insights from the Global Chief Executive Officer Study.*" IBM Institute for Business Value, May 2010. http://www-935.ibm.com/services/us/ceo/ceostudy2010/registration-01.html?epref=search_google_kw190

5 "*About us.*" Maxis Communications. http://www.maxis.com.my/personal/about_us/profile/vision.asp?iStruct=0:0:0Np

6 Demarco, Michael, Eric Lesser and Tony O'Driscoll. "*Leadership in a distributed world: Lessons from online gaming.*" IBM Institute for Business Value, May 2007.

7 本次调研所涉及的学习方式包括课堂培训、混合学习、指导、计算机辅助培训、协同工具和虚拟世界。 课堂培训和指导是较传统的面授学习方式；混合学习是在线学习和面授相结合的学习方式；计算机辅助培训是指以计算机为辅助工具的学习方式，包括网上培训等；协同工具是用于人与人之间、组织与组织之间，面向团队与项目管理的跨组织或跨地区的综合、灵活的群组协作工具，是信息资源和知识的共享、高效管理以及应用运行的支持平台；虚拟世界是指基于网络的模拟现实的学习环境，它通过用户之间的互动强化学习效果；新兴的学习工具主要是指协同工具和虚拟世界。

8 "*AMR Corporation—American's Parent Company*". American Airlines. http://www.aa.com/i18n/amrcorp/corporateInformation/facts/amr.jsp

9 "*American Airlines: A fresh take on human resources services*". IBM, August 2009. ftp://ftp.software.ibm.com/software/solutions/pdfs/ODC03114-USEN-00_AA_Final_SP_Aug19-09.pdf

10 "*Pfizer at a glance.*" Pfizer. http://www.pfizer.co.uk/sites/PfizerCoUK/AboutUs/Pages/Pfizerataglance.aspx

11 Esquel Group. http://www.esquel.com/en/index1.html

12 Yang, Marjorie. "*Corporate Social Responsibility: The Esquel Case.*" Presentation at Asia Business Council Spring Forum, Tokyo, May 16, 2008. http://www.asiabusinesscouncil.org/docs/CSR-Yang.pdf

第六部分
智慧的未来供应链
IBM 全球首席供应链官调查报告

本次调查共采访了全球近400位供应链执行官。

致首席供应链官

欢迎各位出席 IBM 全球首席供应链官调查报告的开幕仪式。 这是一个全球范围内的调查，我们有幸与近 400 位嘉宾进行了面对面交流，讨论了未来供应链面临的挑战和各位的期望。

我们深知供应链行业持续面临的挑战，包括提高供应链可视性、满足日益苛刻的客户需求，以及成本控制——同时还有如何促使新兴经济体发展成为真正的市场，而不仅仅是将其作为采购低成本部件和进行生产外包的场所。 “更快、更好、更经济”一直都是供应链主管们心有余而力不足的所在。 然而，通过调查我了解到：各位已经开始采用创新的方法来应对这些挑战。 而且，我们能够通过类似今天这样的调查活动来学习彼此的创新成果。

促使供应链变得“更快、更好、更经济”依然非常重要！ 而今年，我们又有了新“任务”——风险管理成为当务之急。 现在，某一国的危机会迅速影响到全球经济，造成巨大动荡。 由于供应链之间的联系越来越紧密，任何人都难逃其影响。 为了有效管理风险并实现业务目标，我们认为供应链必须更加智能！

供应链的发展前景一片光明。 现在，您能够方便地运用各种先进技术、互连和智能技术来满足拥有更强大及安全可靠的、按需而动的供应链。

我希望“首席供应链官调查报告”能为您提供帮助。 我与 IBM 各位同事都希望能有机会就更加智能的供应链与您做深入探讨——以及如何共同努力来实现这一目标。

Robert W. Moffat, Jr.　IBM 科技事业部高级副总裁兼集团负责人

导言

如坐过山车——这或许是对当前全球市场的最佳描述。 与各经济体和金融市场一样，供应链也越来越全球化，相互联系越来越密切，它们很容易遭受到冲击。 而供应链速度使这一问题更加严重。 细微的错误或失误都会后患无穷，它们就像病毒一样迅速波及供应链网络的各个角落。

供应链主管们是如何应对这些挑战的？ 在最近开展的全球“首席供应链官调查报告”中，我们采访了北美、西欧和亚太地区 400 位负责企业供应链策略制定和运营的高级主管。 通过讨论，我们得出以下五个关键结论：

成本控制——持续的快速变革使得这一传统优势不再突出，供应链主管也不得不全力应对。

可视性——信息量大增，供应链主管必须寻找，做出判断，并利用合适的信息采取行动。

风险——并不仅仅只是首席财务官们关注风险；风险管理已成为供应链管理的首要任务。

客户亲密度——尽管客户需求是公司发展的源动力，可公司与供应商的联系远比客户更紧密。

全球化——与最初的设想不同，全球化更能推动企业增加收入，而不仅仅是预想中的节省成本。

这些结论意味着供应链，以及管理供应链的主管们都必须面对更严峻的压力。随着法规要求更高的合规度以及供应商和信息数量的增加，供应链管理变得越来越复杂、成本越来越高，并且更加易于受到影响。主管们发现应对这些挑战变得更加困难，若依照传统的供应链策略和设计的话更是如此。

这并不是说公司忽视了这些问题。在调查中，我们发现许多企业都进行了供应链改进项目。但是，研究发现，仅仅构建高效、需求驱动或透明的供应链已远远不够。

它们还必须更加智能

我们觉得未来的供应链应当更加：

先进

先前由人工填写的信息将逐步由机器生成——信息来自传感器、RFID 标签、仪表、执行器、GPS 等自动化设备，库存可以自动盘点，集装箱可以自行检测其内部的货物；如果托盘被送错地方，会产生自动报错……

互连

整个供应链将连为一体——不仅是普通的客户、供应商和 IT 系统，还包括各个部件、产品和其他用于监控供应链的智能工具。这样紧密相连就能使全球供应链网络协同规划和决策。

智能

供应链决策也将变得更加智能化。先进的分析和建模技术可以帮助决策制定者更好地分析极其复杂多变的风险和制约因素，以评估各种备选方案。 更加智能化的系统甚至还可以自动制定决策——提高了响应速度，减少了人工干预。

构建这种供应链实属战略性事业：对供应链主管而言这意味着不同的角色和职责。 主管们必须成为能优化复杂的全球网络的战略思想家、合作者和协调人。 首席供应链官当前的担子越来越重，他们有义务，如今也有能力，创建更加智能的未来供应链。

第一章

供应链面临的五大挑战

过去 10 年来，企业和供应链的全球化程度越来越高。 1995 年到 2007 年，跨国公司的数量翻了一番多，从 3. 8 万家增加到 7. 9 万家，而国外子公司的数量几乎增加了 3 倍，从 26. 5 万家发展到 79 万家。[1]

除地域性的扩张外，供应链现在涉及了更多公司。 大约 80% 的主管表示他们期望与越来越多的第三方建立合作关系。[2] 越来越多的业务也被外包出去：2007 年到 2010 年间，研发外包预计将增长 65% ，而工程服务和产品设计项目外包将增加 80% 。[3]

供应链发展也必须应对快速膨胀但分类更细、更加专业的产品组合。 比如在消费品行业中，2006 年新推出的产品占 17% ——这是 2005 年的 2 倍。[4] 而产品组合合理化正以同样快的速度消除 SKU（最小存货单位）。 总之，这些转变都带来很多问题。

在日益复杂的局势下，供应链主管总结出他们面临的五大挑战，如图 6 – 1 所示。 每一个问题都不容忽视，必须竭尽全力解决——它们构成了所谓首席供应链官议程。

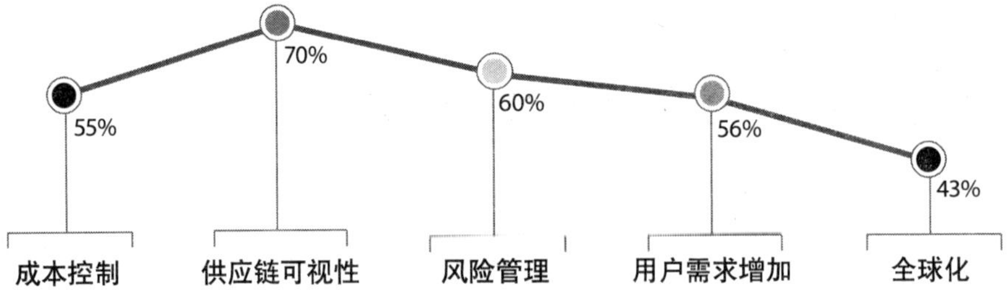

图 6－1　供应链主管所面临的五大挑战

百分比表明该挑战对供应链有着重大或关键影响。

成本控制

供应链无法与成本波动保持同步

供应链主管将成本控制列为头等任务——其重要性远远超过企业发展和产品/服务创新。对于成本控制的密切关注也体现在他们开展的工作和计划上；排名前三的工作中有两个目标即是提高效率（请参阅图 6－2）——而这也是主管过去最显专长的领域。

供应链最终将通过产生的结果来衡量，如息税前利润（EBIT）和服务成本。然而，随着投入成本的大幅增加，仅依赖于这些度量方法可能会掩盖供应链性能。

——Mark Sutton，International Paper 全球供应链高级副总裁

然而，系统化的持续改进过程已被颠覆。总成本受到的冲击和影响越来越常见：原先低成本劳动力市场中工资的飞涨，日用品价格的上扬，或突如其来的信用冻结……

供应链主管发现他们要应对日常发生的各种成本问题，例如，燃料价格上涨，使得主管慌忙重新评估分销策略，更多地采用第三方物流，甚至与竞争对手拼货等；而当燃料价格下跌时，分销和运输办法则变得宽松，公司更加注重服务，而非成本。他们开始重新采用小批量、发货频率更高且速度更快的方法。

成本和其他运营基础的转变非常迅速，以至于传统的供应链策略和

设计技术落伍了。主管还没来得及实施新的设计，它们就已过时了。

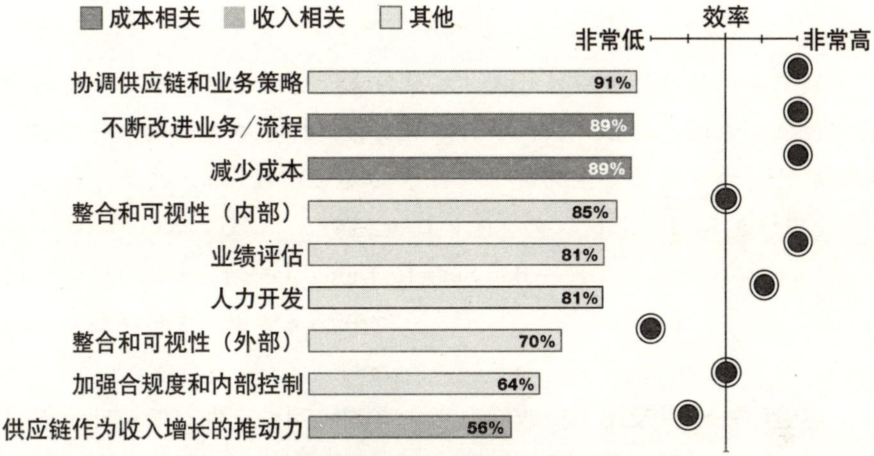

图 6－2　成本控制和效率规划远比发展计划更重要

百分比表示工作和计划非常重要或至关重要。

一流的供应链强调灵活度

谈到控制成本，具备顶级供应链的企业（在 2008 年 AMR 顶级供应链调查中受到认可的企业）更能够高瞻远瞩，做出规划。[5] 他们率先开始采用更加敏捷的供应链以快速应对不断变化的市场环境（请参阅图 6－3），以及采用可变的成本结构以随收入上下波动、及时调整。灵活性是对抗成本变化无常的法宝。

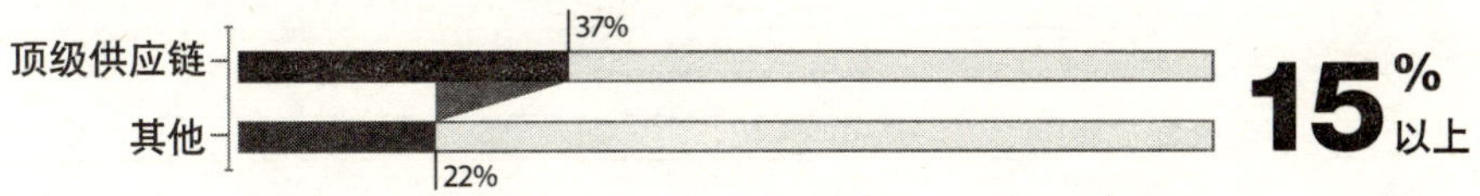

图 6－3　为避免疯狂的成本削减，顶级供应链应当非常灵活

采用敏捷供应链的企业所占百分比。

可视性

是最大的挑战，但非首要任务

尽管总的来说，现在信息比以往更充足，联通性也更强，供应链主管仍将可视性列为其最大的管理挑战。 即使可用信息大增，但能被有效地收集、管理、分析并提供给所需人群的比例却很低。

我们谈论供应链可视性时，并不仅仅表示您自己的供应链和货运中的可视性。它还包括合作伙伴中的可视性，这样才能更密切地针对客户的需求进行协同决策。这既是一种科学（如管理技术），也是一种艺术（如使用信息和指标来获取竞争优势）。

——Bob Stoffel，United Parcel Service of America

工程战略和供应链高级副总裁

尽管可视性以及用于获取信息和决策的协同被列为首要管理难题，但事实上并未有很多的活动和计划来改善可视性。 供应链主管更多关注于策略调整、持续的流程改进和成本控制。 企业内信息的整合和可视性在优先列表中排第四，而外部可视性的排名更低——处于第七位（如图 6 - 2 所示）。 更糟糕的是，竭力提高外部可视性的人员都说他们的工作极为低效，而外部可视性项目也成为所有活动中效率最低的。

虽然将可视性差及缺少协同归咎于缺乏合适的 IT 系统支持似乎合情合理，但供应链主管却有其他想法（请参阅图 6 - 4）。 组织鸿沟才是最大的障碍。 但令我们震惊的是，如此多的主管都表示他们的企业业务太多而未能共享信息，或是不觉得协作决策制订有何重要。

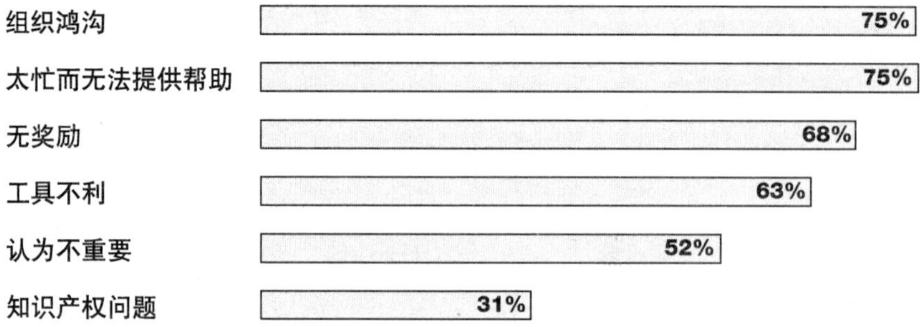

图 6 - 4　供应链主管列举阻碍实现所需合作和可视性的文化障碍

百分比表示认为该障碍的影响为适度、明显或非常明显。

顶级供应链通过更多协作来提高可视性

半数以上的供应链主管曾采取一些举措提高可视性，例如，持续补货与客户一起管理库存等。但是，大规模实施这些实践的企业不到20%。

与之形成对比的是，顶级供应链的主管更关注于提高可视性（请参阅图6－5）。实施了供应商协同计划与供应商管理库存（VMI）的企业比之前多了一倍。60%以上的顶级供应链采用了调查时讨论过的所有方法。

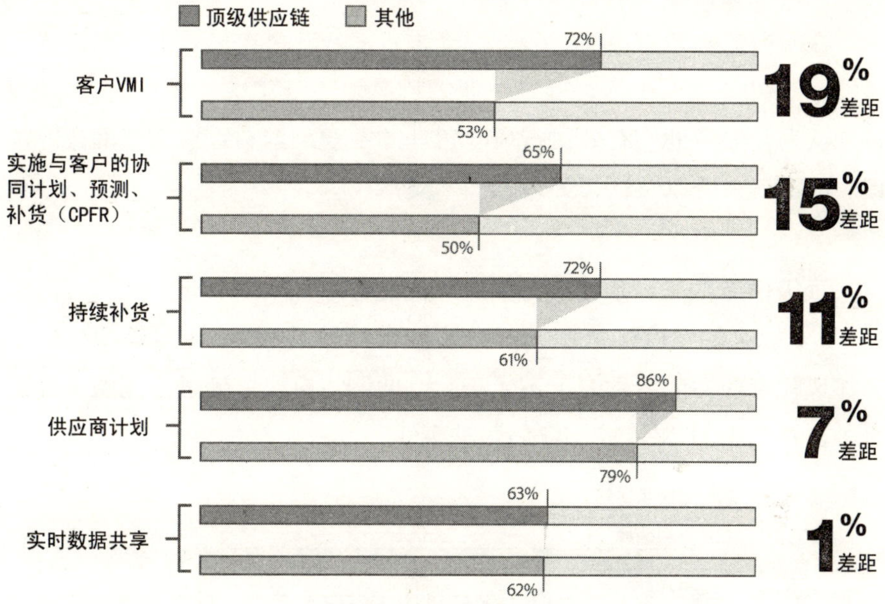

图6－5　顶级供应链的最大优势在于客户协作领域

实施这些最佳做法的供应链管理者所占的百分比。

风险

供应链面临的五大挑战

管理者一致认同风险管理的重要性，但是在方法上存有异议

通常只有首席财务官才会考虑风险管理，但是这次调查显示，风险管理也日益成为供应链管理者必须面临的第二大重要任务。与客户要求的日益严格和成本的不断上升两大难题相比，日益增加的供应链风险更让供应链领导者头痛。

风险管理是所有供应链战略的基本组成部分。

——Greg McKenna，Venture Production plc 供应链经理

风险管理日益受到人们的关注，但是这并非因为我们当前的经济环境。[6] 这一反应来源于新闻中一次又一次对于供应链风险的报道以及日趋明朗化的现实——全球化及供应链紧密相连的事实不仅加大了风险，而且使得风险管理变得更加棘手。

在所有的被调查者中，69% 的受访者表示只是在形式上对风险进行监控，而仅有 31% 的人切实地对业绩和风险进行了综合管理。管理者普遍认为，阻碍他们有效进行风险管理的主要因素有：缺乏标准化的流程、数据不充分以及缺乏先进的技术支持。

顶级供应链在风险管理方面的领先优势

2/3 以上的供应链管理者都有监控合规性的程序。但是顶级供应链在风险管理方面所做的远不止于此，他们将风险管理融合到整个计划当中，并利用 IT 来监控和评估异常事件。

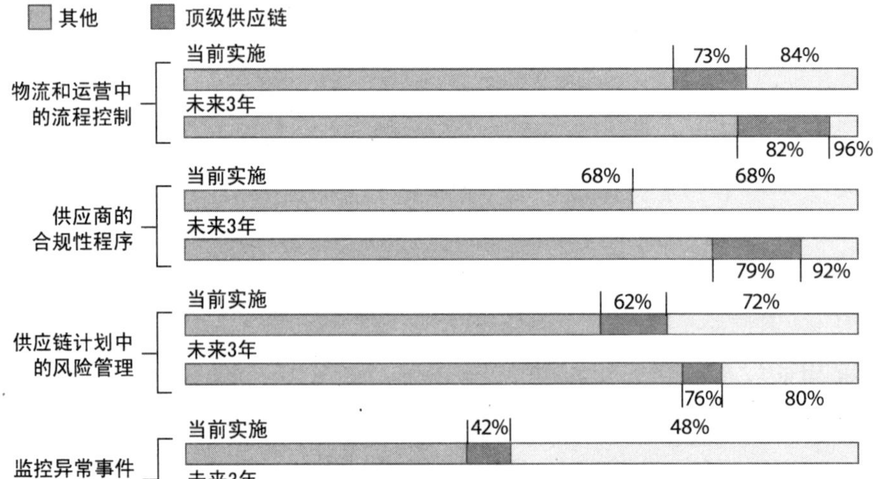

图 6-6　在风险管理的所有领域中，顶级供应链皆占尽先机

顶级供应链与样本中的其他供应链在当前实施和预定实施上的差距。

供应链中的可持续性

虽然引入可持续性原则会提高复杂度，但是它可以让供应链更符合其作为一个主流业务工具的角色：以一种相当可靠的方式帮助控制成本、管理风险和提高利润。

——Maurice Sinclair，George Weston Foods 供应链总监

包括能源、水和废物管理在内的可持续性问题的挑战日益受到人们的关注，因为它们几乎影响到供应链管理的方方面面，从提供的产品类型到产品的生产和销售，再到生命周期结束时的废弃物品处理都会涉及。在受访的管理者当中，半数以上表示他们已经改进了产品设计或包装来应对环境问题，在供应链策略中引入了可持续性方案，并在其生产目标中设定了碳管理目标。但是，只有很少的一部分管理者将可持续性目标扩展应用到其二级和三级供应商。仅有将近 25% 的企业根据污染物排放量或能源使用量来评估并选择运输、仓库和销售服务商。

纵观全球各区域，可持续性的进展也大不相同（见图 6－7）。过去 5 年来，欧洲的政策法规（包括 REACH、RoHS 和“排放交易机制”）陆续地将人们的注意力转移到可持续性问题上来。[7] 而在亚太地

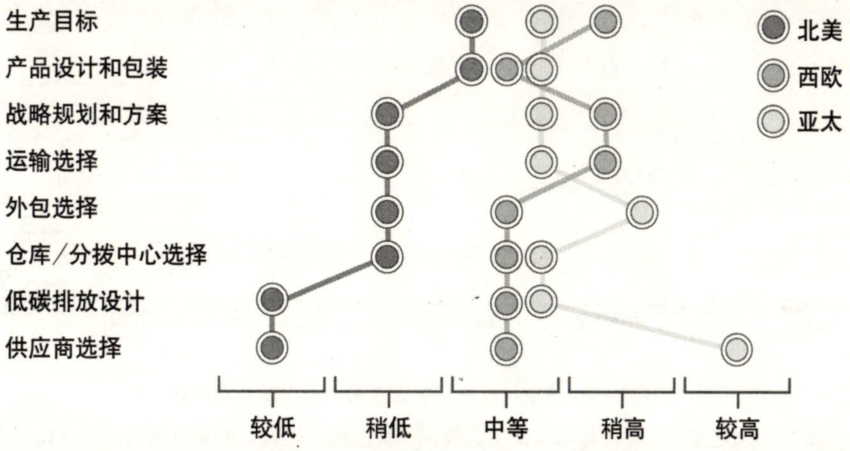

图 6－7　各地区在可持续性实践方面的差异——北美普遍落后于其他地区

可持续性或“绿色供应链”实践的相对实施情况。

区，供应商的运营方式所带来的环境问题直接影响到了空气、土壤和水，因此，基于可持续性原则来选择供应商的机制在该地区已相当普遍。

同时，对可持续性问题的关注在美国和加拿大以外的地区相对较多，意味着北美的企业在等待联邦政府出台更强有力的干预和激励措施。但是随着日本和澳大利亚最新环保法规的出台以及美国和加拿大进一步落实州及地区法规，这种地域差异很快就会消失。对于那些回避可持续性问题的供应链组织而言，随着客户环境意识的强化以及政府执法力度的加强，他们将面临着被淘汰的局面。

客户亲密度

企业与供应商的沟通远比与客户的沟通多

不断扩大的客户需求已经成为供应链管理中的第三大难题，目前有2/3的企业为准确判断客户需求而疲于奔命。然而，尽管迫切需要与客户进行沟通，很多企业还是倾向于将工作重心放在供应商沟通上，而不是客户身上。80%的企业是与供应商合作完成产品设计的，而只有68%的企业是与客户合作来完成的。即使是在制定供应链计划时，尽管需求驱动的理念已得到广泛宣传，也只有53%的企业会听取客户的意见，而63%的企业邀请供应商参与供应链计划（见图6－8）。

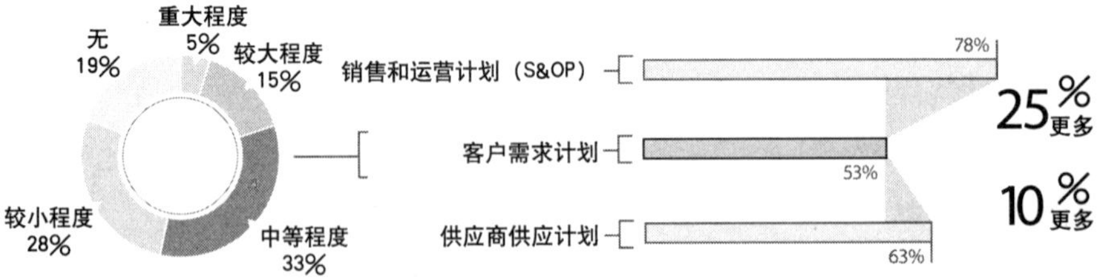

图6－8　供应链规划仍主要是由企业内部独立完成

与客户一起规划（对比：与供应商一起规划、自己独立规划）的企业所占的百分比（分中等程度、较大程度和重大程度）。

我们必须将供应链管理与客户关系管理整合起来……让供应链上的工作人员站在商业客户的角度思考问题。将客户的需求融入供应链管理的方方面面，将会使供应链朝着更好的方向发展。

——消费品公司供应链部的副总裁

尽管有了目前的技术，接受客户意见变得更加可行，但是直接与客户协作进行供应链计划仍属少见。 事实上，至少有 1/5 的企业在制定需求计划的过程中完全忽略了客户的意见。

由于与客户进行沟通不仅成本高而且很耗时，一些企业只是因为怕麻烦就忽略了客户意见。 但是在利润最大化的驱使下，供应链将无法承担因与客户沟通不够而带来的库存堆积、销售量下滑和错失创新机会等压力。

顶级供应链采用更先进的计划同步

顶级供应链充分抓住机会在企业内部（领先于样本中其他供应链 15%）以及与供应链合作伙伴（领先 10%）保持计划的同步。 但更值得我们关注的是，相比其他非顶级的低效供应链，它们在计划过程中更好地接受了客户意见（见图 6 –9）。

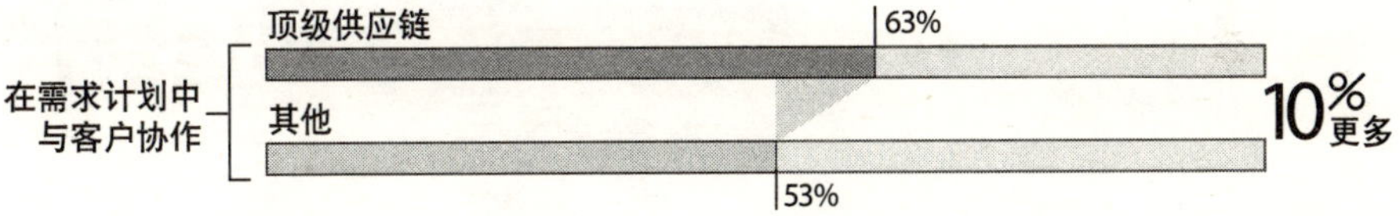

图 6 –9 顶级供应链更广泛地与客户协作完成规划

与客户协作完成规划的企业所占的百分比（分中等程度、较大程度或非常大程度）。

全球化

管理者们表示成本在上升，而非下降

随着全球经济相互依赖程度不断提高，全球化逐渐上升为供应链难题已不足为奇。 很多企业都面临全球外包的难题，其中包括交货不稳定（65%）、交货期延长（61%）和产品质量下降（61%），此外 14% 的被调查者预测未来 3 年内这些问题仍将继续存在。

过去的万能型供应链模型不再适用于多条业务线并行运作的商业投资。

——Rohit Anand，Philips Electronics Hong Kong Ltd.

亚太地区供应链总监

但是，当前市场及运营的全球化所带来的财务优势远远超过各种弊端。大约 40% 的供应链管理者表示全球化增加了他们的利润。但这并不一定意味着成本下降。事实上，1/3 以上的管理者表示全球化增加了他们的成本，这主要是由上面提到的全球外包难题引起的。相反，43% 的管理者表示他们公司利润的提高主要来源于销售量上升。这些调查显示，全球化在收入增长中所起的作用远远超过了效率所起的作用。

顶级供应链表示全球化极大地提高了其利润

尽管成本上升对顶级供应链和低效供应链都会有影响，但是在顶级供应链中这一影响并不普遍（见图 6－10）。值得肯定的是，越来越多的领导者表示他们的销售量和业绩都有所改善。

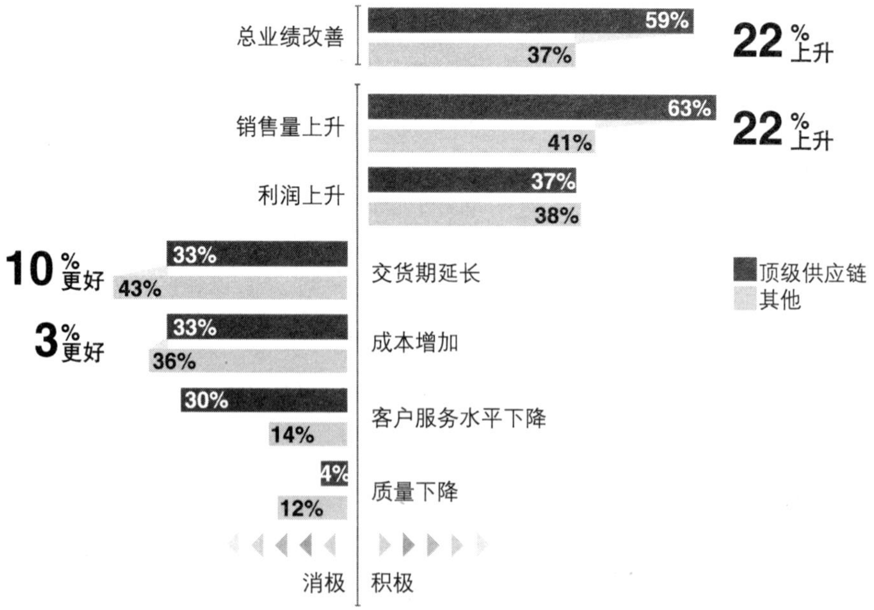

图 6－10　顶级供应链表示过去 3 年内全球化帮助他们降低了成本且提高了利润

成本下降且利润上升的管理者所占的百分比。

全球化成功依赖于领导人才

我们需要促进文化变革，……而且应提升具备这种领导才能的新领导者。

——Robert Dail（已退伍），美国国防部后勤局前任总监，中将

随着供应链的日趋全球化，管理供应链的组织需要具备新的技术和能力。供应链管理者最需要的是领导才能（见图 6－11）。目前该问题最严重的是亚太地区，有近 90% 的管理者将其视为一个主要难题。

人才的短缺并不仅仅局限于供应链领域。《2008 年 IBM 全球人力资源总监调查报告》结果显示，在接受访问的 34 个国家的 400 多名资深人力资源管理者中，有 75% 的人表示培养领导人才是一个艰巨的任务。[8]

许多人力资源管理者表示，为了巩固其管理人员后备队伍，他们的公司目前采用了行动学习法、指导训练法和工作轮换法。事实上，50% 的管理者表示，在企业部门中采用工作轮换法是一项非常重要的人才培养方案。但是，具体实施起来并不容易。在人力资源管理者和供应链管理者中，超过 1/3 的人表示轮换领导者存在很大的困难。通常来说，各部门都不愿意将自己部门下的优秀领导者让出来。

尽管公司在培养领导人才和继任计划中做了很大努力，但往往这仅仅局限于个别地区，因此很难让所培养的人才具备全球领导眼光，同时也很难解决各业务部门优先顺序上的矛盾。

研究表明，公司应在其战略规划过程中考虑其领导者在全球范围内的数量、地理分布、可流动性和专业能力。实现全球范围内的人才管理，有助于公司更好地决定要采用哪种领导人才培养计划、实施这些策略的速度以及因领导人才不足而带来的业务风险。

虽然现有的领导者队伍不断壮大，供应链还必须不断吸收新的领导者，尤其是在因人口流动而导致人才库紧缩的市场。大多数供应链管理者都通过使用传统的激励措施（即富有挑战性的工作机会、晋升机会和更好的报酬）来吸引和留住人才。然而，顶级供应链的管理者却使用了不同的方法——他们利用公司的声望和价值观来吸引和留住人才。

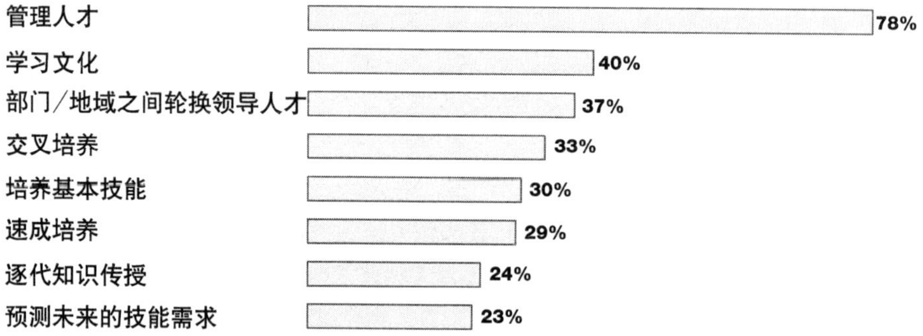

图 6－11　对全球领导人才需求的关注远远高于其他人力资源问题

声明下列问题为其三大人才培养难题之一的人力资源管理者所占的百分比。

第二章

智慧的未来供应链

智慧的未来供应链

世界范围内数字架构和物理架构呈现汇聚态势。 由于传感器技术的价格下降和可靠性提高，我们现在几乎可以测量任何活动或过程。各物体之间可以直接通信和协作而无需人为干预。 整个系统都是互连的，供应链之间不仅可以互相连接，而且还可以与运输系统、金融市场、电网，甚至是自然系统（如河流和气候情况）等建立连接。

总之，我们必须自觉地将智能技术应用到决策制定和管理系统中，而不仅仅局限于提高流程的速度和扩大产能。

——彭明盛[9]，IBM Corporation 总裁兼首席执行官

从智能世界分析得出的所有见解都可以转化为具体的行动，并由此创造更多的价值。 使用各种智能技术后，供应链管理可以从决策支持发展为决策授权，而最终将转变为一种预测能力。 由于世界万物皆有不同的工作方式，不同种类的供应链也脱颖而出——智慧的供应链具有下列三个关键特性：

先进

以前由人工创建的供应链信息将逐步由传感器、RFID 标签、仪表、执行器、GPS 和其他设备及系统来生成。在可视性方面，供应链不仅可以“预测”更多事件，还能见证事件发生时的状况。由于像集装箱、货车、产品和部件之类的对象都可以自行报告，供应链不再像过去那样完全依赖人工来完成跟踪和监控工作。设备上的仪表板（也许尚未研发出来）将显示计划、承诺、供应源、预计库存和消费者需求的实时状态信息。

互连

智慧的供应链将实现前所未有的交互能力，一般情况下，不仅可以与客户、供应商和 IT 系统实现交互，而且还可以在正在监控的对象，甚至是在供应链中流动的对象之间实现交互。除了创建更全面的供应链视图外，这种广泛的互连性还便于实现大规模的协作。全球供应链网络有助于全局规划和决策制定。

智能

为协助管理者进行交易评估，智能系统将衡量各种约束和选择条件，这样决策者便可模拟各种行动过程。智慧的供应链还可以自主学习，无需人工干预就可以自行做出某些决策。例如，当异常事件发生时它可以重新配置供应链网络；它可以通过虚拟交换以获得相应权限，进而根据需要使用诸如生产设备、配送设施和运输船队等有形资产。使用这种智能不仅可以进行实时决策，而且还可以预测未来的情况。通过利用尖端的建模和模拟技术，智慧的供应链将从过去的“感应—响应”模式转变为“预测—执行”模式。

很显然，供应链可以变得更加智能。然而，实现这一目标绝非易事。但我们必须竭尽全力。在“首席供应链官议程”中，我们探讨的几大挑战也要求我们必须这么做。

灵活性可以弥补成本波动带来的风险

智慧的供应链具有与生俱来的灵活性。这种供应链由一个互连网络组成，连接了供应商、签约制造商和服务提供商，它可随条件变化做出适当的调整。为实现资源的最佳配置，未来的供应链将具备智能建模功能。通过模拟功能，供应链管理者可以了解各种选择的成本、服务级别、所用时间和质量影响。

例如，在一项广告促销活动中，根据预先设置的业务规则和阀值，零售商系统可以通过分析由供应商发来的库存、产量和发货信息来确定活动期间是否会发生断货情况。如果预测出来，系统会发通知给协调人员，并对供应链的相应组成部分进行自动处理；若预测推迟交货，它会向其他物流服务供应商发出发货请求；若数量有差异，它会自动向其他供应商发出重新订购请求，从而避免严重的缺货或销售量下滑。

您准备好了吗?

您当前的应急计划能力是否足以应对经常性的成本大幅振荡?

您的供应链设计是否足够灵活，可以根据收入目标来计划成本?

您的合作伙伴是否已通过网络进行互连来提高效率?

您是否已经采取了合理的可持续性战略和措施对不断波动的能源成本进行管理?

更智能的成本控制

先进

基于传感器的解决方案，可通过提高可视性来降低库存成本；

配有生产和分销过程监控器，可监控能源利用和废物排放情况；

通过智能化的效率提升和使用设备来监控物理运输、分销和设备资产的管理情况。

互连

由供应商、合约制造商、服务提供商和其他（金融和法规）委托人组成的灵活的随需应变的网络；

外包无差异化的业务，通过全球网络分担风险；

按市场需求变动的可变成本结构；

按来源（当地、地区、全球策略）与合作伙伴共同制订决策；

通过网络实现整体资产利用和管理。

智能

通过事件模拟实现网络和销售战略的分析与建模；

基于场景的运营分析；

模拟模型和分析器，通过库存同步来评估影响灵活性的各个因素（服务级别、成本、所用时间和质量）；

可持续性模型，可用来分析和监控（碳、能源、水和废弃物）利用情况的影响；

通过先进的决策支持技术实现需求和供应管理的集成。

案例分析

AAFES 加强协作以降低客户成本

The Army and Air Force Exchange Service（AAFES）是美国一家军事机构，主营业务是以颇具吸引力的价格向现役军人、保安人员、预备队成员、退伍军人及其家属销售军用商品并提供各种服务。 AAFES 将其收入的 2/3 投资于提高军队士气，并资助福利和退休计划。

该机构将所赚的每一分钱都用于提高军队成员及其家属的生活质量，多年来它也一直致力于寻找创新方法以求降低运营成本。 在 2007 年，一个宝贵的合作机会令其非常高兴，即与同行 FMWRC（Family and Morale, Welfare and Recreation Command）组织共享服务模型，从而达到双赢的局面。 这两家机构拥有相同的客户群，而且产品分类也很相似。

从 European Theater 开始，两家机构组建了一支联合团队，调查总运输成本，并确定采购、分销和运输等环节中的合作机会。 例如，团队发现，AAFES 首先将货物送达 FMWRC 仓库，所有货物都卸载并存储在这些仓库中，然后被分别运往各 FMWRC 场所。 现在，这些货物直接被运往各 FMWRC 场所，省去运往 FMWRC 仓库的环节。 经过这类协作，两家机构通过提高运输量降低了单位交货成本，无需再运输价值为 230 万美元的库存，人力成本降低了 80 万美元。

可视性至关重要

管理者们都希望了解其供应链的各个环节，包括即将离港的货物情况、签约制造商组装线上正在生产的每个部件、销售中心或客户库房中正在卸载的每个货盘。 但是，这种无所不在的可视性并不需要供应链合作伙伴付出任何额外的努力。 简单来说，有了这种可视性后，共享就会变得更加容易。

这就意味着在智慧的供应链中，对象（而不是人员）将承担更多的信息报告和共享工作。 关键数据将来源于供应链中涉及的货车、码头、货架和部件及产品。 这种可视性不仅可以用于实现更佳的规划，而且还可以从根本上实现实时执行。

这种可视性还可以扩展到供应链运营领域中去。 智慧的供应链可以跟踪土壤情况和降雨量，优化灌溉，监控交通情况，调整运货路线或交货方式，通过追踪金融市场和经济指标来预测劳动力、能源和消费者购买力的变化。

更值得一提的是，制约可视性的因素不再是信息太少，而是信息太多。 然而，智慧的供应链可通过使用智能建模、分析和模拟功能来获知一切。

您准备好了吗?

如果您具有更高的可视性，您将如何运用?

您大部分的可视性信息是通过人工还是通过“智能”设备和对象所生成?

您是否已准备好应对迅猛增长的信息量、信息种类和信息吞吐量?

更智能的可视性

先进

货架补货；

基于极值和公差的事件导向型监控和报警检测；

用于捕获实时可视性的智能设备和传感器（RFID）：预测/订单、排程/承诺、预计库存和交货周期状态；

“感应－响应”模式下供求信号通知。

互连

“ERP－ERP－ERP”集成；

面向供应商、客户和服务提供商的多合作伙伴协作平台，具有数据合成和决策支持功能；

集成的预测、订单和销售终端；

通过以需求为导向的实时补货实现动态供求平衡；

集成绩效管理。

智能

库存预测和分析；

具有库存优化功能的服务级别分析；

优化的采购建议；

价格保护分析；

先进的决策支持分析和优化功能，自动激活并执行供应链事务；

具有预测功能的“购买－出售”决策支持。

案例分析

AIRBUS 的高可视性如同晴空一般万里无云

AIRBUS 是世界上最大的商务客机制造商之一，它担负着生产全球过半以上的大型新客机（超过 100 个座位）的重任。[10]随着其供应商在地理位置上越来越分散，AIRBUS 发现它越来越难以跟踪各个部件、组件和其他资产从供应商仓库运送到其 18 个制造基地过程中的情况。

为提高总体可视性，该公司创建了一个智能的感应解决方案，用于检测入站货物何时离开预设的道路。 在部件从供应商的仓库运抵组装线的过程中，它们会途经一个智能集装箱，这种集装箱专用于盛放保存有重要信息的 RFID 标签。 在每个重要的接合点，读卡机都会审查这些标记。 如果货物到达错误的位置或没有包含正确的部件，系统会在该问题影响正常生产之前向操作人员发送警报，促使其尽早解决问题。

AIRBUS 的解决方案是制造业中规模最大的供应链解决方案，它极大地降低了部件交货错误的影响范围和严重度，也降低了纠正这些错误的相关成本。 通过精确了解部件在供应链中的位置，AIRBUS 将集装箱的数量降低了 8%，也因此省去了一笔数额不小的运输费用，而且还提高了部件流动的总体效率。 借助其先进的供应链，AIRBUS 可以很好地应对已知的及意料之外的成本和竞争挑战。

必须系统地管理风险

风险的形式千变万化。 近十年来，预警信号接踵而至：有毒的食物和玩具、随时可能出现的恐怖行径以及最近席卷全球的经济危机。随着供应链变得更加复杂且紧密相连，风险管理也应当全面展开，扩展到企业所能控制的范围之外。

智慧的供应链将风险视为一个系统问题。 其风险规避策略是通过利用数百万个智能对象来报告诸如温度波动、偷窃或篡改等威胁信息。它还可以在共同的风险规避策略和战略中与供应链合作伙伴进行协作。若有问题出现，它在扩展的供应链中以并发的方式利用实时连接作出快速响应。 毋庸置疑，智慧的供应链之最大优势在于它可以在整个网络中对风险进行建模和模拟。

这种智能技术不仅有助于开发一种可持续的供应链，推动以合理的方式使用自然资源，而且还能给供应链所涉及的社区团体带来正面的影响。 例如，这种供应链通过引入智能系统来提高效率和可靠性，从而可以节约能源和资源。 这种连通性虽然可以使得社会学家和环保主义者发现并抨击企业的细小过失，但也可以用来检测自身潜在的问题、支持风险控制活动中的协作并展示出客户和供应链合作伙伴应对需求时的高度透明性。精密的分析可帮助管理者评估一整套社会和环境因素。

您准备好了吗?

如何在制订运营决策和应急计划时将风险因素考虑在内?

RFID 标签和传感器之类的智能工具如何帮助您在可能的异常事件发生之前就检测到它们?

即使是在经济不稳定时期，您该如何依照长期目标（如可持续性）促进公司进一步向前发展?

更智能的风险管理

先进

用于追踪从产品零部件到最终客户使用的产品监控器和传感器；

用于监控整个供应链中的产品状态、确保产品质量的传感器解决方案；

用于预先分析供应计划、运货路线和货物调配的天气智能系统和传感器。

互连

灵活的供应链网络设计（战略级别）；

具有可变应急计划和策略的网络集成；

财务和运营分析集成；

面向供应商、服务提供商和合约制造商的合规性战略及策略；

用于整个产品生命周期（从设计到使用，再到后期处理）的网络可持续性策略。

智能

基于概率的风险评估和预测分析：具有风险规避策略和过程的主要风险因素的可能性、严重度和检测难度；

基于风险的财务影响分析：决策树、敏感度分析；

基于风险调整的库存优化；

灾难应对模拟模型；

贝叶斯供应链风险分析和规避模型。

案例分析

Cisco：规避一份风险，带来十倍收获

Cisco 的硬件、软件和服务产品都是组建互联网的基石。为提高整体灵活性并预防各种可能的灾难事件发生，Cisco 创建了一个供应链风险管理体系，其中包括一个灵活的指标表和一组与事件和危机恢复有关的阀值。Cisco 供应链中的每个“节点”（供应商、制造合作伙伴和物流中心）都有责任跟踪和报告其“恢复时间”，并确保在实际灾难发生前所有恢复计划和能力建设都准备到位。

Cisco 的解决方案是该行业的首个供应链解决方案，其雏形来源于一次为确定供应链最佳实践而举办、由各行各业的供应链风险管理从业者参加的论坛。最初的设想是一个由多种流程和最佳实践构成的“开源”库，而所有参与的公司都可以利用其中的内容来确定可能的风险并进而制订弹性计划，例如，备用货源、备用场所条件和风险规避方案。它起源于“业务应急计划”，目的在于了解供应链中的弱点和弹性。2008 年中国发生了严重的地震，Cisco 通过其颇具前瞻性的业务应急流程确定出可能的威胁，并及时在发生会导致客户或收入损失的异常事件之前就启动了风险规避计划。Cisco 可以确定哪些节点受到影响，亦可以评估事件发生前后几小时内可能会带来的影响。通过这种影响评估，Cisco 可以与其供应商和制造伙伴协作，以避免任何环节出现异常情况。

客户提供的资料应涵盖整个供应链

大多数供应链都能做到超越客户需求——关键是“客户需求”是

什么？

普通供应链主要与客户互动，进而提供及时、准确的交付品，而智慧的供应链则在整个产品生命周期（从产品研发、日常使用到产品寿命结束）都与客户紧密联系。通过大量的使用，智慧的供应链可以从源头获取需求信息，例如，从货架上抬起的货物、从仓库里运出的产品或显露磨损迹象的关键部件。实际上，每次互动都是轻松与客户合作的机会。

智慧的供应链还使用其智能来洞察与众不同之处。经过深入分析，它们可以进行详细的客户分类，并为他们量身定做产品。

您准备好了吗？

您的客户关系和供应商关系一样牢固吗？

您供应链的哪些部分缺少客户参与？

您的绩效评测系统是以客户目标完成情况为基准吗？

更智能的客户互动

先进

通过信号、传递零售货架需求的感应器解决方案；

现场服务，例如基于感应器的自动检查；

通过客户手机进行产品认证和客户忠诚度专项调查；

针对自动化产品缺陷和服务警报的嵌入式软件及分析。

互连

全球、各区域与各地战略和策略对比；

具有优化预测及买/卖决策支持的网络化 S&OP；

兼顾可持续发展、“绿色”，以及品牌美誉度：

- 产品设计与包装
- 针对客户的品牌推广
- 合规项目

整个供应链过程中与客户开展合作。

智能

产品/服务组合的客户分类：利润、地理位置/市场；产品/服务组合；

用于制订计划和评估交易量的客户行为、购买模式、市场渗透率的模拟模型；

根据客户分类制订的优化库存计划及其执行；

从成本到服务的经营模式及智能分析。

案例分析

Nuance 公司不断优化库存以更好地服务当前客户

Nuance 集团是全球顶级的机场零售商之一，其业务范围遍及五大洲[11]。在 Nuance 的商业航线中，可能只有一次进行销售的机会，保持适当的库存至关重要。

然而不幸的是，公司位于澳大利亚的免税商店常常出现某些货品不够，而其他商品的库存却很多的现象。为了更好地为客户提供服务，并实现更大的增长，Nuance 公司决定将其手工库存跟踪和定购系统更换为更加智能的预测和库存优化系统。该解决方案可以分析实际销售数据以及销售趋势、客户购买偏好、促销计划和预计的航线客运量，从而计算和提交补货订单。

早在 2007 年 10 月，Nuance 公司在悉尼机场设立了最大的免税商店，如今，该公司在澳大利亚的其他商店也装上了这个新系统。除了从根本上缩减补充库存所需的时间外，该解决方案还支持更准确的需求预测——可以使库存降低 10% 到 15%，并增加销售量。

全球供应链需要整合和优化

时至今日，全球化给企业带来了更高的利润，这主要应当归因于营业额的快速增长。随着供应链变得更加智能化，公司同样可以解决效率问题。例如，高度自动化和相互联系紧密的供应链的可视性逐步改善，这将帮助公司识别并消除全球交付的瓶颈和质量问题。

此外，对制造地点和供应商的选择已不再由单个成本元素（如劳动力）决定。智慧的供应链具有分析能力，可根据供应、制造和分销情况评估各种替代供应链，而且可以根据情况的变化重新灵活配置。这样主管可以制订应对突发事件的计划，并在经济和政治动荡的情况下执行，而不用回归到保护主义或影响全球化的进程。

您准备好了吗?

您是如何应对日益扩大的全球采购所造成的负面影响的?

经济波动愈发严重，您是否能够做出分析并决定如何使供应链实现全球优化配置?

您是否可以及时顺利地切换到其他制造、供应或物流合作伙伴?

更智能的全球整合

先进

点到点供应链活动中的“感知——响应”事件管理；

感应器与执行器：制造、物流和流程控制；

与感应器进行实时联系，检测全球范围内的产品和装运地点；

连接日益扩大的全球贸易合作伙伴基础设施的感应器解决方案，可提高供应链可视性。

互连

用于优化性能和交付的全球“精益中心”；

合理采购的全球物流网络；

基于 SOA 的异构系统整合；

嵌入绩效管理系统的协同工具；

点到点供应链协同工具和方法。

智能

受业务规则驱动，整合了 KPI 和事件报警的管理仪表盘；

制订需求、供应和分销网络计划并执行；

用于制订计划的模拟模型和基于场景的策略；

优化运营活动各个阶段的库存；

整合风险管理与解决方案；

制订经过整合的生产计划并执行。

案例分析

高仪供应链实现全球整合

高仪公司（Grohe AG）是全球领先的卫生设备配件制造商和供应商，约占全球市场份额的10%，拥有5 200名员工、6家生产工厂、20家销售分公司，业务范围遍及全球130个国家。显然，高仪是一家全球化公司。

2005年，高仪因市场发展成熟、全球竞争更加激烈和产品多样性加强而遭遇了发展瓶颈。要解决这些问题非常困难，因为公司供应链未得到很好的整合，而高额的固定成本又使得这一过程雪上加霜。

为摆脱这一困境，并从优化的全球整合中获得高效率，高仪在整个公司范围内发起了一项名为“创建世界级的高仪”的改革计划。此项计划包括将供应链策略与业务策略结合、供应链整合及协调、减少零部件的飞速增加、自制或外购策略、物流网络优化、制造基地的全球化以及日益扩大的全球采购。

高仪的改革已经为其创造了巨大的价值，包括改善的现金状况、效率、速度、过程优化及品质保证。通过这项全面的计划，公司有望实现其战略目标，进而成为业内为数不多的、最受需求驱动的企业之一。

第三章
构建智慧的供应链

构建智慧的供应链

主管详细讨论了供应链未来的走向，也制定了一些具体的目标：他们必须将供应链策略与不断变化的业务策略相结合，以便执行那些策略；他们也必须通过提高自动化、智能化及紧密的相互联系来改革和创建供应链，使其更具可持续性、更为灵活且反应更为迅速。 此项对未来智慧的供应链的转变必须是准确无误的，而且不可出现运营上的中断或业绩滑坡情况。 它是策略平衡过程，需要主管领导的参与。

首席供应链官日益重要

首席供应链官作为跨行业的职位正日益涌现，他们应直接向 CEO 汇报（参见图 6 – 12）。 这表明供应链主管对于企业的成功起着重要的作用。 但是供应链不断发展且日益智能化，这对主管们来说意味着什么呢？ 需要哪些能力呢？

目前，大多数高级供应链领导者都非常关注传统的功能，如：分销和物流（77%）、需求/供应计划的制订（72%），以及采购（63%）。但是有些领导者开始在策略开发（38%）和风险管理（26%）方面发挥重要作用。我们认为这种在策略层面的参与将会越来越多。智慧的未来供应链将为产生深刻见解提供丰富的源泉，这包括获知其他业务功能和策略决策的制订。首席供应链官将负责供应链的定位，以便实现这些重大目标。

这个角色将继续在整个组织中起重要作用。它非常关键，需要更富经验的人才和专业技术。

——Gary MacDonald，海希公司供应链与物流部高级副总裁

由于供应链网络在大多数情况下并不是单个实体或决策制定者的责任，因此首席供应链官还必须是一位重要的合作者。他必须善于将股东们集中起来（即使这些股东不在扩展的供应链上，如执法调节员、激进组织或政府），并协调联合计划的制订及风险转移。协商及股东管理技能是市场知识和供应链专业知识的重要补充。

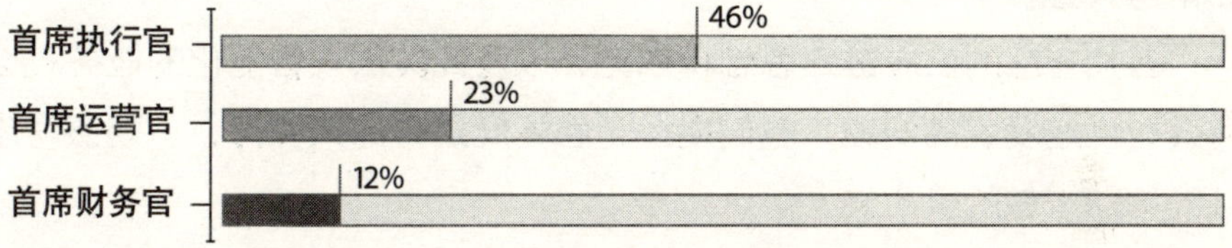

图 6-12　供应链主管向谁汇报？

首席供应链官还必须是勤奋的优化专家。智慧的供应链将给决策制定者提供更多的选择和备选项，更高精确性的控制和协调，以实现预期的结果。供应链领导者必须能够优化全球的资产和人才网络，包括他们自己的及合作伙伴和客户的资产和人才。这些职责还包括环境工作，即维持保护地球自然资源所需的平衡。最高供应链主管不同于任何其他最高管理层，他/她必须对业务有全面的理解、对外部风险有广泛的了解，并能够进行全盘管理，以实现结果的最优化。

为什么要立即构建智慧的供应链？

为什么我们对供应链将变得更智能确信无疑？

毕竟，支持此类智能化的基本技术早已研发出来。为什么现在要进行这种彻底的变革？尤其是在前面有诸多不确定因素的情况下？

事实上，这就是问题所在。全球化和联系愈发紧密的供应链加剧了动荡和脆弱性，并且一时情况无法改善。不确定性已成为常态。这种新的环境需要另一种供应链，即更为智能的供应链。

有了如此明确的变革要求，供应链主管就可以重新评估组织当前策略和方向（参见表6－1）：哪些投资会加快流程或提高效率？哪些可以进一步使供应链更智能，并可灵活地应对各种不稳定性和风险？

通常，在大规模变化即将发生的时候，“变革还是死亡”的争议将越来越大。但是我们不能总以如此苛刻的眼光看待这些事情，我们看到的未来是更加光明的。原因包括：主管可以竭力使他们的供应链变得更智能。但是，从我们与全球400位主管探讨的结果来看，或许更为重要的是，主管们也决心使供应链成为战略性支持者。他们了解供应链对企业成功的重要性，他们也对创造重大变革的计划非常感兴趣。

有关智慧的供应链之思想和意见，以及此类嵌入智能化的业务机会将会有快速发展的问题，我们期望与您就此进行深入探讨，也期望与您共同构建智慧的供应链。

表6－1　未来供应链的“智慧地图”

哪种能力对您的组织最为重要？

领域	先进	互连	智能
战略	可视性和绩效管理 供应链优化和透明度 客户需求数据的传递和仿真	与合作伙伴的业务和供应链战略协同 整合的可持续性战略 随市场需求波动的可变成本结构	从成本到服务的分类分析 经过深入分析持续地降低供应链成本 风险影响分析
计划	实时需求管理与库存优化 库存实时的可视性 早期预警检测：供求的同步性	制订合作计划并执行 财务和运营分析的整合 整合S&OP与外部指标	S&OE（销售与运营执行） 根据风险调整库存并进行优化 具有优化决策支持的网络化S&OP

（续表）

领域	先进	互连	智能
生命周期管理	预测分析与仿真设计技术 嵌入式系统 用于预防性维护的传感器	与客户和合作伙伴进行合作开发和工程设计 通过客户的意见推动品牌知名度 知识共享以达到持续的改进	新产品开发创新和分析 整个生命周期始终考虑可持续性和“绿色” 模型驱动的系统工程
寻源和采购	风险与合规性传感器及建模 主动和实时的供应网络事件监控 全球寻源与进口物流 KPI 及检测	多级供应的实时可视性 合同管理与战略采购 利用全球网络进行外包，以实现风险共担，并创造多元结构	预测性购销分析 可持续的采购活动 智能化支出分析
运营	优化的库存控制与事件检测 在监控碳、水和废物生产过程中使用感应器与执行器 运营风险管理与控制的可视化	针对制造、供应、使用和再利用的网络化设计 与合作伙伴 KPI 相关的贸易条款管理 受需求驱动的生产和延期	管理资本支出的供应链模型 灾难响应模型 评估灵活性因素（服务水平、成本、时间和质量）的模拟模型
资产管理	总成本管理仪表板 环境的可持续性资产监控 全面的可能性风险评估	整合的资产和资源管理 地理信息系统 动态和可变资产成本结构	所有权成本分析 税收及合规性建模 资产的主动重调配/重配置/剥离
物流	事件驱动的物流预警 优化网络的实时传感器 从物流伙伴处获取可用网络和自动提供数据的便捷性	针对物流提供商的实时可视化 网络化整合可变的应急计划和政策灵活的物流网络	碳足迹管理 数据驱动的逆向物流 网络与分销策略分析及建模
企业管理系统	监控与实时检测和警报 库存优化 ERP 到 MES 的整合	合作平台： 客户、提供商、供应商 ERP 到 ERP 的整合 企业与网络性能管理	业务智能化与整合的分析 针对事件的预测分析与高级分析 与培训和变革管理活动相关的 KPI 趋势

附录：调查方法

过去十年来，我们进行了周期性的调查，以了解亟待解决的困难及供应链管理人员和员工的目标。 但是，在 2008 年，我们已经认识到供应链日益重要的地位，我们决定开始以面对面与公司最高供应链主管访谈的方式，与在任的首席供应链官进行深入交流。

18% 年营业额低于 5 亿美元	24% 年营业额高于 200 亿美元	23% 供应链员工超过 1 000 人	25% 供应链员工少于 100 人

我们与来自北美、西欧和亚太地区 25 个国家的 393 位主管进行了详细的交谈。 这些领导者负责管理 29 个不同行业的供应链，其中包括：零售业、工业产品、食品与饮料、制药、电信、电子和政府。

为更好地展开调查，我们分析了世界一流供应链与受调查的其他供应链的区别。 我们认为一流或顶级供应链为受访企业中很少的一部分（其中有 17 家），它们已被列入“2008 AMR 调查供应链 25 强”。

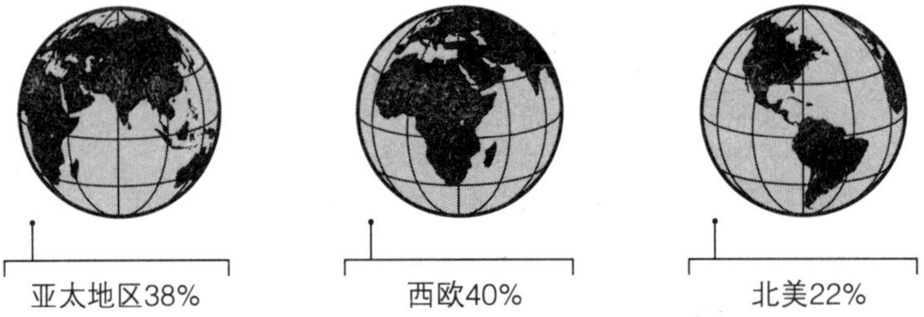

致谢

我们衷心感谢世界各地各位高级供应链主管，感谢他们百忙之中抽出时间与我们分享各自的经验和知识。 他们对供应链优化的贡献之大着实令人振奋。 我们特别感谢那些允许我们在报告中援引谈话内容和经历的主管。 我们还要感谢参与此次调查的各位 IBM 员工：

Karen Butner（全球项目主管）、Robert Frear、Angie Casey、Kamal Sundaram、Christine Kinser、Barbara Meyer 以及全球各地数百位参与面对面访谈的 IBM 主管。

参考文献和注释

1 "*World Investment Report 1996: Investment, Trade and International Policy Agreements.*" United Nations, August 1996; "*World Investment Report 2008: Transnational Corporations, and the Infrastructure Challenge.*" United Nations, July 2008.

2 "*Companies without borders: Collaborating to compete.*" Economist Intelligence Unit, 2006.

3 Lewin, Arie Y. and Vinay Couto. "*Next Generation Offshoring: The Globalization of Innovation.*" Offshoring Research Network, March 2007. https://offshoring.fuqua.duke.edu/ORNreport_exec_summary.pdf

4 "*Record 182 000 New Products Flood Global CPG Shelves.*" Metrics 2.0, February 19, 2007. http://www.met-rics2.com/blog/2007/02/19/record_182000_new_products_flood_global_cpg_shelve.html

5 Throughout this report, when we mention "top" or "leading" supply chains, we are referencing the subset of our survey population that was featured in: Friscia, Tony, Kevin O'Marah, Debra Hofman and Joe Souza. "*The AMR Research Supply Chain Top 25 for 2008.*" AMR Research, 2008.

6 We believe this to be the case because most of the supply chain executive interviews were conducted before September 2008.

7 REACH is a European regulation that deals with the Registration, Evaluation, Authorization and Restriction of Chemical substances; it became effective on June 1, 2007. The European Union's Restriction on Hazardous Substances Directive, or RoHS, took effect on July 1, 2006, while the European Union Greenhouse Gas Emission Trading Scheme (EU ETS) began operations in January 2005.

8 "*Unlocking the DNA of the Adaptable Workforce: The Global Human Capital Study 2008.*" IBM Global Business Services, September 2007.

9 Palmisano, Samuel J. "*A Smarter Planet: The Next Leadership Agenda.*" Speech given at The Council on Foreign Relations, November 6, 2008.

10 “*Airbus's cost effectiveness gets a lift with greater supply chain visibility and automation.*” IBM Corporation, October 2008.

11 “*About us: The world's top airport retailer.*” The Nuance Group, 2007. http://www.thenuancegroup.com/aboutus/

术语表

ERP	企业资源计划软件
GPS	全球定位系统
KPI	关键绩效指标
MES	制造执行系统
RFID	无线射频识别
S&OP	销售与运营计划

第七部分　前进之路

以客户为中心的领先新模式

IBM 全球客户关系管理官调查报告

第一章

前进之路：以客户为中心的领先新模式

当企业在此次全球经济动荡之后采取试探性的步骤时，销售及服务领域的企业高管注定会面临由经济下滑所暴露的一些新的市场力量。消费者行为已经从根本上发生了变化，世界数字化的趋势愈演愈烈，现有业务模式的生命力受到挑战。客户关系管理专业人士必须迅速把注意力集中于培养洞察客户和开辟数字渠道的领先能力，以转变客户体验，开辟新市场和降低组织复杂度。

严重的经济衰退以及可能发生的后遗症向企业提出了有关旧业务模式可行性的诸多重大问题。那些曾经创造了前十年经济繁荣的业务模式是否依然有效？那些模式是否反映了消费者与企业进行互动的方式？企业能否在恰当的时间以所需的格式获得正确的数据以形成实际推动增长的洞察？

为了回答这些问题，IBM 商业价值研究院对来自 60 多个国家，身在各行各业和肩负不同职责的近 500 位客户关系管理高管做了调查。我们的目标是对市场营销、销售及服务的状况进行评估，并提出企业如何在新兴的数字化时代实现领先的道路。

“IBM 客户关系管理调查”揭示，80% 的全球客户关系管理领导者认为他们已准备好应对新经济环境提出的要求。但是，尽管多数人预期经济形势会在2010年中后期开始复苏，他们还是将经济状况视为在可预见的未来里最可能影响业务决策和结果的因素。

我们涵盖多个行业和地区的调查表明，在接下来的几年里，新兴市场力量可能会促使企业的业务模式和客户互动职能发生重大转变。因此，企业必须对客户互动进行调整，以适应消费者在如何做出购买决策和与企业进行互动等方面的较大变化。

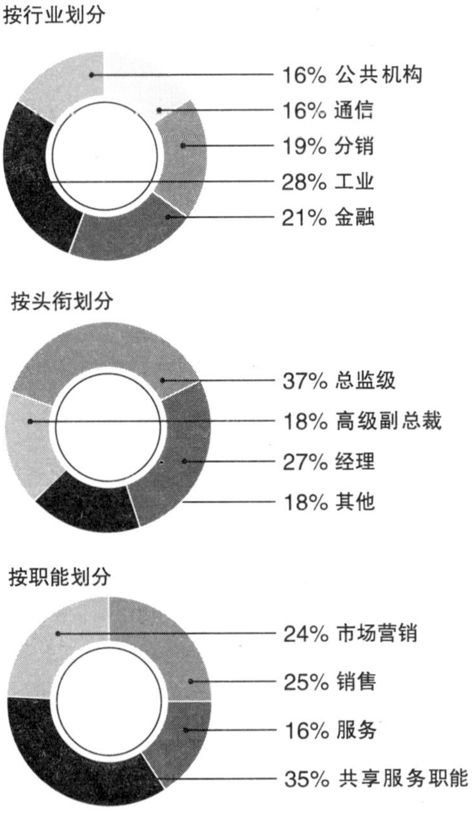

资料来源：IBM商业价值研究院2009年客户关系管理领先调查。

图7－1　客户关系管理调查——回答者划分

2009 IBM 客户关系管理调查方法论

调查概述：2009年5月，IBM与Business Intelligence Unit联合对66个国家的478位客户关系管理高管进行了一项网络调查，以确定市场营销、销售与服务方面的新情况。

处于变化最前沿的是数字化信息的爆炸性增长。 例如，全世界 2009 年所产生的数据就比过去 5 000 年间所产生的数据加起来还要多。[1] 而且，遍布全球的 40 亿部移动电话、20 亿互联网用户、330 亿无线射频识别（RFID）标签和几十亿只晶体管还在源源不断地产生大量数据，这一势头短期内很难减弱。[2] 面对如此大量的信息，企业做出正确决策的难度急剧增加。 困难在于如何从这些浩如烟海的数据当中找到有价值的信息，然后据以采取有助于增加真正客户价值的行动。 横跨任何一个，以及所有渠道间弥合——这一从洞察到行动的鸿沟，是通往领先地位新道路的基础。

无论身在什么行业，奉行什么业务模式，或者来自什么地区，如今的市场营销、销售及服务领导者必须：

- 倾听各种相互联系的人与事；
- 学会通过收集、联系和减少数据从而获得洞见，并使用技术来加快上述过程；
- 简单而直接地与客户进行互动，在有助于促进相关体验的业务流程中，无缝地从决定过渡到行动；
- 收获这些互动的成果，继续改进涵盖所有渠道、设备和人员的客户活动。

挖掘数据、利用分析工具和创造有效沟通平台的高超能力为三类领先者在 2012 年前的异军突起打开了大门：

- 客户洞察领先者，负责对大量数据进行优化，将之转化为有用信息并创造可测量的价值；
- 数字渠道领先者，在“始终在线”的数字化世界中，负责驾驭通过客户互动以及新产品、新服务和新的业务模式创造价值的新方法；
- 新时代领先者，负责整合来自上述两方面的最佳实践。

更进一步，这三类领先者将能够根据它们面临的业务形势及其想占有的市场位置选择以下三个明显不同的手段来提高实现差异化的可能性：成本和复杂性大幅降低、创新的造市（market making），以及战略性服务交付。 按照需求的不同，企业可以只选择一种手段或结合运用全部三种手段。

成本和复杂性降低有助于企业的运营更精益、更灵活并对客户更加友好。创新的造市强调社会型企业设计，以吸引客户、合作伙伴和供应商并创造价值。它为企业提供了与客户、合作伙伴、供应商甚至竞争对手共同开发解决方案与产品的机会。战略性服务交付利用所有可用渠道来增加客户体验。无论客户选择致电联系中心、前往零售商店或分店、通过网站寻找信息，还是通过微博等社交工具与企业互动，战略性服务都应该认真对待客户的要求并予以满足。它优化每个渠道，使得无论客户选择什么方式、什么时间、什么地点以及出于什么原因，都能反应迅速并具有吸引力。它还允许客户在不同渠道之间进行流畅的转换，例如，从网络转到联系中心，或者转到零售商，以购买其在网上找到的产品。

在以数据密集和客户友好为特点的数字化时代，领先企业是由它们如何开发和利用洞察来响应不断变化的消费需求来定义。在这项工作中，它们要掌握用于销售、服务及市场营销的新式数字通信技术。在它们通过客户洞察和/或数字渠道使自己显得与众不同的过程中，它们都将意识到果断采取行动的好处所在。在本文中，我们将详细探讨这些领先类别以及用于实现这一目标的手段。

面对纷至沓来的产品信息和选择，他们有能力予以接受或拒绝。

经济和市场力量

尽管我们调查的大多数人觉得经济衰退的最坏时期已经结束，但他们还是认为，至少在接下来的两三年内，整体经济状况仍然是一个重要因素（参见图7－2）。他们预测可用于资本支出的资金将会比较少。回答者还预测竞争将会加剧，不仅有来自新兴市场的企业加入，还包括对消费者可用支出的争夺。他们意识到消费者放开手脚花钱和大量贷款的“老日子”已经结束了，至少暂时如此。

除了经济、竞争加剧和资本可获得性以外，还有三个因素也预示着需要进行变革，即新客户需求、数字化通信的日益盛行以及伴随全球人口与财富分配转变的新经济体的上升。能源价格波动和可持续发展要求其他外部因素对某些行业非常重要，但不是像其他因素那样的全球性力量。

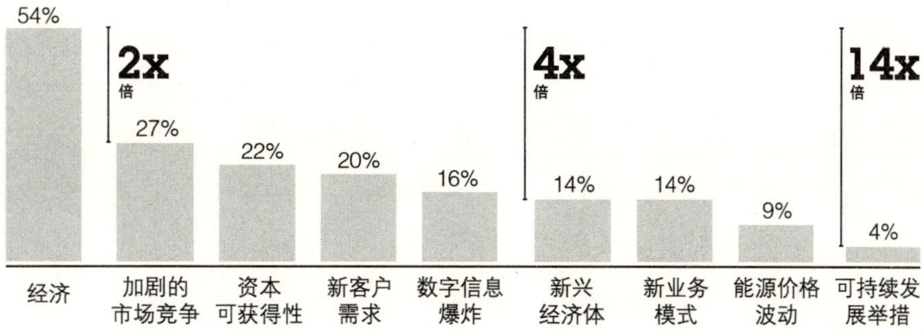

资料来源：IBM商业价值研究院2009年客户关系管理领先调查。

图 7－2　部分市场力量（2012 年前）

大多数企业突破经济状况限制以及专注于其他企业绩效影响因素的程度和速度更多取决于它们所在国家/地区而非它们做什么。例如，当我们请被调查的领导者评价 2012 年前最有可能影响其业务决策的外部因素时，美国市场营销、销售及服务高管中只有 36% 的人声称是经济状况，相比之下，新兴经济体的这一数字为 67%，英国为 63%，澳大利亚和新加坡为 48%。这些数字是许多因素共同作用的结果，但总体而言，那些受企业大量裁员和金融机构崩溃（如英国）的冲击最厉害的国家/地区更有可能在较长时期内保持警觉，使其决策不至于与经济状况偏离太远。

与之形成对照的是，美国企业对资本可获得性及数字化信息爆炸（27%）给予了与经济状况同样的重视（2012 年之前），显著高于整体回答者的 16%，并且是中国和印度企业的 3 倍。在中国、印度及新兴市场，竞争加剧和资本可获得性被视为重要的市场因素。

虽然全球企业的关注重点显著指向经济状况及竞争加剧两个因素，但我们觉得不在调查回答者视线之内的另外三个市场力量也非常值得注意，即新业务模式、新客户需求以及数字化信息爆炸。

三大变革驱动力

今天的消费者消息灵通，见多识广，他们所引起的市场变革对企业的市场策略和服务方针有很大的影响。面对纷至沓来的产品信息和选择，他们有能力予以接受或拒绝。他们通过各种渠道购买产品与服务。他们消费的产品比以往更加广泛，企业也无法对他们进行简单的归类或划分。[3]

因此，令人感到意外的是，调查回答者对与满足今天的消费需求有关的这三个外部因素并未给予高度重视，即新业务模式（占回答者的14%）、客户需求增加（20%）、数字化信息爆炸（16%）。

新业务模式：许多传统业务模式正在衰落或失效。例如，金融服务业向来受到政府干预的扶持。无论在什么地区，医疗卫生行业对服务交付资源的需求缺口日渐加大；对数字化时代的到来反应缓慢许多的报纸永远退出了历史舞台；音乐行业的主要发行系统现在已发生了很大的变化。显而易见，旧的业务模式必须有所改变，以满足数字化时代消费者不断变化的需求。

客户希望参与开发用于满足需求的产品与服务方案，这一新现象被称为客户共建。

客户需求的增加：改变客户关系管理前景的不只是那些爱好数字技术和消息灵通的消费者。企业高管还必须考虑财富与人口再分配的问题。新兴市场的高速增长正在被经济停滞所抵消，在世界上最富裕的地区甚至出现下降（参见图7－3）。更进一步，发达国家市场的许多消费者已经从根本上改变了他们的消费习惯。对于渴望市场领先的企业来说，及时对这些情况做出响应至关重要。

数字化信息爆炸：不只是数字化信息的总量，还有数字化信息对传统媒体模式及广大企业的影响正在促成变革。例如，支持虚拟会议的新技术减少了航空公司和酒店的客源；CD和DVD销量由于消费者对数字内容的偏爱而下降；消费者把网上下载作为省钱之道。

层面（年购买力）	2020年的人口（与2008年相比的变化）	2020年的总购买力*（与2008年相比的变化）	
社会精英 > $20 000	0.5	$11.6T（$0.5T）	• 社会精英：极富足
广大中产阶级 >$3 000 – $20 000	2.1（+0.1）	$13.1T（$0.6T）	• 广大中产阶级：比较富足
富裕阶层 >$300 – $3 000	3.4（+0.4）	$4.1T（$0.5T）	• 富裕阶层：居住在农村或城市的日渐富裕的“社会低层”
农村贫困人群 <= $300	1.5（+0.5）	$1.3T（$0.4T）	• 农村贫困人群：居住在农村地区、勉强糊口的人群

*仅生活消费品（不包括耐用消费品和消费电子产品）。
资料来源：IBM商业价值研究院分析；世界银行，“底层的十亿”；世界资源研究所；联合国。

图 7 – 3　变化中的全球人口的总购买力

企业需要掌控这些力量来创造有用的信息——在与客户互动之前注意倾听和学习，以创造灵活和适应性的业务模式。 它们需要利用其学习成果，并通过各种渠道无缝地提供产品或服务内容，以方便与客户的互动。 另一方面，客户希望能够随时随地与企业互动，并参与开发用以满足其需求的产品和服务方案，这种新现象被称为客户共建。 客户会日益引导企业使用更简单的方法来满足他们的需求。 在有助于推动创新市场方案和更好的战略性服务的新社会型企业设计中，这种充分利用客户建议的共生方案处于中心地位。

对领先的新定义

未来几年内，最有可能占据领先地位的企业将是那些积极回应引起变革的市场力量，并从根本上了解客户偏好发展趋势的企业。 通往领先地位的最佳途径将由企业如何，以及在何处运用其知识而决定。 最后，我们认为将会有三类领先标准使创新型企业脱颖而出，即客户洞察领导者、数字渠道领导者、新时代领导者（参见图 7 – 4）。 采用这些领先模式的企业的业绩将会明显高于其他企业。

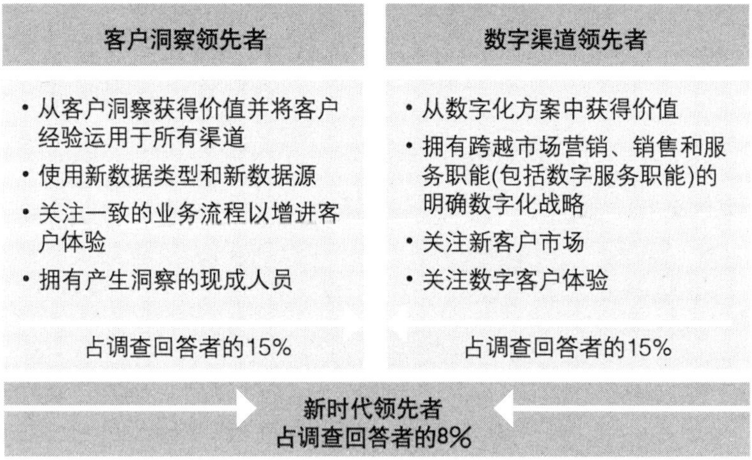

资料来源：IBM商业价值研究院2009年客户关系管理领先调查。

图7－4　领先的特征

客户洞察领先者

客户洞察领先者占我们所调查公司的15%。它们最长于捕捉、使用和获取价值——不只是通过产生洞察，而且通过将洞察转化为由其员工和业务流程实施的具体业务行动。它们是使用新数据源（如GPS、网上冲浪和社交网络分析等）的行家。它们不只是收集数据，还能充分利用数据。它们在83%的时间内拥有合适的人员来产生洞察并将之传播到整个企业，相比之下，非领先者的该项数据仅为15%。它们拥有更完备的工具来利用客户忠诚度驱动力，67%的企业表示它们了解客户的忠诚度，相比之下，非领先者的这一数字仅为22%。它们中有75%的企业拥有稳定的业务流程来支持客户体验，而其他企业的这一数字仅为15%。

这些领先者从客户需求出发，并按照渠道对业务流程进行调整，从而实现更好的测量和更佳的客户体验。它们还利用机会向客户学习，通过解决当前客户体验中存在的问题来增进客户体验。在了解哪些方面的针对性改进能够在关键时刻提供良好的客户体验方面，它们的可能性是其他企业的3倍。客户洞察领先者在创新方面大获成功，这是因为它们非常清楚可以节省哪些成本，同时又不对客户产生不良影响。

它们把对服务进行战略改进的任务放在变革的中心地位。 它们挖掘客户对话所包含的潜在价值，以求进行必要的改进或寻找重塑企业的新思路。

数字渠道领先者

数字渠道领先者占调查回答者的 15% 左右，它们在数字与多渠道战略的要素方面的表现甚至超过了客户洞察领先者。 近 2/3 的数字渠道领先者表示它们采用了多渠道战略，相比之下，客户洞察领先者的这一数字为 54% 。 数字营销战略方面同样存在差距，81% 的数字渠道者称其拥有有效的数字营销战略，相比之下，客户洞察领先者的这一数字为 65% 。 另一个差距是对数字服务战略的采用，68% 的数字渠道领先者实行了鼓励客户采用最低成本服务渠道来满足其需求的服务战略。研究显示，只有 56% 的客户洞察领先者采用了类似战略。 特别是，数字渠道领先者更重视从在线对话中发掘洞察，它们当中有 33% 的企业对此持有兴趣。

新时代领先者

新时代领先者占调查回答者的 8% ，在新一代创新者中是最少的一群。 它们同时使用客户洞察和数字渠道在最高层面进行响应。 与数字渠道领先者和客户洞察领先者一样，它们也从同一来源获得价值，即分析数据和新数据源。 新时代领先者中拥有合适的分析工具以及有效电子商务战略的企业百分比是整体调查者平均值的 4 倍。 它们是拥有客户洞察，并知道如何以数字方式将其应用于所有渠道的完美典范。

客户关系管理领先的特征

IBM 客户关系管理调查表明所有类型的领先者都倾向于采取积极行动。 它们清楚如何摆正其企业的位置，以经受经济衰退的严峻考验。它们向其员工提供合适的工具和分析软件。 领先者更擅长使用洞察来确定客户行为的驱动力。 不分行业、地区和业务模式，它们有一些共同的特征，其中包括：

- 跨类型的领先者更可能在经济周期早期采取艰难的行动，这使它们能够快速前进。 例如，在经济衰退期间，它们比其他企业减少员工和预算的可能性高 20% 。 同样，它们会尽可能缩减项目规模或延缓项目进度。

- 表现优异者认识到根据效率和客户满意度进行跨渠道变革的价值。 例如，领先者转向电子商务和减少联系中心的可能性是其他企业的两倍。

- 领先者使用洞察来促进增长和具备现成的合适人员及能力的可能性分别是其他企业的 2. 5 倍和 3. 5 倍。 总的说来，它们比同类企业更了解客户生命周期，并把客户洞察运用于可重复的业务流程以增进客户体验，其利润率是其他企业的 4 倍。

- 领先者对客户忠诚度的了解比其他企业强 3 倍，请不要把这等同于客户忠诚度计划。 例如，它们知道一次折扣计划不会让客户保持忠诚，而需经常进行此类活动。 但它们知道，忠诚度来源于让客户参与性更强、更智慧、更好地互联和更好地获取信息。

- 领先者 4 倍于其他企业去了解它们在哪可以获得学习机会，并努力针对客户所指出的问题加以纠正、创造更好的客户体验。 它们知道，如果企业能够了解哪些具体方面需要改进，它就能创造更佳的客户体验和更丰富、更深入的客户联系。

每个类别的领先者都表现出这些特征，但新时代领先者在每个方面都显著高于平均水平（参见图 7 – 5）。

无论这些表现优异者采用哪种领先模式，它们都有一些共同的特征（参见客户关系管理领先的特征）。 它们很少由角色、地区、行业或业务模式来界定，使它们与众不同的是其采取积极行动的意愿和打破陈规旧律的行为方式。 在所有类别中，领先者均提供了必要的工具来创造影响力。 从是否拥有这些工具来衡量，其他企业与领先者间的差距是显著的。

- 只有 20% 的销售高管声称他们拥有重要工具来帮助他们有效地工作。 但我们的调查发现表明，拥有完善工具的销售领导者所提供的客户价值是其同行的 2. 5 倍。

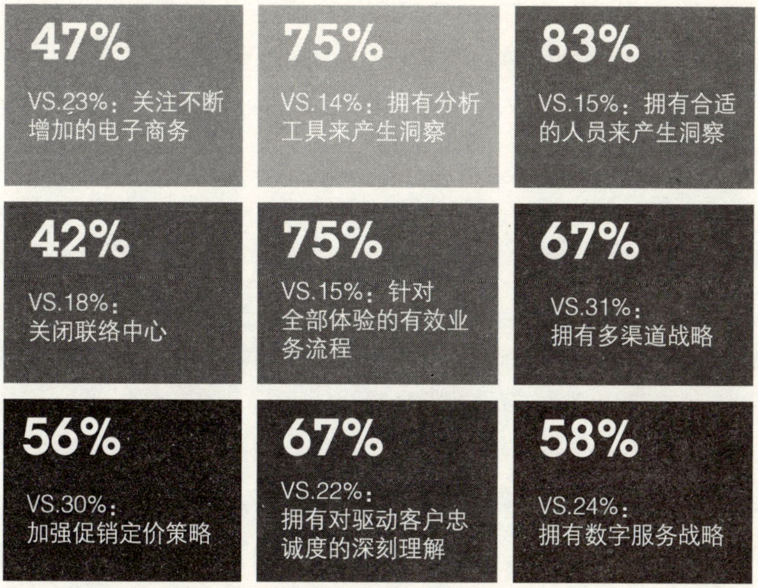

资料来源：IBM商业价值研究院2009年客户关系管理领先调查。

图7－5　新时代领先者VS. 其他所有调查参与者

• 市场营销方面的工具配备是最差的，特别是在分析工具方面，只有不到20%的回答者定期接收分析信息，相比之下，领先者的这一数字达到了63%（参见图7－6）。

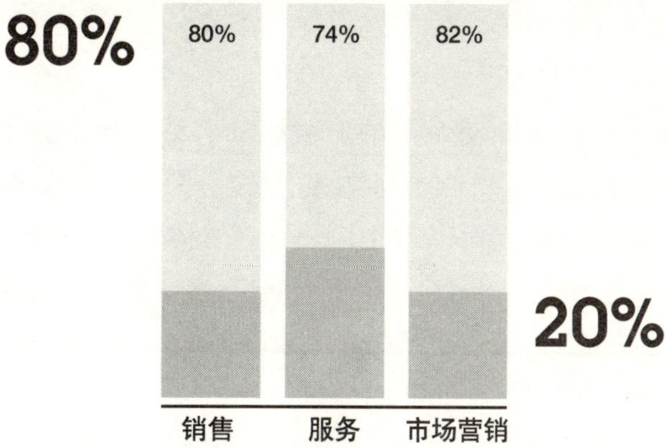

资料来源：IBM商业价值研究院2009年CRM领导研究。

图7－6　20%的CRM专业人士经常使用分析工具

没有合适的工具就好比单手驾驶没有仪表的汽车飞驰，而又想保持高度精确一样。 同样，领先者重视在关键职位上拥有合适的人员来产生和传播洞察。 这些人的重要性不仅在于创造洞察，而且在于使之供企业利用和据以采取行动。

实现成功的三个手段

在以数据密集为特征的数字时代，渴望获得领先地位的企业必须确定采用什么手段才最有可能实现差异化。 我们问调查参与者未来三年会采取什么方法来使自己与众不同，最多的回答是进入新客户市场，近半数回答者选择了这一项。 其次是改进服务，占回答者的 45% 。 新渠道战略和客户共建是下一个较大的差异化领域，紧随其后的是成为低成本提供商和重获客户信任，各占回答者的 1/3 左右。 但是，由于差异化领域反映了相当多的回答者的意见，所以这有助于按照企业取得成功所需采取的手段（这反映了企业的意图和压倒性需要）对这些回答者进行划分。 结果表明有三个核心手段：成本和复杂性降低、战略性服务交付、创新的造市（参见图 7 – 7）。 在这三个手段当中，成本和复杂性降低常常是实现以客户为中心的最短途径，而战略性服务交付和创新的造市则可提供更多的客户互动。

成本和复杂性降低

成本和复杂性降低使企业的运营更加灵活、精益并对客户更加友好。 虽然在传统上被当作一种内部措施，但成本和复杂性降低的好处——尤其是通过数字渠道的使用——越来越有助于降低客户服务成本。 这是一个相当大的机会，66% 的回答者认为其企业未能完全提供一种数字服务战略，以使他们能够关注服务成本。

企业有随着逐步发展而变得复杂的倾向。 当“速度”被特别要求以进入新市场或改进服务时，跨渠道和跨业务职能的优化可能具有一定的挑战性。 这一“速度”实际上会损害优先完成任务方面的有效设计。 但在如今的经济环境中，取得和保持领先地位要求企业建立复杂的流程和更加快速地响应客户及全球商业环境。 通过从一开始就把降低复杂性当作目标，企业就能够在进入新市场和改进服务时进行正确的业务流程和渠道优化。 企业会变得更加简约、响应速度更快、更智能和更灵活，执行力和效率得到保证。 最后，成本和复杂性降低对解放资本以支持这些新经营方式也是非常重要的。

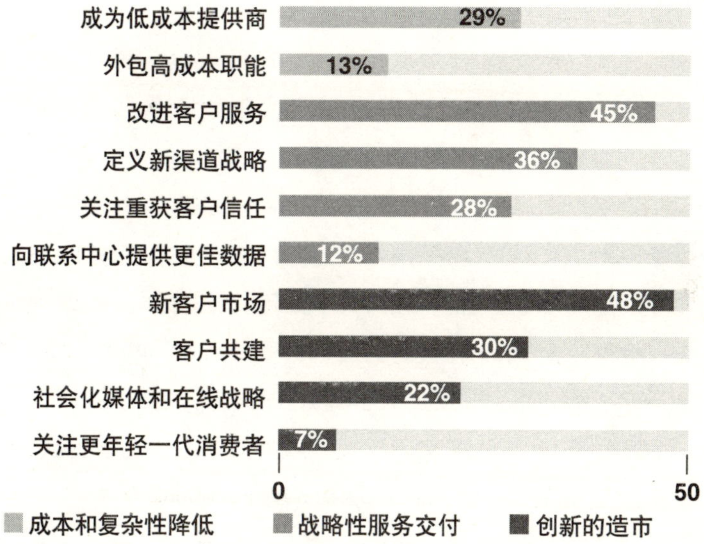

资料来源：IBM商业价值研究院2009年客户关系管理领先研究。

图7-7 开创前进之路的三个核心手段

创新的造市

创新的造市改变了企业进军和拓展新市场的方式。 它强调在争取客户以及了解与厂商、政府机构和竞争对手间的互动方面的价值共建和使用社会化媒体。 这一社会型企业设计有助于企业发现和预测市场形势与客户需求的变化并予以响应。 从概念上讲，所谓造市就是使用这一协作范式，以更快的速度和更大灵活性向新市场推出新产品与服务。

创新的造市涉及我们所希望的外部社会化媒体部分，但它也支持内部协作——使得在企业内寻找信息、人员和创意变得更加容易。 但它同时也承认，无论一个企业有多少员工，伟大的创意、技术和互动途径常常来自企业外部。 例如，IBM 物理学家多年前意识到激光装置可以进行精准的切割操作，使得他们能够在人类头发上雕刻我们的姓名。 但这有什么商业价值呢？ 有一个人指出这种方法可以用于对人眼巩膜进行平整的切割，从而导致了激光视力矫正技术的出现。 后来其他企业购买了这项技术，到2009年，该技术在美国的市场价值已达到250亿美元。[4]

战略性服务交付

战略性服务交付包含旨在改进客户互动的活动，方法是通过新渠道进行对话。 战略性服务交付提供了交互式和数据驱动的方法，让企业向客户学习并与客户共同探讨如何满足其需求。

它还有助于企业改进客户便利性。 这方面的一个例子是使用互联网来提供服务改进和故障查找技术。 我们不再需要为打印机提供驱动光盘，因为我们可以从网上下载打印机驱动。 同样，如果人们能够通过加标签和绘图来对其信用卡支出进行分类，那么他们对其财务活动就会有更全面的了解，需要时他们就可做出相应的改变。

战略性服务交付还允许客户帮助其他客户做出更佳的决定。 通过评级和审核，无论是企业所有的网站还是Facebook等社交网络，客户都可表达其偏好和品牌联系，使周围的人可以利用那些面对相同购买决定的人群的集体智慧。

如图7－8所示，每条前进之路都包含某些较好的市场条件，在确定正确的道路时必须将这些市场条件与企业战略进行匹配。

	客户洞见领先者	数字渠道领先者	新时代领先者
成本和复杂性降低	• 关注业务流程，以便更快地将洞察应用于所有渠道 • 知道可以节省哪些成本而不影响客户体验	• 降低市场营销沟通成本 • 简化销售流程 • 通过自助式服务和引导式方法降低服务流程成本	• 使用洞察来推动客户关系管理成本的下降并了解依存关系 • 能够测量渠道转变计划的成功与否
战略性服务交付	• 了解并能够测量一致的渠道交付 • 关注完整的客户生命周期	• 在整个客户生命周期提供基于Web的内容 • 了解数字渠道的服务成本	• 为涵盖整个客户生命周期的服务交付提供多点式可测量途径 • 能够将面向特定渠道的衡量标准纳入以客户为中心的衡量标准
创新的造市	• 通过各种渠道主动倾听客户和向客户学习 • 与客户共建产品、服务	• 使用多种形式的社会化媒体进行客户互动 • 驾驭基于Web的支持者的力量，以吸引潜在客户	• 提供新的数字服务，帮助以有利的成本创造客户价值 • 使用新形式的测试与测量来实时收集基于Web的反馈

资料来源：IBM商业价值研究院2009年客户关系管理领先研究。

图7－8 领先者如何运用所述的三个手段来获得成功

但是，无论选择哪种路线，都需要新的领先方式在背后提供支持，并反映信息日益丰富的数字化世界。这些模式确定了企业将在哪些领域进行投资，以及提供了能够指引企业管理人力资本和运营资产（如流程和技术等）的“透镜”。

总结：前进之路

在考察数字渠道、客户洞察和新时代领先者所选择的前进之路时，我们发现造市和战略性服务要求四个具体行动领域，其中每个都有一个关键优化点（参见图7－9）。希望沿着这些道路获得领先地位的企业必须：

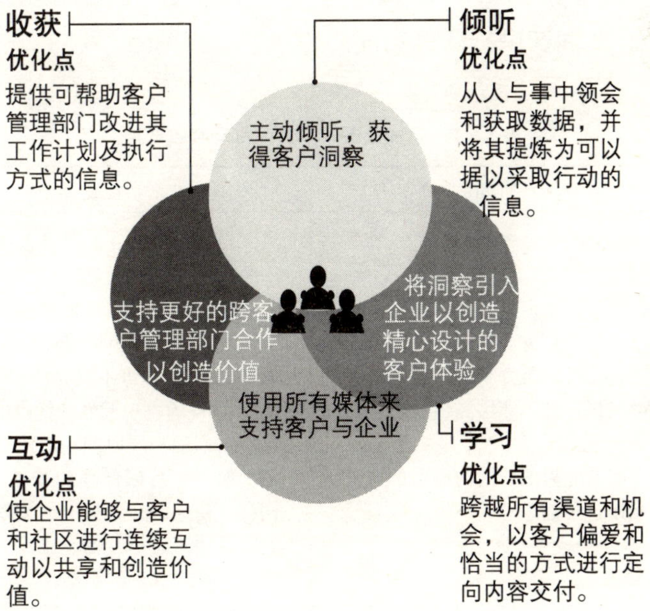

资料来源：IBM商业价值研究院2009年客户关系管理领先研究。

图7－9　领先行动的领域

- 倾听：从人与事中领会和获取数据，并将其提炼为可以据以采取行动的信息。
- 学习：跨越所有渠道和机会，以客户偏好和恰当的方式进行定向内容交付。这有助于将洞察引入企业以创造精心设计的客户体验。

• 互动：使企业能够与客户和社区进行连续互动以共享和创造价值。 这要求使用所有媒体来支持客户与企业。

• 收获：提供可帮助客户管理部门，改进其工作计划及执行方式的信息，包括支持更好的跨部门合作以创造价值。

倾听和学习是产生和运用客户洞察的核心。 互动和收获是战略服务（特别是数字交付）的核心。

开发领先的客户洞察

客户洞察可以促进上述三个手段的成功。 “倾听—学习—互动—收获”范式则定义了活动的连续系统，这种方法依赖于对需要什么洞察以及何时和如何使用它的定义。 不过，要在这一竞争舞台上获得战略领先地位，还需要进行认真的评估和计划（参见表 7－1）。

表 7－1　开发倾听、学习、互动和收获能力

活动	行动	优化点
倾听	• 备案和重新定义客户体验。 • 根据客户意见与建议、一线人员反馈以及可以公开获得的数据确定关键时刻。确定能够提供有价值信息的新数据源。 • 在团队能力的范围内尽可能广泛地利用各种信息源。	• 考虑与拥有预定义的事件及关键时刻信息库的商业伙伴开展合作。 • 寻找能够提供深厚数据专业知识和模型来验证发现结果并提供模板化方案的厂商。 • 倾听客户的心声不只是一种前瞻性活动。基于 Web 的可追溯性的优点之一是企业能够向后回溯一段时间，形成对客户的更深刻了解，然后以此作为未来工作的起点。同样，使用语义分析引擎来挖掘企业丰富的联系中心数据有助于在没有初步研究的情况下获得深刻的洞察。
学习	• 结合销售业绩和行业基准分析，运用倾听活动的发现结果来创造新业务模式、产品、服务和互动。 • 把改进关键时刻作为首要任务。为每次互动设定学习目标——包括结果、衡量标准和客户成功标准。 • 评估技术和基础设施能否为改进客户互动提供最佳支持。	• 使用预先建立的业务案例模板——该模板可按照企业的需求加以定制，所以企业无需从头做起。在定义完备的假设和架构的基础上开始工作可以使交付周期缩短几个星期。 • 测试模型的定义应当足够严格，但不能复杂到阻碍新想法的实施。

（续表）

活动	行动	优化点
互动	• 使客户也参与对话而不只是被动地接受内容。为客户评价、审查、共享和创建内容提供多种途径。 • 关注体验、流程和内容交付的跨渠道连续性。 • 开发关注客户体验与客户目标以及成本与收入的测量方法和预测性分析工具。	• 选择最不需要企业其他部门提供相关帮助的方法与工具。 • 关注企业范围内的知识共享。
收获	• 持续评估整个企业的倾听、学习和互动活动的结果，以更新企业、业务流程、关键时刻、渠道互动和服务规范。 • 在条件允许时与客户共享。	• 仪表盘提供定制的数据视图，使客户关系管理各方只看到他们需要的数据（基于其角色和权限）。 • 通过非正式和正式途径共享结果和想法。人际互动依然具有重要性。 • 数字时代还带来了对全球范围内各色专家的“能见度”。通过网络搜寻改进方案和分享想法。这些专家可能并不在企业内，但他们往往愿意与您进行交流。

资料来源：IBM 商业价值研究院 2009 年客户关系管理领先调查。

您准备好了吗？

良好的开端有赖于对您的现状、您希望取得领先地位的目标以及如何达到该目标的认真评估。 您必须对您的业务模式和以客户为中心的战略意义进行现实的评估，以确定所需的转型等级。 评估您是否准备就绪的内容包括：

• 根据您的具体需要确定哪种转型等级最适合您的企业。

• 考察现有的业务模式与收入方案，将其与客户希望获得的体验进行对比。

• 定义和弥补使您能够专注于客户体验的上述四个领域（即倾听、学习、互动和收获）的差距。

• 确定可帮助您提升跨渠道定义和增进客户体验的能力的现有及新衡量标准。

• 评估您的核心部门开发客户洞察和数字渠道交付的能力。确定现有多渠道和数字服务战略在实现您的需要方面的有效性。它们能否进行跨部门的紧密整合？它们是否有效？

• 围绕所期望的客户体验，在组织上下重新匹配对应的绩效考评标准。创建有助于开发、部署和测量所希望的业务模式、产品、服务及市场的跨职能的路线图。

• 为负责提供战略和开发企业领导力潜能的人员制定具体的组织变革方案。

关于作者

Cristene Gonzalez – Wertz 是 IBM 商业价值研究院全球客户关系管理调查项目负责人。她具有市场营销战略、科学及转型方面的背景，并拥有 20 多年的业务与咨询实践经验。她的经历涵盖零售、媒体与传播、金融服务、远程信息处理及旅游等行业，致力于开发以客户为中心的解决方案。她被客户和同事视为社会化媒体方面的行家里手，这一点有她的博客、Twitter、Facebook 和其他社会化媒体空间为证。她的电子信箱是 cristene@ us. ibm. com。

合作者

Dan Hirschbueler，IBM 全球企业咨询服务部全球客户关系管理咨询服务负责人

Eric Lesser，IBM 商业价值研究院研究主管

Scott Jenkins，IBM 应用创新服务（IBM Applications Innovation）副合伙人

Adam Cutler，IBM 互动业务（IBM Interactive）用户体验主管

Aparna Betigeri，IBM 全球企业咨询服务部客户关系管理咨询顾问

第二章
洞察：以客户为中心的创新

Ivan Seidenberg[①] 谈通过预测客户需求进行创新

如果你回顾八九年前就会发现，我们的行业和我们的公司都奉行以客户和技术开发及部署人员并重的方针。 我们必须想办法接近客户。

我们越接近客户，就越容易参与整个创新想法，而这是实现业务增长的保证。

——Ivan Seidenberg，Verizon 公司首席执行官

让我们举几个例子来说明我们比较成功的地方以及我们在过去几年中所学到的东西。 如果我们着眼于我们的业务，就会发现我们所处的行业已有一个世纪的历史了。 在我们的企业内，您要做的事情就是拿起电话来和别人通话，过去是纯粹的语音电话，现在我们已进入了主要

① Ivan Seidenberg 是著名网络公司 Verizon 的主席兼首席执行官。Verizon 是美国第二大电信服务提供商。

向客户提供数据和无线语音服务的时代。

我们全力以赴所做的事情就是提供对客户友好的、有价值的产品与服务。如果后退到我们刚开始提供数据服务的 15 到 20 年前，我们对调制解调器、数字用户线路（DSL）和综合业务数字网（ISDN）的事情都还知之甚少。而现在，在我说话的过程中，您可以注意到我们用于描述从语音业务向数据业务转变时使用的全是技术工程术语。

如果我们更加重视满足客户的需求，我们的创新就会更快，质量也会更高。我们在无线领域很好地实现了这一目标。无线业务也是一种语音业务，它使人们能够打电话，功能极强的手机、广阔的信号覆盖范围和高质量的服务使我们能够为客户开发令人激动的产品与服务，使他们对我们的企业刮目相看。

创新的归宿点是业务增长和差异化，其含义在于预测客户的需求。与您在企业内部形成此类新想法时的轻松工作相反，您需要确保创新的动力来自外部。

如何预测需求以促进优质服务始终是一个难题，所以你必须虚心学习，时刻保持学习的心态，向客户学习和学习技术。同时，您的企业必须拥有多种产生创意的来源。

作为企业高管，您所关心的是如何确保达到平衡状态。我注意到，在我们目前的企业中，我们从技术创造者——包括设备制造商、消费电子产品供应商——那里获得了大量的信息，他们常常把他们认为将来会出现什么伟大进步的想法告诉我们。你会发现，如果你拥有非常接近客户的人员，那么你就能迅速确定某一想法在市场上是否具有实际效果。

我们面临的问题是要拥有制约和平衡能力，并拥有强大的市场营销及销售部门来关注客户的需求，其工作方式并不只是单纯反映制造商和供应商给我们描述的可能发生的情况。

K. Vaman Kamath[①] 谈重视客户便利性的价值

回到2000年左右，如果我着眼于我们的典型分行和进行交易的客户数量，我估计我们有不足50万客户，100来个分行。所以我们的规模并不是很大。95%的交易在分行完成，其余5%则发生在我们数量不多的自动柜员机（ATM）上。

如果你能向客户提供一些方便而且代价较低，那么客户就会选择你。

——K. Vaman Kamath，ICICI Bank Limited 非执行主席、前首席执行官兼董事总经理

只要能够保证连接畅通，ATM可以设置在任何地方。当时全印度只有100多个ATM。我们宣布："在第一年，我们将设置1 000个ATM，平均每天3个。"按西方标准，这个数字现在听起来并不大。但您要考虑到，在印度设置一个ATM需要保证三个等级的连接冗余度，因为连接质量实在太差了。当然，还需要确保电力供应正常，否则会引起客户的不满。正是因为这种局面，我们的客户说："从来没有人使用过ATM，将来也不会有人使用。"而我们则回答："没有人使用ATM是因为没有ATM。等到有了ATM，我们看看会是什么情况。"

随后，我们把赌注押在了互联网上，因为我们是分销领域的大企业。我们希望将互联网作为主导渠道。这时我们又遇到同样的质疑声："在印度谁会使用互联网？连计算机还没有普及。"

然后是呼叫中心。反对理由是客户喜欢亲自去银行，坐在业务大厅边聊天边等待办理业务。而我的理由则是：这在印度是不会发生的，因为银行人多为患。我们希望客户顺利办理完业务然后离开。他

① K. Vaman Kamath是印度第二大银行印度工业信贷银行（ICICI Bank）的非执行主席、前总经理兼首席执行官。总部设在孟买的印度工业信贷银行是印度最大的私人银行，在全球20多个国家/地区拥有1 250多个分支机构。

们没有时间坐在银行等待。银行职员也一样。这将是一个新的服务模式。您需要一个呼叫中心，客户有问题的时候可以得到解答。

对我来说，ATM、互联网和呼叫中心全都为客户提供了方便。今天，通过互联网的交易量约占我们总交易量的25%，也许你认为这不可能发生在印度，但事实就是如此。另有约40%的交易在ATM上完成，并通过呼叫中心进行平衡。

所以，从这些事得到的经验是，如果你能够向客户提供方便而且代价较低，那么客户将会选择与你合作。在我们的情形中，我们能够保持低成本并通过多种渠道向客户提供更好的服务。这成了我们对客户的一个巨大卖点，特别是对印度年轻人。印度是一个70%的人口在35岁以下的国家。印度年轻人现在喜欢使用计算机、移动电话或ATM等工具，这成为他们与我们开展业务理所当然的渠道。

傅跃红①谈智能客户服务

过去20年是中国商业服务业的迅猛发展期。新燕莎集团致力于提升全行业的技术运用水平。例如，我们为金源商场开发的集成式信息管理系统为数百家商店和银行提供了一个在线交易网络。通过该系统，消费者在购物时可以使用各种信用卡、借记卡和ATM卡，我们则能够收集用于研究和服务目的的市场数据。该系统实施后的复杂程度在中国绝无仅有。实际上，实施如此大规模的IT系统提升了北京乃至全中国商业企业在技术运用方面的水平。

使用这一基于技术的系统，我们能够执行数据分析，按小时或按天查看销售数据……我们知道顾客何时来到商场……而且我们能够预测哪些商家会成功而哪些商家会失败。

——傅跃红，金源新燕莎商场总经理

---

① 傅跃红是新燕莎集团的旗舰项目金源新燕莎商场的总经理。新燕莎集团是隶属于北京市政府的一家国有公司，负责国有资产的运营，主要集中在房地产和零售行业。

我们从一开始就非常重视技术的运用。 商场规模越大，各种错综复杂的情况就越多，若没有技术的帮助，要获得想要的结果很困难。

我们与 IBM 有密切的合作关系，所以决定在 IBM 的帮助下引入一个 IT 系统，同时也是为商场的发展做好准备。 我们还获得多家中国银行的支持。 现在，我们有几百个服务点终端设备与我们的信息系统相连。 该系统使得所有合同与销售信息均可通过网络获得，从而提高了我们的效率。

使用这一基于技术的系统，我们能够了解销售趋势。 例如，我们能够执行数据分析，按小时或按天查看销售数据。 利用这些数据，我们知道顾客何时来到商场，而且我们能够预测哪些商家会成功而哪些商家会失败。 在分析完毕后，我们能够进行实际的调整和实施真正的业务变革。

今天，我们的所有员工全都依赖我们的信息系统来开展日常工作。该信息系统的开发还引领了中国整个商场服务业的发展。 在我们的商场开业之前，大多数信息系统只用于超市和百货店。 我们开发的系统为购物中心，特别是大规模购物中心设立了新的标准。 目前全中国的许多城市实施了我们系统的不同版本。

在我们的业务发展中，强调技术的运用对我们很重要，我们将在这方面继续努力。 例如，我们建设了自己的网站并计划为入驻商家开发一个 P2P 系统。 同时，我们还将通过运用新技术加强与消费者的直接联系。 技术的运用将会越来越广泛，并将为我们提供新的方法来架起商家与消费者之间的桥梁。

全球超过 1 000 位 CEO 与 IBM 展开的讨论揭示了“未来的企业”的特征。 在由世界著名的多媒体资源公司 50 Lessons（智拓）对该 CEO 研究所进行的一系列跟进视频访谈及其先前所进行的访谈中，全球一些顶尖企业高管就调查的重要议题讲述了他们的见解。

这些洞察源自哈佛商学院出版社出版的有关“为变革而建”（*Built for Change*）的访谈，这些访谈是哈佛商学院“经验教训”（*Lessons Learned*）系列商业评论的特别版以及 IBM 与 50 Lessons（智拓）在内容合作方面的成果。

参考文献和注释

1 Weigend, Andreas. "*The Social Data Revolution (s).*" Now, New, Next. The Monitor Talent Group Blog. Harvard Business Publishing, May 20, 2009. http://blogs. harvardbusiness. org/now-new-next/2009/05/the-social-data-revolution. html#

2 "*6 billion cell phone users by 2013?*" Dark Vision Hardware, February 16, 2009. http://www. dvhardware. net/article33384. html; Internet Usage Statistics. The Internet Big Picture. Internetworldstats. com. http://www. internetworldstats. com/stats. htm

3 Blissett, Guy. "*Establishing trust through traceability: Protect and empower your brand for today's 'Omni Consumer.'*" IBM Institute for Business Value, 2007. http://www-935. ibm. com/services/us/gbs/bus/pdf/g510-6621-01-traceability. pdf

4 "*IBM's Excimer Laser Eye Surgery Inventors to be Inducted into National Inventors Hall of Fame: Laser Eye Surgery Improves Vision for More Than 5 Million People Within 8 Years of Commercialization.*" IBM, May 16, 2002. http://domino. watson. ibm. com/comm/pr. nsf/pages/news. 20020515_invent. html

"*In Mature LASIK Market, Competition, Recession Bring Down Prices.*" Laser Eye News, September 7, 2009. http://lasereyenews. blogspot. com/